"十四五"职业教育国家规划教材

工业和信息化部"十四五"规划教材

全国船舶工业职业教育教学指导委员会推荐教材

船舶文化概论

主　编　魏寒柏　彭晓兰

副主编　高　靖　肖　雄

哈尔滨工程大学出版社

Harbin Engineering University Press

内 容 简 介

本书是一本有关各类舰船和现代造船工程的入门读物,系统而通俗地介绍了海洋与船舶基础知识。本书共分为 7 章,主要内容包括:海洋经济与国防、船舶由来与发展、典型民船与军船、船舶性能与结构、船舶设备与系统、造船模式与流程、船舶名企与名校。每节内容以典型故事案例导入,由读一读、想一想、学一学、做一做四个主题模块组成,充分融入"课程思政"改革经验和数字化课程资源,并配套设计系列船舶主题活动,尽量体现趣味性、知识性、实践性、启发性、针对性相统一的编写理念,以此弘扬船舶军工文化,锻造船舶军工品质,帮助学生切实增强船舶知识的获得感和立志兴船报国的使命感。

本书可作为船舶类高职院校、技工学校、职业中专学生学习的教材,并可供船厂人员自学或培训使用。本书内容浅显易懂,也可作为一本船舶科普读物,适合对舰船知识感兴趣的广大读者阅读。

图书在版编目(CIP)数据

船舶文化概论/魏寒柏,彭晓兰主编. —哈尔滨:哈
尔滨工程大学出版社,2021.8(2024.5 重印)
ISBN 978-7-5661-3213-0

Ⅰ.①船… Ⅱ.①魏… ②彭 Ⅲ.①船舶-文化研
究-中国 Ⅳ.①U66-092

中国版本图书馆 CIP 数据核字(2021)第 156480 号

船舶文化概论
CHUANBO WENHUA GAILUN

选题策划	史大伟 薛 力
责任编辑	张玮琪
封面设计	李海波

出版发行	哈尔滨工程大学出版社
社 址	哈尔滨市南岗区南通大街 145 号
邮政编码	150001
发行电话	0451-82519328
传 真	0451-82519699
经 销	新华书店
印 刷	哈尔滨午阳印刷有限公司
开 本	787 mm×1 092 mm 1/16
印 张	14.25
字 数	342 千字
版 次	2021 年 8 月第 1 版 2023 年 7 月修订版
印 次	2024 年 5 月第 4 次印刷
定 价	45.00 元

http://www.hrbeupress.com
E-mail:heupress@ hrbeu.edu.cn

序

不能制海，必为海制

作为国家工业水平的象征，船舶工业具有高度的产业扩展性，有着"综合工业之冠"的美誉。船舶工业既是我国发展高端装备制造业的重要组成部分，也是国家实施海洋强国战略的基础和重要支撑。中华人民共和国成立至今，船舶工业从废墟起步，由百孔千疮到重获生机，由百业待兴到脱胎换骨，见证了时代发展的兴衰百态，镌刻了实业兴国的永恒，为国防建设和国民经济发展谱写了绚丽华章，这是一代代造船人用无穷的智慧和艰辛的汗水铸就的工业奇迹，铸就了我国造船人自力更生、勇于创新、勇担重任、爱国奉献的船舶军工精神，使我国昂首屹立于世界造船大国之林。

由大到强，创新发展

经过 70 余年的发展，我国船舶工业已经能够设计建造符合世界上任何一家船级社规范、满足国际通用技术标准和安全要求、适航于世界上任一航区的各类现代船舶，不仅实现了散货船、油船、集装箱船等三大主力船型的自主批量建造，而且在军用舰艇、LNG 船、各类海洋工程装备、载人深潜器、非船工程等领域取得了历史性的突破，在船舶科技部分领域实现了由跟跑者向并行者甚至引领者的转变。然而，创新发展永无止境，对标先进造船国家，我国船舶工业在研发创新、船舶配套技术、造船效率等方面仍与世界先进水平存在差距。

乘风破浪，砥砺前行

新时代、新发展，站在新的起点上，我国船舶工业正奋力向世界造船强国目标迈进，伴随新一代信息通信技术与先进造船技术的深度融合，船舶设计、建造、管理与服务全生命周期的数字化、网络化、智能化将逐步实现。建设海洋强国的号角已经吹响，作为社会主义建设者和接班人的广大青年学子，同样肩负着我国船舶工业"由大到强"的光荣使命，主动学习船舶文化，掌握舰船知识，立志兴船报国，是扛起建设海洋强国历史重任的第一步。

通识教育，教材先行

为更好满足当前船舶文化、舰船知识的科普与专业学习需求，积极推进涉船高校开展船舶文化通识教育，全国船舶工业职业教育教学指导委员会和哈尔滨工程大学出版社组织全国涉船骨干职业院校充分研讨后立项开发此教材。

教材以培养船舶军工品质为目标，以海洋与船舶认知规律为导向，以"名船名舰、名企名匠"故事案例为载体,融入视频、动画、AR/VR 等丰富的数字化资源,配套践行"中国梦"、船模制作与试航等多样化课内外主题活动,通过图文并茂、动静结合,多维呈现海洋与船舶基础知识,将无声的教材变成通俗易懂、充满吸引力的故事性"有声"读本,让学生自觉融入积极探索、主动学习。

本书由九江职业技术学院船舶工程技术专业国家级教学团队、国家级教学创新团队、国家"双高计划"立项建设校船舶工程技术专业群核心成员以及武汉船舶职业技术学院、江苏航运职业技术学院、同方江新造船有限公司等学校及企业成员联合编写。教材编写过程中,得到了全国船舶工业职业教育教学指导委员会、哈尔滨工程大学出版社、中船九江海洋装备(集团)有限公司、江南造船(集团)有限责任公司等大力支持和帮助,在此谨对编写团队和支持单位致以衷心的感谢!

全国船舶工业职业教育教学指导委员会

2021 年 1 月

前　言

　　船舶工业是为国民经济及国防建设提供技术装备的现代综合性和军民结合战略性产业,是国家实施海洋强国和制造强国战略的重要支撑。21世纪以来,我国船舶工业快速发展,已经成为世界最主要的造船大国之一。为进一步推动我国船舶工业由大到强转变,国务院印发了《中国制造2025》将高技术船舶和重点配套设备纳入高端装备创新工程,工业和信息化部发布了《船舶配套产业能力提升行动(2016—2020年)》提出完善产品谱型、提高本土化率的具体措施与目标,工业和信息化部印发了《推进船舶总装建造智能化转型行动计划(2019—2021年)》确定逐步实现船舶设计、建造、管理、服务全生命周期的数字化、网络化、智能化。国家战略的实施对从事船舶及配套生产、管理、服务一线工作的高素质复合型技术技能人才提出了迫切需求,船舶类高职院校承担着培养"兴船报国"优秀人才的历史重任。

　　伴随着船舶工业转型升级、由大到强的步伐,《船舶文化概论》应运而生,这其中饱含了编者对于推进船舶文化通识教育、服务海洋强国战略的执着与心血。本书旨在引导学生系统了解船舶与海洋基础知识,弘扬船舶军工和工匠精神,厚植"兴船报国"的职业荣誉感和历史使命感,这既是一本船舶与水运类专业的入门书籍,也是船舶类高校开展船舶文化通识教育的启蒙教材,还是广大舰船爱好者了解海洋与船舶的科普读物。

　　与同类教材相比,本书致力于从以知识为中心的学科理念向以学生为本的通识教育理念转变,更突出高职学生的"高等性""职业性"和"实用性"。

　　一是在体例设计上遵循船舶认知规律。全书将船舶基础知识分为海洋经济与国防、船舶由来与发展、典型民船与军船、船舶性能与结构、船舶设备与系统、造船模式与流程6个篇章,从浅到深、循序渐进,最后以船舶名企与名校收尾,形成职业激励与共鸣。

　　二是在内容编排上体现"问题导向"。每一章以"船小舶有话说""船小舶带你学"开篇,每节内容分为经典故事读一读、重点问题想一想、理论知识学一学、课内外活动做一做四个模块,站在学生"学"的角度,以问题为导向将原来的知识"阐述"变为与学习者的"对话",使无声的教材变成对学生循循善诱的"有声"读本,让学生能够自觉地沿着教材的主线融入船舶文化知识的王国。

　　三是在育人内涵上落实"课程思政"。以"知识、能力、素养"三位一体的"课程思政"目标为导向,精选学生喜闻乐见的"名企名匠、名船名舰"经典故事案例,配套丰富的课内外主题实践活动,深度挖掘专业知识育人内涵,重塑章节主题,将"知识、能力、素养"相统一。

　　四是在资源配套上保持"技术跟随度"。本书紧跟船舶行业升级发展,大量融入了产业先进元素,在图文并茂、直观生动的基础上,针对重难点内容配套视频、动画、VR/AR 等信息化资源,并以二维码形式嵌入相应章节,将平面教材立体化,增强教材的前沿性、趣味性与广博性。

本教材由九江职业技术学院魏寒柏教授和彭晓兰教授任主编,高靖教授和肖雄副教授任副主编,参编的有九江职业技术学院孙超、郭明慧、桑玉蕊、熊振林、江帆和彭凡林,以及武汉船舶职业技术学院陈彬教授、江苏航运职业技术学院蔡厚平教授、同方江新造船有限公司刘道艳高工等。

教材在编写过程中参考、借鉴了国内外船舶专业相关文献,并引用了一些案例和数据,编写和出版过程中得到了全国船舶工业职业教育教学指导委员会、哈尔滨工程大学出版社以及同方江新造船有限公司、中船九江海洋装备(集团)有限公司、江南造船(集团)有限责任公司等企业的大力支持与帮助,在此一并表示衷心的感谢!

教材从编写到出版虽经过反复研讨和审读,但是由于编者水平有限,难免出现疏漏和不当,敬请各位读者批评指正。

编 者

2021 年 1 月

目　录

第1章　海洋经济与国防

船小舶有话说：

　　海洋是生命的摇篮资源的宝库、交通的命脉、战略的要地。1.8万多千米的大陆海岸线和1.4万多千米的岛屿岸线,共同勾勒出我国辽阔的海疆。党的十八大报告明确指出,要提高海洋资源开发能力,坚决维护国家海洋权益,建设海洋强国。2019年4月,习近平总书记在青岛集体会见出席中国海军成立70周年多国海军活动外方代表团团长时,首次提出"构建海洋命运共同体"重要倡议,给出了共护海洋和平、共筑海洋秩序、共促海洋繁荣的中国方案,为把我国建设成为海洋经济发达、科技先进、生态健康、管控有力、合作广泛,拥有强大综合实力的海洋强国,提供了根本遵循。600多年前,郑和率庞大船队下西洋,传播了中华文明,为世界航海事业和人类文明进步做出了巨大贡献。而今,中国这艘巨轮重新整装,再次扬帆起航。

船小舶带你学：

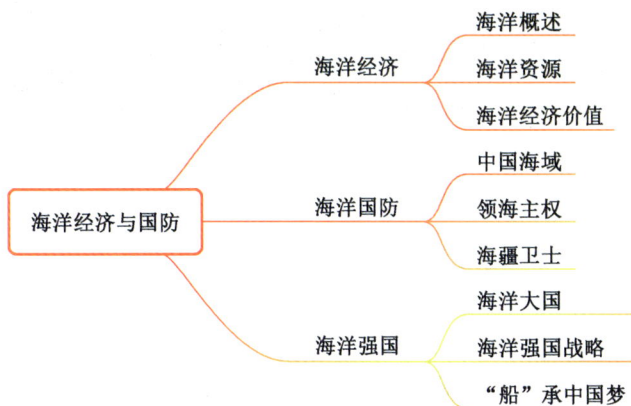

1.1　海 洋 经 济

读一读

建设"21世纪海上丝绸之路",为实现中国梦铺就海上大通道

　　海上丝绸之路的雏形在秦汉时期已经存在,在隋唐以前(公元6世纪至7世纪),它只是陆上丝绸之路的一种补充形式。但到隋唐时期,由于西域战火不断,陆上丝绸

之路被战争阻断,代之而兴的便是海上丝绸之路。到唐代,伴随着中国造船、航海技术的发展,中国通往东南亚、马六甲海峡、印度洋、红海,及至非洲大陆的航路纷纷开通并延伸,海上丝绸之路终于取代了陆上丝绸之路,成为中国对外交往的主要通道。

海上丝绸之路的南北航线在元明时期达到最大程度的交融。元明时期的中国,经济中心在南方而政治中心在北方,相对先进的航海技术使得南北方之间的海运成为保证南方粮食、丝绸、瓷器等物资北上的重要运输方式。在对外贸易上,明朝中期的郑和率船队七下西洋,开创了中国远洋航海的新时代。开始于汉代的海上丝绸之路,经唐、宋、元日趋发达,迄于明代,达到高峰。郑和远航(图1-1)的成功,标志着海上丝绸之路发展到了极盛时期。

图1-1 郑和远航

物换星移,沧海桑田,在吹拂不息的海风中,历史进入了新的纪元,"和平发展、合作共赢"成为时代的主题。2013年9月和10月,习近平总书记在出访中亚和东南亚国家期间,先后提出共建"丝绸之路经济带"和"21世纪海上丝绸之路"的倡议,得到国际社会的高度关注。

"21世纪海上丝绸之路"的重点方向是从中国沿海港口过南海到印度洋,延伸至欧洲;从中国沿海港口过南海到南太平洋。它以"政策沟通、设施联通、贸易畅通、资金融通、民心相通"为合作重点。海上丝绸之路是由中国和亚非各国先民共同开辟的海上贸易和人文交流大通道,从中国沿海到印度洋,从东南亚到非洲,一个个古老的港口、留存的遗迹,依然在述说着它的辉煌。今天,"21世纪海上丝绸之路"建设将坚持"共商、共建、共享",推进沿线国家发展战略的相互对接,开拓出比前人更宏大开放的路径。在这条古今交汇的航路上,绵延的现代化港口群正勾勒出"21世纪海上丝绸之路"恢宏的轨迹;由交通设施、能源管道、通信干线所构成的立体联通网络,正穿越海陆,奏响"21世纪海上丝绸之路"史诗般的乐章。

想一想

中华先民依海而居,向海而生,得"鱼盐之利",享"舟楫之便",有望洋而叹的无奈,但更有精卫填海之坚毅,从海上丝绸之路到"21世纪海上丝绸之路",中国社会发展历史进程与海洋息息相关,海洋是人类家园的重要组成部分。习近平总书记指出"我们人类居住的这个蓝色星球,不是被海洋分割成了各个孤岛,而是被海洋连结成了命运共同体,各国人民安危与共。海洋的和平安宁关乎世界各国安危和利益,需要共同维护,倍加珍惜。"结合导读,谈谈你对海洋和"21世纪海上丝绸之路"的认识。

学一学

人类赖以生存的地球,是太阳系中目前所知的唯一有巨大水量的星体。地球表面积约为5.1亿 km^2,其中海洋面积约3.61亿 km^2,约占地球表面积的70.8%。海洋是生命的摇篮,它为生命的诞生与繁衍提供了必要条件;海洋是风雨的故乡,它在控制和调节全球气候方面起着重要的作用;海洋是资源的宝库,它为人类提供了极为丰富的食物和矿产资源;海洋是天然的交通要道,它为人类从事海上交通运输提供了最为经济便利的途径;海洋是现代高科技研究与开发的战场,拥有海洋就拥有更广阔的明天。

1.1.1　海洋概述

1.1.1.1　海和洋

从太空俯瞰地球就会发现,地球是一个淡蓝色的水球,而人类居住的陆地,只不过是海洋中的"岛屿"而已。地球上广阔连续的水域是海洋,海洋又可以分为海和洋,洋是中心和主体,而海则是洋的边缘部分。洋远离大陆,占海洋总面积的89%,水深一般在2 000～4 000 m,太平洋西部马里亚纳海沟最深为11 034 m;海濒临大陆,水深较浅,面积仅占海洋总面积的11%。一般,海又分为地中海和边缘海,地中海介于大陆之间或伸入大陆内部,如欧亚大陆间的地中海,伸入美洲大陆的加勒比海;边缘海位于大陆边缘,如我国的东海。世界大洋分为四大洋,分别为太平洋、大西洋、印度洋和北冰洋。

海沟

1.1.1.2　海洋的形成

大约在46亿年前,刚从太阳星云形成的原始地球,地壳较薄,而地球内部温度又很高,因此火山爆发频繁,从火山喷出的气体,构成地球的还原性大气。原始地球不断散热,灼热的表面逐渐冷却下来,原来从大地表面蒸发到天空中的水,凝结成雨滴,又降落到地面,这样持续了许多亿年,便形成了原始海洋。

原始的海洋,海水不是咸的,而是酸性、缺氧的。水分不断蒸发,反复地形成云致雨,重新落回地面,把陆地和海底岩石中的盐分溶解,不断地汇集于海水中。经过亿万

海洋的形成

年的积累融合,才变成了大致均匀的咸水。同时,当时大气中没有氧气,也没有臭氧层,紫外线可以直达地面,靠海水的保护,生物首先在海洋里诞生。大约在 38 亿年前,海洋里产生了有机物,即低等的单细胞生物。在 6 亿年前的古生代,有了海藻类,海藻在阳光下进行光合作用,产生了氧气,经过慢慢的积累,形成了臭氧层。此时,生物才开始登上陆地。

1.1.1.3　海洋显著特点

(1)蔚蓝的大海

通常我们看到的大海呈蓝色,但当我们将海水盛到容器里会发现海水像自来水一样是无色透明的。这是因为当太阳光照射到海面时,一部分光被反射回来,另一部分光折射进水里。进入水中的光线在传播过程中会被水吸收,而水对波长较长的光吸收显著,对波长较短的光吸收不显著,因此波长较长的红、橙、黄光被海水吸收较多,而波长较短的蓝光和紫光被海水吸收较少,被反射和散射到我们眼中,因此我们看到的大海通常是蓝色的,但因海水成分的不同也有例外,如红海、黑海等。

(2)苦咸的海水

海水中有 3.5% 左右的盐类物质,其中大部分是氯化钠,还有少量的氯化镁、硫酸钾、碳酸钙等,正是这些盐类使海水又苦又涩。

(3)汹涌的海潮

海水随着地球自转也在旋转,而旋转的物体受到离心力的作用,就有离开旋转中心的倾向;同时海水还受到月球、太阳和其他天体的吸引力,因为月球与地球距离相近,所以月球的吸引力较大。这样,海水在两个力的共同作用下就形成了潮汐。由于地球、月球也在不断运动,地球、月球和太阳的相对位置(引潮力)存在周期性变化,因此海水也会发生周期性涨落。

潮汐的缘由

1.1.2　海洋资源

海洋孕育着大量的生物资源。根据世界海洋物种目录(WORMS)2008 年公布统计数据显示,海洋生物有 16 万种之多,其中海洋鱼类有 2.5 万种,软体动物有 8 万种,甲壳类有 2 万种。每年海洋可捕鱼的总潜力在 2.6 亿~4.5 亿 t 之间,如南极的磷虾,在不破坏生态平衡的条件下,每年就可捕捞 7 000 万 t,几乎接近 1984 年世界的总渔获量。海洋藻类含有人体需要的各种营养物质和维生素,还含有工业上不可缺少的碘、氮、琼脂、卡拉胶等化工原料,有 230 种海藻可提取多种维生素,是海洋医药的重要资源。

海洋生物资源

海洋蕴藏着丰富的油气和矿产资源。在全世界海洋大陆架沉积盆地中,石油蕴藏量估计达 2 500 亿 t,约占全球总储量的 30%;已经探明的天然气储量为 $(1.4 \sim 1.7) \times 10^5$ 亿 m^3,占全球总储量的 26% 左右。如果把大陆架以外的海底石油和天然气都计算在内,这个数字还要大得多。在稀有金属和贵重金属方面,占世界总产量 96% 的锆,90% 以上的金红石,50% 以上的独居石和钛铁矿,以及部分金刚石、锡石等均产于滨海砂矿中。这些矿物质是国防冶金、航空航天与原子能工业的重要原料。含大量铁、铜、铅、锌、银、金的多金属海底软泥,是具有很大经济价值的潜在资源。这种多金属软泥主要产于世界大洋中脊和某些岛弧附近的深海区。此外,已经探明的在大陆架

大陆架

区域还蕴藏有 25 亿 t 铁、3 000 亿 t 磷钙矿、几千万吨硫黄矿和大量的煤。

在水深 2 000~4 000 m 海底的深海矿产——锰结核，是一种举世瞩目的矿产。它含有锰、铁、铜、钴、锆、镭、钛、铊等 40 多种稀有金属和放射性元素。据估计，大洋底锰结核的总储量约为 3×10^4 亿 t，仅太平洋就有 1.7×10^4 亿 t，可以说这里是世界海洋锰结核的富集区，其中尤以中美洲外经夏威夷群岛到马里亚纳海沟一带为最多，有人把这一带称为"锰砌的航路"。世界大洋锰结核的总量中，含锰 4 000 亿 t，是陆地的 67 倍；镍 164 亿 t，是陆地的 273 倍；铜 88 亿 t，是陆地的 21 倍；钴 58 亿 t，是陆地的 967 倍……根据美国《公元 2000 年全球技术报告》的预测，按 1976 年的储量计算，几种主要矿产品陆地储量的使用年限分别为：氟、银、锌和汞为 13~21 年；硫、铅、锡和钨为 21~31 年；铜、镍和钼为 36~44 年；锰、铁矿石、铝土矿为 51~63 年。假若深海锰结核得到开发和利用，那么铜的资源可供人类多用 600 年，镍可延续使用 15 000 年，锰可用 24 000 年，而钴则可用 13 万年。

海洋矿产资源

海洋水体是地球上最大的液体矿藏。在全球 1.35×10^{10} 亿 t 海水中，溶解有 80 多种元素，分别可提取盐 5×10^8 亿 t、镁 3.1×10^7 亿 t、硫 3.05×10^7 亿 t、钙 6.6×10^6 亿 t、钾 6.2×10^6 亿 t、溴 8.9×10^5 亿 t、铝 1.2×10^8 亿 t 和硼 7×10^4 亿 t。以上这些元素占整个海水溶存元素的 99% 以上。对浓度在 1% 以下的微量元素，如锂、铷、碘、钼、铀等，其相对量虽小，但它们在海洋水体中的总量仍然是很大的。如锂 2 500 亿 t、铷 1 800 亿 t、银 5 000 万 t、金 500 万 t、碘 820 亿 t、钼 137 亿 t、锌 70 亿 t、铀 40 亿~45 亿 t、铝和钡 27 亿 t 等。

海洋还蕴藏着用之不竭的动力资源。据初步估计，世界海洋的潮汐能有 10 亿 kW，波浪能有 700 亿 kW，海流能有 10 亿 kW，再加上 20 亿 kW 的海水温度差能、10 亿 kW 的盐度差能和海上太阳能、风能等其他形式的能量，整个海洋可称得上取之不尽的"蓝色煤海"。海洋能作为一种可再生、干净无污染和潜力巨大的新能源越来越受到人们的重视。

海洋动力资源

美丽富饶的海洋向人类敞开胸怀，时代的发展呼唤人类走向海洋。21 世纪是海洋的世纪，迎着新世纪的曙光，人类将从海洋获得新的空间和新的发展。

1.1.3　海洋经济价值

海洋经济是指开发、利用和保护海洋的各类产业活动，以及与之相关联的活动总和。它主要包括为开发海洋资源和依赖海洋空间而进行的生产活动，以及直接或间接为开发海洋资源及空间的相关服务性产业活动，如海洋渔业、海洋交通运输业、海洋船舶工业、海盐业、海洋油气业、滨海旅游业等，它们都属于现代海洋经济的范畴。自 20 世纪 90 年代以来，随着世界海洋经济的加速发展，国家之间的海洋经济竞争呈现白热化的趋势，尤其是海洋新兴产业的竞争和海洋开发技术制高点的争夺日趋激烈。

1.1.3.1　海洋经济的重要地位

20 世纪 90 年代以来，海洋经济在沿海国家的经济中占有越来越重要的位置。在世界海洋强国和大国中，海洋经济的 GDP 占比大多在 7%~15%。而美国经济中，80% 的 GDP 受到海岸海洋经济的驱动，其中 40% 直接受海岸经济的驱动；对外贸易总额的 95% 和增加值的 37% 通过海洋交通运输完成；外大陆架海洋油气生产贡献了 30% 的原油和 23% 的天然气。目前，美国人口和经济最为集中的 20 个城市群主要分布在沿海地区,仅洛杉矶港口就承担了50%以上美国与太平洋国家的贸易业务,大洛杉矶地区的GDP约占美国经济总量的21%。澳大利亚的沿海地区更是集中了全国85%的人口;荷兰20%的国土面积和85%的耕地由填海而来;作为"海洋贸易国家"的英国,95%的贸易物资依赖国际海运通道;日本对海洋经济的依赖程度更高,其99.8%的海外贸易量和40%的国内贸易量靠海洋运输完成,海洋水产资源为日本居民提供了40%的动物蛋白。2015年,中国海洋经济总量占GDP的比重约为9.6%,成为支撑经济增长的重要力量。从世界范围来看,海洋经济发展的一个重要趋势是人口、经济和产业不断向沿海地区集中。目前,全球有60%以上的人口和近70%的大中城市位于沿海地区,这无疑是海洋经济越来越具有吸引力的重要体现。

1.1.3.2 世界海洋经济的发展方向

海洋经济不断依托高科技向高精尖方向发展,除了在远洋运输、海洋渔业、造船等传统海洋经济领域迅猛发展以外,新兴的海洋经济产业也获得了前所未有的推动力,如海上采矿、海上休闲旅游、海洋可再生能源、海洋工程、海洋生物医药等领域的发展进入快车道,成为沿海国家经济增长的重要抓手和引擎。港口和临港工业园、海洋工业园的建设不断加快,并进一步带动了钢铁、石化、建材、矿物和原材料、农业大宗商品、风电为代表的能源、电子、机械制造等行业的发展。

1.1.3.3 我国海洋经济的发展

我国作为世界海洋经济发展的后起之秀,抓住了第三次世界性海洋经济发展浪潮的历史性机遇,不但沿海各省纷纷将经济发展重心从陆地向海洋转移,邻近沿海城市的中东部地区也着眼开发相关海洋产业。目前,我国90%以上的对外贸易通过海上运输完成,商船遍布全世界1 200多个港口;同时,中国集装箱吞吐量排名世界第一。海上通道已经成为经济发展的命脉,加快发展海洋经济成为各界共识。总体来看,我国已经在海洋经济规模、门类等方面成为世界性的海洋强国,个别沿海省份的海洋经济比重已经接近海洋强国。但我国海洋经济无论是GDP占比,还是海洋科技的贡献率等,均与世界海洋强国有较大差距,尤其是海洋邮轮、海洋信息服务、海洋休闲旅游等海洋经济第三产业,与发达国家相比还处于初级发展阶段。

自2012年实施"海洋强国"战略以来,我国对海洋经济在GDP的占比提出了新的要求和规划,标志着我国正朝向海洋强国迈进。2016年11月13日,中资巴基斯坦港口瓜达尔港正式开航,新的贸易通道进一步打开了中国通往波斯湾和中东的大门。纵观世界历史上的三次海洋经济发展浪潮,可以发现,第一次世界海洋经济发展浪潮诞生了大英帝国,第二次海洋经济发展浪潮助推美国成为世界霸主。其中,海洋经济和制海权起到了至关重要的作用。当前方兴未艾的第三次世界海洋经济发展浪潮表明,各海洋大国都在把海洋经济作为巩固海权、海洋权益和国防的重要手段。

海纳百川,有容乃大。习近平总书记提出"构建海洋命运共同体"重要倡议以来,中国深化海上互联互通和各领域务实合作,为全球海洋治理贡献中国智慧,推动高质量共建"一带一路",探索构建依海富国、以海强国、合作共赢的发展道路。在逆全球化趋势加剧背景下,中国海洋对外贸易向好。2020年,中国与"21世纪海上丝绸之路"沿线国家,货物进出口总额达到12 624亿美元,同比增长1.2%。2021年,中国海运班轮联通指数稳居全球第一,为全球海运贸易提供重要动力。

当前,全球海洋生态环境形势严峻,过度捕捞、环境污染、气候变化、海平面上升、海洋垃圾等问题时有发生,进一步完善全球海洋治理,成为国际社会共同面临的重要课题。作为全球海洋治理的建设者、海洋可持续发展的推动者、国际海洋秩序的维护者,中国参与联合国"海洋科学促进可持续发展十年(2021—2030)"计划,持续落实《"一带一路"建设海上合作设想》,积极完善同21世纪海上丝绸之路沿线国家的对话合作机制,发起海洋公共服务共建共享计划,为实现海洋可持续发展做出了中国贡献。

看一看

海洋经济的繁荣发展离不开海洋运输的保障,在当前密密麻麻、数不胜数的远洋航线中,我们最不能忘记的是那一条由中国古代先民开辟的最长最古老的航线——丝绸之路。请同学们观看央视纪录片《国宝档案》——海上丝绸之路,从航线、船舶、货物、港口和文明五个方面感受丝绸之路的宏伟。

做一做

21世纪是海洋世纪,海洋在全球的战略地位日益突出,海洋经济已成为世界经济发展的新领域、新趋向。共建"21世纪海上丝绸之路",是全球政治、贸易格局不断变化形势下,中国连接世界的新型贸易之路,其核心价值是通道价值和战略安全。请同学们查找相关资料,准备相应材料,组建团队,做一个"21世纪海上丝绸之路"沙盘模型。

1.2 海洋国防

读一读

"时代楷模"王继才:守岛就是守国,守国重于泰山

于祖国万里疆土而言,大海深处的开山岛只是毫不起眼的一个"点"——面积仅为0.013 km²,却是扼守黄海的前哨阵地。32年来,有一面五星红旗在这片方寸之地与东方旭日一同升起。那擎旗人便是王继才。

一朝上岛,一生卫国。王继才的一生,是以孤岛为家,与海水为邻,和孤独做伴的一生,他和妻子把青春年华献给了祖国的海防事业。1986年7月,26岁的生产队长兼民兵营长王继才接到任务,第一次登上这个无人愿意值守的荒岛,人们都说,去守岛就是去坐"水牢",但王继才最终决定服从组织安排,留了下来。妻子王仕花不忍丈夫一人受苦,选择辞去工作,和丈夫一同守岛。整整32年,夫妻俩过了20多年没有水没有电,只有一盏煤油灯、一个煤炭炉、一台收音机的日子。台风大作,无船出海,岛上的煤

用光了只能吃生米;没有人说话,就在树上刻字或是对着海、对着风唱歌;没有人接生就只能给丈夫自己给妻子接生;植物都不能在岛上存活,一斤多的苦楝树种子撒下去只长出一棵小苗;儿女在岸上无人照看,家中失火导致孩子差点儿丢命;大女儿结婚时,化了 5 次妆都被泪水打湿,进礼堂时,一步三回头,可他们却迟迟没有到……生活虽然苦,心里虽然苦,可王继才夫妇几十年如一日守着小岛,升旗、巡岛、观天象、护航标、写日志……每天的巡查日志堆起来已有一人多高,每个凌晨五星红旗都会冉冉升起,每次遭到上岛犯罪分子威胁甚至殴打也从不屈服。为了

图 1-2 王继才在开山岛上升起国旗

守岛,夫妻俩尝遍了酸甜苦辣,32 年,11 000 多天,每一天都重复着相同的日子,枯燥、孤独、无助,但王继才心中有一个信念:家就是岛,岛就是国,守岛就是卫国。

王继才和妻子 32 年如一日坚守孤岛、为国戍海,自己动手修缮营房、建设哨所,坚持每天巡海岛、护航标、写日志,坚决与走私、偷渡等不法分子做斗争,有力捍卫了国家利益,把人生最美好的年华无私奉献给了国防和海防事业。2014 年,中宣部授予王继才夫妇"时代楷模"荣誉称号。2018 年 7 月 27 日,王继才在执勤时突发疾病,经抢救无效去世,年仅 58 岁。

想一想

鲁迅曾说,"我们从古以来,就有埋头苦干的人,有拼命硬干的人,有为民请命的人,有舍身求法的人……这就是中国的脊梁。"瞩望"王继才们",这些平凡英雄本也是生活在现实中的普通人,但在信仰的传承中,正因他们选择了数十年如一日的坚守,才使得我们的事业一天一天挺拔起来,他们就是新时代中国的脊梁。

仗剑去国,山河万里。王继才,已成为当今社会的一个精神坐标,守护着祖国的万里疆土。海洋国土作为祖国领土的一部分,是一个沿海国家的内水、领海和管辖海的形象统称,王继才用 30 年如一日的坚守告诉我们"祖国领土一寸都不能少!"那么,你知道我国的领土面积是多少吗?我国的近海有哪些呢?我国主张的领海面积又是多少呢?你对领海主权是如何认识的呢?

学一学

《国际法》承认国家在其领土上行使排他的管辖权。领土同时也是国家行使主权的对象,是《国际法》的客体。领土包括一个国家的陆地、河流、湖泊、内海、领海以及它们的底床、底土和上空(领空),是主权国管辖的国家全部疆域。根据《联合国海洋

法公约》的规定,我国主张的管辖海域面积约为 300 万 km²,这其中包括了内海、领海、毗连区、专属经济区和大陆架。

1.2.1 中国四大海域

中国位于亚洲大陆的东部,面向太平洋。毗邻中国大陆边缘的渤海、黄海、东海、南海互相连成一片,跨温带、亚热带和热带,自北向南呈弧状分布,是北太平洋西部的边缘海。以上四大海域因紧邻中国大陆,属于中国的近海,是中国的四大海域,又称为"中国的领海"。

渤海是一个半封闭的内陆海,属于我国的内海。辽东半岛的老铁山与山东半岛蓬莱角的连线(渤海海峡),是渤海与黄海的分界线。渤海的面积约为 7.7 万 km²,平均水深 18 m,流入的主要河流有辽河、海河、黄河等。

黄海位于中国大陆和朝鲜半岛之间,是一个半封闭性的浅海。长江口至济州岛一线,为黄海与东海的分界线。从山东半岛的成山头到朝鲜西岸的长山串一线,把黄海划分为北黄海和南黄海。黄海的面积约为 38 万 km²,平均水深 44 m,流入的主要河流有鸭绿江、大同江、汉江等。

东海是一个比较开阔的边缘海,西北接黄海;北面从济州岛到五岛列岛与朝鲜海峡分界;东面接日本沿海和太平洋分隔开来。从我国广东省南澳岛经澎湖列岛至台湾地区为东海南界,并与南海沟通。东海的面积约为 77 万 km²,东海大陆架平均水深为 72 m,流入的主要河流有长江、钱塘江、闽江等。

南海的北面以我国台湾、广东、广西、海南岛沿岸为界;东面接菲律宾、巴拉望等沿海,和太平洋分隔开;南面接马来西亚、纳土纳群岛、加里曼丹等沿海,与印度洋分离;西面接越南、马来半岛等沿海。南海是一个深海盆,周围大陆对海洋水上状况的影响较小。南海海区群岛林立,有我国的西沙群岛、南沙群岛、东沙群岛和中沙群岛等。南海面积约 350 万 km²,流入的主要河流有珠江、韩江、红河、湄公河等。我国因南海海上石油开采的习惯称谓,又将南海分为南海东部和西部,二者以珠江口为界。北部湾位于南海西北角。

1.2.2 领海主权

领海隶属于国家主权之下,属国家领土组成部分,根据国家主权原则,国家对领海及其资源具有所有权,并对其中的人、物和事具有管辖权。这种所有权和管辖权具体表现在资源的开发和利用权、沿海航运权、领空权、立法和管辖权四个方面。

1.2.2.1 领海主权的重要性

海权,一直是一个大国得以强大发展的重要保证。海权是国家综合实力的体现,它属于权利政治的范畴。所谓"海权握,国则兴;海权无,国则衰"正是对海权在综合实力上所有作用的印证,也适用在各个时代的国家发展中。

海洋是中国实现经济社会可持续发展的重要保证。①海洋为国家的发展提供了足够的空间,而海洋本身就蕴藏着丰富的资源;②海洋为国际贸易提供了桥梁和纽带,其广阔的海面为各国进行海外贸易提供了便利的交通;③拥有海权意味着拥有无可匹敌的安全优势,海洋作为一个国家的天然保护屏障,为国家安全带来了优势。

当前,中国积极发展着"外向型经济",而国际海权竞争又出现了新的特点和新的趋势,海权在各国安全战略中的地位显著提升;面对当前这个呼唤海权的时代,中国积极构建体现时代特征的中国海洋大战略,从战略高度认识海洋重要性,加快构建新时期中国海洋战略;建立健全统一、高效的现代海洋管理机制;推进海上国际合作,加大与国际海洋组织交流;强化全民海洋意识,加强海洋资源利用,保障发展安全;充实海上力量,打造综合防护体系。

从一定意义上讲,海权就是国家安全,其物质基础是海上力量,海上力量的核心是海军。所以,中国要加大海军队伍建设以加强本国的海上力量,维护好我国的国家安全。

1.2.2.2 领海主权意识的主要内容

(1)领海主权神圣不可侵犯意识

"任何国家的领土、领海、领空都具有独占性和排他性。别国在未经所属国允许情况下,不得以任何形式进入主权国领土、领海和领空,强行进入就是一种侵犯主权行为。""国家在自己的主权空间范围内,有依据本国法律处理主权领土范围内的人、物和事的权力,这种权力具有独立性,任何外来势力都无权干预。"树立较强的领海主权意识,就要了解我国领海主权是神圣不可侵犯的,具有不可侵犯性,我国人民有权力在我国领海范围内进行合法活动。要为我国营造良好的和平发展环境,使我国长期坚定地走在繁荣富强道路上,就要坚定不移地保证我国领土、领海等主权神圣不可侵犯。

(2)守边意识

守边意识也是领海主权意识的重要内容之一。在1931年,国民党政府曾经颁布过3海里领海制,但领海制度形同虚设,列强的军舰自由游弋在中国的江河湖海。新中国成立后,毛泽东同志敏锐地意识到国家遇到的许多重大问题大多集中在海洋上。为了坚守国家海洋主权,必须首先弄清楚"海洋国门"在哪里。从当时通行的"国际惯例"看,大多数国家都是采用3海里领海制。为确定我国领海线的划定,毛泽东同志多次召集专家会研讨,个别国际法专家建议新中国还是"沿用"国民党当局颁发的3海里领海制为宜。理由是如果宣布12海里领海线,可能会引发国际争端,美、英、日等国都会出来反对,搞不好就会打仗。毛泽东同志深知边界是打出来的,不是喊出来的。"金门炮战"的目的之一就是在用大炮为我国划定"12海里领海权"。最后,毛泽东同志从中国的安全利益出发,确定采用12海里的领海宽度,并决定立即公之于世。1982年《联合国海洋法公约》正式发布,明确规定:"各国有权确定不超过12海里的领海"。目前,世界上绝大多数国家采用了12海里领海制度,说明我国当初的决策既维护了国家主权,又符合国际历史潮流。

(3)历史、地理文化常识

要想更好地维护我国领海主权,就要主动地去了解我国海域及周边海域形势、历史和地理状况。在古代,就有相关著作记录了南海,如明代海南渔民的《更路簿》,证明了是中华民族开发了并长期居住在南海海岛上。南海地区处于太平洋到印度洋的中枢位置,战略地位十分重要,自然资源非常丰富,风景优美。明末清初,我国大批人民(主要是南海周边居民)涌向南洋经商及生活,"下南洋"为我国历史文化重要的一部分。

1.2.3 海疆卫士

1.2.3.1 海军——重要的战略军种

纵观近代世界史,曾经先后崛起的国家如葡萄牙、西班牙、荷兰、英国、法国、俄罗斯、日本和至今仍是世界海军大国的美国,当年都是凭借其强大的海军,或向外扩张,建立庞大的殖民统治;或发动战争,攻城略地,掠夺别国资源;或把握制海制空权,实施武力威慑,称霸世界。所有这些,都离不开这些国家当时强大的海军实力。在第二次世界大战初期,日本就是凭借其当时拥有的航空母舰和飞机偷袭珍珠港,重创美国的太平洋舰队。在当今世界,最具威力的武器当属能够实施远距离精确打击的战略导弹,它可以由海军的潜艇在水下发射。和陆基发射导弹相比,水下发射具有更好的机动性和隐蔽性,如英国的战略核导弹就全部部署在"前卫"级战略核潜艇上。所以对于一个国家来说,海军必然成为重要的战略军种。

1.2.3.2 中国海军

中国人民解放军海军建立于1949年4月23日,以舰艇部队和海军航空兵为主体,其主要任务是独立或协同陆军、空军防御敌人从海上的入侵,保卫领海主权,维护海洋权益。其作战部队除海军总部直辖外,分布于北海、东海、南海三支舰队中。海军是海上作战的主力,具有在水面、水下和空中作战的能力。

中国人民解放军海军以新型航空母舰、新型驱逐舰、新型潜艇、新型战斗机为代表的新一代主战装备,以及与其相配套的新型导弹、鱼雷、舰炮,电子战装备等武器系统陆续交付使用。中国人民解放军海军已经拥有大型区域防空舰、核动力潜艇、AIP潜艇等世界先进武器装备,且已装备了轰炸机、巡逻机、电子干扰机、水上飞机、运输机等勤务飞机。海防导弹形成系列,不仅有岸对舰导弹、舰对舰导弹,还有舰对空导弹、空对舰导弹、空对空导弹等。

(1)北海舰队

北海舰队前身为华东解放军海军支队,是中国人民解放军海军最早的海军部队,是中国海军唯一拥有核动力弹道导弹潜艇的队伍。司令部设于山东省青岛市。下辖青岛基地(辖威海、胶南水警区)、旅顺基地(辖大连、营口水警区)、葫芦岛基地(辖秦皇岛、天津水警区),其中葫芦岛基地为核潜艇母港。北海舰队负责黄海、渤海的防务,主要任务就是守卫北京的海上门户。

(2)东海舰队

东海舰队成立于1949年4月23日,最初以上海为基地,现司令部设在浙江宁波。下辖上海基地(辖连云港、吴淞水警区)、舟山基地(辖定海、温州水警区)、福建基地(辖宁德、厦门水警区)。东海舰队负责台湾海峡南端(广东南澳岛至台湾猫鼻头连线)以北、连云港以南的东海和黄海海域的防务。

(3)南海舰队

南海舰队司令部设在广东湛江。下辖湛江基地(辖湛江、北海水警区)、广州基地(辖黄埔、汕头水警区)、榆林基地(辖海口、西沙水警区)。南海舰队负责台湾海峡南端(广东南澳岛至台湾猫鼻头连线)的西南方向海域,包括西沙群岛、南沙群岛的防务,维护中国在中国南海的海洋权益和岛屿的防卫。

党的二十大报告指出"如期实现建军一百年奋斗目标,加快把人民军队建成世界一流军队,是全面建设社会主义现代化国家的战略要求。必须贯彻新时代党的强军思想,贯彻新时代军事战略方针,坚持党对人民军队的绝对领导,坚持政治建军、改革强军、科技强军、人才强军、依法治军,坚持边斗争、边备战、边建设,坚持机械化信息化智能化融合发展,加快军事理论现代化、军队组织形态现代化、军事人员现代化、武器装备现代化,提高捍卫国家主权、安全、发展利益战略能力,有效履行新时代人民军队使命任务。"

可以预见,未来 10 到 15 年内,我国海军在维护国家海洋权益与海外利益中发挥的作用将越来越突出,一支与中国世界大国地位相称的远洋型海军也将逐渐浮出水面。

看一看

70 多年来,中国海军的发展越来越快、装备越来越先进、航迹越来越远,成为世界了解中国、了解中国军队、了解中国军人的重要窗口,成为维护世界和平、促进合作共赢的重要力量。让我们通过视频《人民海军和平力量》一起看看中国海军的使命与担当。

赞一赞

护航 10 年,中国海军亚丁湾上奏响平安乐章

"呜——"2018 年 12 月 25 日,海军第 31 批护航编队许昌舰和第 30 批护航编队邯郸舰共同护送"武昌号"散货轮,从亚丁湾东部海域鸣笛起航,踏上了平安之旅(图 1-3)。自 2008 年 12 月 26 日海军首批护航编队执行护航任务以来,10 年间海军圆满完成了 1 198 批 6 600 余艘次中外船舶护航任务,在亚丁湾、索马里海域书写了人民海军远赴大洋维护国家战略利益的光辉篇章,履行了中国身为大国的国际义务,赢得了国内外广泛赞誉。

图 1-3 海军护航编队在亚丁湾西部某海域举行分航仪式

　　亚丁湾护航是我国首次使用军事力量赴海外维护国家战略利益(图1-4),首次组织海上作战力量赴海外履行国际人道主义义务,首次在远海保护重要运输航线安全。根据联合国安理会有关决议,在党中央、中央军委的正确指挥下,海军各级指战员始终牢记党和人民重托,严格依据相关法律法规精心组织护航行动,密切关注海上形势发展,及时总结实践经验,探索创新护航模式,坚持动中抓建,持续激发官兵强劲动力和坚强意志,有效确保了远洋护航任务的顺利完成。

图1-4　海军首批护航编队赴亚丁湾护航欢送仪式

　　十年不畏艰辛,忠诚使命担当。中国海军累计派出31批护航编队、100艘次舰艇、67架次直升机、26 000余人次官兵执行护航任务(图1-5),共为6 600余艘次中外船舶护航,解救、接护和救助遇险船舶60余艘,3次武力营救被海盗劫持船舶,抓捕海盗3名,持续保障着被护船舶和编队自身的绝对安全。国际海事组织授予中国海军护航编队"航运和人类特别服务奖"。

图1-5　中国直升机正在亚丁湾上空护航

　　十年劈浪远航,贡献中国力量。中国海军护航编队努力构建人类命运共同体,积极为国际社会提供公共安全产品,安全护送的船舶中外国船舶占51%以上,先后执行马航失联客机搜救、为马尔代夫紧急供水为20批叙化武海运船舶及12艘世界粮食计划署船舶护航从也门战火中紧急撤离683名中国同胞和279名外国公民等任务,在远海大洋谱写了一曲维护世界和平与安宁的英雄赞歌。

十年军旗飞扬,彰显大国形象。中国海军护航编队加强国际交流和务实合作:与美盟151特混舰队、欧盟465特混舰队、北约508特混舰队建立信息共享机制和指挥官会面制度,组织护航指挥官会面交流20余次;与俄罗斯等20余个国家的护航舰艇展开联合护航、反海盗、国际人道主义救援演练;与荷兰海军舰艇互派军官驻舰考察。海军护航编队还逐步建立了结合护航任务组织舰艇友好访问的新机制,先后103次出访3大洋6大洲的63个国家和地区。

1.3 海洋强国

读一读

海 权

2 500年前的古希腊海洋学者狄米斯托克利和古罗马的西塞罗都提出了"谁能控制海洋,谁就控制了一切"的思想。公元前4世纪,古代欧洲集运就有了海权思想的萌芽,雅典的政治家和军事家伯里克利就曾提出雅典的根本战略就是发展海军,在一切可能控制的海域确立支配地位。

1988年3月14日,中国科学考察人员正在南沙群岛的两个岛上进行正常的科学考察活动,越南海军乘中国护卫科学考察活动的海军舰艇折回海南之机,突然对在岛上进行考察的中国科学考察人员开枪开炮,发动了突然袭击,企图侵占这些岛屿。

图1-6 赤瓜礁人工岛

在紧急关头,我国海军部队及时出动,以压倒优势直扑敌舰,以三艘护航舰为主力的数艘舰船显示了强大的作战能力,包括装备有海对海导弹和 100 mm 口径自动火炮的新型作战舰艇,打得越南海军仅有招架之功,毫无还手之力。在隆隆的炮火下,我军击沉越南海军 604 号运输船,击伤 605 号运输船并重创 505 号登陆舰。

中国海军乘胜相继收复华阳礁、东门礁、南薰礁、渚碧礁,连同此前被侵占的永暑礁和赤瓜礁,共 6 个岛礁。而赤瓜礁后来也成为中国在南沙的重要支撑点,并于 2014 年 11 月基本完成填海工程,使岛礁面积扩大到 11 万 m^2,极大改善了中国在南沙的前沿部署条件。

这一战争也体现了马汉提出的海权思想。马汉认为,"成为世界强国的先决条件是控制海权",他深入研究了 1660—1783 年间的海洋历史及这一时期的欧洲列强之间的海上战争和冲突,提出"一个国家的海上势力取决于六个因素,即地理位置、海岸特征、海岸线长度和防御的可能性、人口规模、国家对海上贸易的态度和政府政策",从地理环境和政治现象来为国家政策提供理论依据。

想一想

早在 2 500 年前,人们就意识到了海洋的重要性,并提出了"谁能控制海洋,谁就控制了一切"的理论,开始了海洋控制权的争夺。我国开发、利用和保护海洋的状况是什么样的?为了发展海洋经济和保护海洋国土,我国的船舶经历了怎样的发展历程,其现状又是怎么样的呢?

学一学

我国自古以来都是海洋大国,但现在还不算是海洋强国,自十八大以来,我国大力发展海洋经济,取得了一定的成效,本节内容我们一起学习我国的海洋强国战略。

1.3.1 海洋大国

我国拥有优越的海洋自然条件,自古以来就是海洋大国之一。但同时,我国人均海洋资源并不充裕,目前我国的基本国情是人均资源和人均环境容量大大低于世界人均水平。在我国经济社会发展面临资源短缺压力的情况下,我们首先要珍惜、开发和保护陆地国土上的资源;其次要积极开发、利用和保护"蓝色国土"上的资源;再次,我们还要进一步向大洋进军,探测、开发和利用占地球表面49%的公海大洋中的各种资源,为我国现代化建设的可持续发展服务。

海洋的重要性

开发海洋资源、发展海洋科技,有利于人类生存和发展,创建和谐海洋更会造福世界。我国坚持和平的方式和手段,这符合时代发展的潮流和趋势,符合中国倡导的新安全观,也符合中国和平发展进程目标。中国海洋发展实施不是以单纯获取最大海洋资源及利益为目的,还兼顾其他国家的合理诉求和关切,寻求适当的利益平衡,以确保互利、共赢。

不可否认,当前我国面临的海洋问题错综复杂,我们在倡导和谐海洋的同时,也应

清楚告诉世界,中国既坚持倡导和谐海洋也坚定捍卫海洋和平,果断制止来自海上的挑衅。近代中国的屈辱史部分根源就在于有海无防,我们在建设海洋强国的道路上必然会面临许多挑战和阻力,强大的海上武装力量特别是强大的海军是建设海洋强国的必要条件。

海军将是中国履行国际义务、承担国际责任和推进国家间军事合作的重要力量,是保卫国家海上贸易和能源通道安全、维护国家海外利益的战略性军种。没有强大的海外军事投送能力,海外贸易保护和海外利益保护就会成为一纸空文。在建设海洋强国的国际斗争中,海军力量的建设必须走在前面。拥有一支坚不可摧的海军,既是我国建设海洋强国的力量支撑,也是维护和发展我大国地位的战略力量。

1.3.2 海洋强国战略

1.3.2.1 海洋强国

在中共中央政治局第八次集体学习时,习近平总书记指出:"21 世纪,人类进入了大规模开发利用海洋的时期。海洋在国家经济发展格局和对外开放中的作用更加重要,在维护国家主权、安全、发展利益中的地位更加突出,在国家生态文明建设中的角色更加显著,在国际政治、经济、军事、科技竞争中的战略地位也明显上升。"我国是一个陆海兼备的发展中大国,建设海洋强国是全面建设社会主义现代化强国的重要组成部分。

海洋强国是指在开发海洋、利用海洋、保护海洋、管控海洋方面拥有强大综合实力的国家。主要包括以下方面:海洋经济发达,海洋科技先进,海洋生态环境优美,拥有构建和完善海洋制度及体系的高级人才队伍、先进的管理海洋问题或事故的能力,以及强大的海上国防力量。在上述指标中,发展海洋经济是建设海洋强国的重要手段和基础;海洋科技是建设海洋强国的技术保障,也是增强海洋开发能力的重要支柱;保护海洋生态环境是建设海洋强国的重要目标之一;高级海洋人才队伍不断涌现是建设海洋强国的必要依托和重要力量;管理海洋问题或事故的能力,是体现国家对海洋问题综合管理的重要表现;强大的海上国防力量,是建设海洋强国的坚强后盾和力量保障。

1.3.2.2 海洋强国战略

海洋强国梦

党的二十大报告指出要"发展海洋经济,保护海洋生态环境,加快建设海洋强国"。维护海洋权益、建设海洋强国已上升为国家战略,是国家和平发展战略的重要组成部分之一,是我们党和政府应对海洋问题尤其是 21 世纪以来针对国际国内海洋情势作出的重大战略部署,也是我们党和政府针对长期以来海洋问题政策的合理提升和深化,具有重要的现实意义和战略价值。其重点是维护和确保中国的海上权益,在力量运用方式上是和平的、综合性的,这区别于传统海洋霸权国家依靠军事占领以及海外殖民方式扩展海洋霸权的模式。我国的海洋强国战略可划分为以下三个阶段。

(1)第一阶段——中国海洋强国战略的提出

党的十八大报告首次完整提出了中国海洋强国战略的四个方面的内容,即我国应"提高资源开发能力、发展海洋经济、保护生态环境、坚决维护国家海洋权益,建设海洋强国",这些构成了中国海洋强国战略的基本内容。其中提高资源开发能力、发展海洋经济,是我国建设海洋强国的基本手段和具体路径,而保护生态环境、坚决维护国家海洋权益,是建设海洋强国的重要目标。

（2）第二阶段——中国海洋强国战略的发展

习近平总书记在主持中共中央政治局就建设海洋强国研究举办的第八次集体学习时（2013 年 7 月 30 日）强调了建设海洋强国的四个基本要求,即"四个转变"。具体内容为:要提高资源开发能力,着力推动海洋经济向质量效益型转变;要保护海洋生态环境,着力推动海洋开发方式向循环利用型转变;要发展海洋科学技术,着力推动海洋科技向创新引领型转变;要维护国家海洋权益,着力推动海洋权益向统筹兼顾型转变。这些内容是中国海洋强国战略的发展。

（3）第三阶段——中国海洋强国战略的深化

中国海洋强国战略除在党的十九大报告进一步提出"坚持陆海统筹,加快建设海洋强国"的战略部署及应坚持的原则和重点外,在其他重要场合也得到了深化。主要表现在以下方面:①2018 年 3 月 8 日,习近平总书记在参加第十三届全国人民代表大会第一次会议山东代表团审议时强调,"海洋是高质量发展战略要地,要加快建设世界一流的海洋港口、完善的现代海洋产业体系、绿色可持续的海洋生态环境,为海洋强国建设做出贡献。②2018 年 6 月 12 日,习近平总书记在青岛海洋科学与技术试点国家实验室考察时强调,"发展海洋经济、海洋科研是推动我们强国战略很重要的一个方面,一定要抓好。关键的技术要靠我们自主来研发,海洋经济的发展前途无量。"③2019 年 4 月 23 日,习近平总书记在集体会见出席海军成立 70 周年多国海军活动外方代表团团长时,首次提出"海洋命运共同体"重要理念,强调"当前,以海洋为载体和纽带的市场、技术、信息、文化等合作日益紧密,中国提出共建'21 世纪海上丝绸之路'倡议,就是希望促进海上互联互通和各领域务实合作,推动蓝色经济发展,推动海洋文化交融,共同增进海洋福祉。"④2022 年 4 月 10 日,习近平总书记在中国海洋大学三亚海洋研究院考察,提出"不断提高海洋开发能力,使海洋经济成为新的增长点,要顺应建设海洋强国的需要,加快培育海洋工程制造业这一战略性新兴产业,不断提高海洋开发能力,使海洋经济成为新的增长点。"

综上可以看出,建设海洋强国已成为我国的基本国策,必须长期坚持和持续发展,所以必须在关心海洋、认识海洋、经略海洋,尤其应在发展海洋经济、加快海洋科技创新步伐方面采取措施并在发挥其作用上积极施策和谋划。这样才能加快实现中国海洋强国战略目标。

1.3.3 "船"承中国梦

1.3.3.1 中国船舶"制造大国"之路

中国船舶工业发展的 70 多年,可谓道路曲折,困难重重,但成果斐然。新中国成立初期,我国造船工业处于末端,只会建造简单的铁甲船。70 多年后,中国的商船船队数量牢牢稳居世界第一位置。2005 年以后,全球商船建造中心从欧洲转移到亚洲,在亚洲,中国超越了韩国和日本,商船建造能力居全世界第一。中国船舶工业发展可以分为四个时期:

第一个时期,从 1949 年到 1960 年,通过打捞沉船、修造民船,并借助苏联的技术援助,奠定了中国现代船舶工业的初步基础。

第二个时期,从 1961 年到 1978 年,这是中国船舶工业曲折前进的 18 年。在被技术封锁的背景下,我国暂时困难,从无到有,自力更生,基本建立了完整的船舶工业体系。

第三个时期,从 1979 年到 1999 年,改革开放后,中国船舶工业进入现代化建设新时期。以中国船舶总公司为代表,大量引进和学习国外先进造船技术。

第四个时期,2000 年以后,中国三大主流船型的制造水平均走到了世界前列,成为世界第一造船大国。

我国造船业能有今天的成就,与科学的规划及强有力的政策支持分不开。我国船舶行业最早的一份中长期规划是 2006 年制定的《船舶工业中长期发展规划(2006—2015 年)》。其中首次提出"集中力量在环渤海湾、长江口和珠江口区域新建、扩建一批大型造船设施,扩大造船能力,形成三个现代化大型造船基地。培育具有较强产品开发、制造、营销能力和高管理水平的大型企业集团,带动全行业发展"。

1.3.3.2　中国造船强国之路

中国制造 2025 之海洋工程装备与高技术船舶

《中国制造 2025》是经国务院总理李克强签批,由国务院于 2015 年 5 月印发的部署全面推进实施制造强国的战略文件,是中国实施制造强国战略第一个十年的行动纲领。作为水上交通、海洋资源开发及为国防建设提供技术装备的现代综合性和战略性产业的船舶工业,是国家发展高端装备制造业的重要组成部分,是国家实施海洋强国战略的基础和重要支撑。为此,《中国制造 2025》把海洋工程装备和高技术船舶作为十大重点发展领域之一加快推进,明确了今后 10 年的发展重点和目标,为我国海洋工程装备和高技术船舶发展指明了方向。

《中国制造 2025》明确提出,海洋工程装备和高技术船舶领域将大力发展深海探测、资源开发利用、海上作业保障装备及其关键系统和专用设备;推动深海空间站、大型浮式结构物的开发和工程化;形成海洋工程装备综合试验、检测与鉴定能力,提高海洋开发利用水平;突破豪华邮轮设计建造技术,全面提升液化天然气等高技术船舶国际竞争力;掌握重点配套设备集成化、智能化、模块化设计建造技术。

为此,除了传统的船舶建造,中国在深远海开发装备、海洋科考装备等智慧海洋装备上创造了多个世界第一。中船重工自主设计建造的"蛟龙号",下潜深度达 7 062 m,是世界潜深最大的载人深潜器;国家"十三五"科技创新规划项目,我国自主设计建造首艘载人潜水器支持母船——"深海一号"的下水以及世界最先进的钻井平台 A5000 交付等,标志着我国高端深海装备制造能力达到新高度。

同时也要看到,在建造顶级豪华邮轮、液化天然气船(LNG 船)等高附加值船舶方面,国内的建造实力和流程工艺还不够成熟,与世界先进水平存在一定差距。为此,中国船舶集团有限公司将豪华邮轮、LNG 船等高附加值船作为发展重点,通过引进技术、团队等方式快速提升建造能力,补强中国船舶工业短板,使我国真正成为世界造船强国。

看一看

《走向海洋》纪录片

《走向海洋》共有八集,是国内首部以历史和发展眼光关注海洋文化的大型纪录片,为大家讲述中国的海洋战略和中华民族的海洋意识。影片中,海洋出版社石青峰社长指出,"我们中国的国家疆域面积往往是指 960 km^2 的陆地国土,忽视掉了我们还有 300 多万 km^2 的主张管辖海域。"《走向海洋》由海军、国家海洋局联合投资,三多堂传媒承制。该片以中国数千年海洋发展史为纵坐标,以西方大国崛起的海洋探索为横坐标,以中国融入全球化体系为时代背景,警示国人勿忘"背海而亡、向海而兴"的历史经验,呼吁建立海陆统筹、和谐发展的现代中国海洋战略,请各位同学观看《走向海洋》系列纪录片。

议一议

我国的海洋强国战略离不开船舶工业,中国船舶工业经过 70 多年的艰苦创新,完成了一次又一次的突破,由最初的"有海无防"到现在的"造船大国",手持订单、完工量和新接订单均位于世界前列。这期间,涌现出大批的秉承"兴船报国、创新超越"精神的优秀船人,请同学们搜集一下他们的故事,以"兴船报国,践行'中国梦'"为主题,撰写心得体会,并组织小组讨论。

第2章　船舶由来与发展

船小舶有话说：

　　中华文明源远流长，中国也是世界上造船历史最悠久的国家之一。从古老的独木舟、木板船到车船，中国古代的航海造船技术，始终在国际上处于领先地位。世纪更迭，时代变迁，我国在现代造船业经历了种种原因导致的短暂停滞后，奋起直追，从无到有，从弱到强，走出了一条从跟跑到领跑的中国特色发展之路，成为稳居世界前列的造船大国。在未来，一代又一代的船舶人将会继续发扬大国工匠精神，精益求精，锐意进取，推动中国船舶工业这艘巨轮走向更加辉煌灿烂的明天。

船小舶带你学：

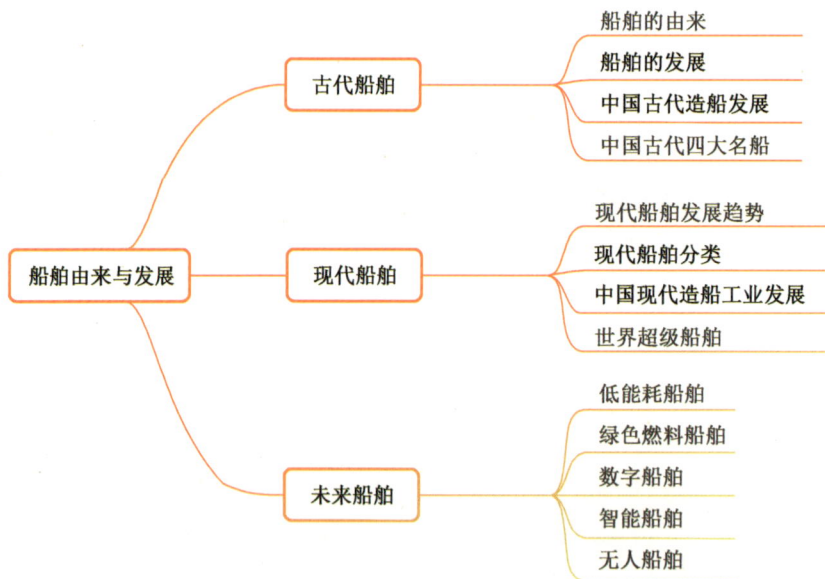

2.1　古 代 船 舶

读一读

郑和下西洋

　　明代永乐三年六月十五日，公元1405年7月11日，郑和(图2-1)在福建五虎门起航，开始了中国历史上最伟大的远航征程。在随后的28年里，郑和先后七下西洋，途经爪哇、苏门答腊、古里、暹罗、木骨都束等地，最远到达过东非、红海，拜访了 30 多个国家和地区，为各国带去了中国的陶瓷、丝绸、香料等珍贵物品，促进了各国之间的贸易往来，建立了良好的外交关系，也为中国带回了数学、物理、化学、天文方面的先进知识，大大地推动了中国科学的发展。

郑和七下西洋能够如此成功，除了得益于船队过人的航海技术，还得益于当时的船队规模惊人，船队共有船只 200 余艘，将士 27 800 余人（图 2-2）。郑和当时乘坐的宝船，长 44 丈①4 尺②，宽 18 丈，换算成现在的长度就是 151.18 m，宽 61.6 m。宝船共

图 2-1　郑和

四层，可容纳乘员上千人。船上有 9 桅可以悬挂 12 张帆，铁锚就有几千斤③重，如此巨大的舰船，在世界木船制造的历史上已经是登峰造极的水平，在当时简直就如航空母舰一般。此外，船队除了郑和乘坐的旗舰，还有专门用于运输的马船，用于作战的战船、用于运粮食的粮船和专门在各大船只之间运人的水船。

郑和七下西洋的意义重大且深远，不仅促进了各国之间经济的繁荣，也立下了一座代表和平与友好的丰碑。

图 2-2　郑和下西洋船队

---

① 1 丈≈3.33 米
② 1 尺≈0.33 米
③ 1 斤＝0.5 千克

郑和借助当时先进的宝船和船队七下西洋，给当时的中国带来了什么样的影响？如今船舶行业的飞速发展助力"一带一路"倡议又将为中国带来怎样的改变与机遇？

学一学

从郑和下西洋的故事中，我们了解到，船舶对经济乃至人类社会的发展有着至关重要的作用。那么，船舶是怎么诞生的呢？千百年来，船舶又经历了哪些巨大变化？我国古代又有哪些经典船型？

2.1.1　船舶的由来

历史上，有这样两则最为广泛流传的神话故事，为我们描述了船舶产生的奇妙过程。这两则神话故事便是我国民间流传的"大禹治水"（图2-3）的故事和国外《圣经》中的诺亚方舟（图2-4）。

图2-3　大禹治水（浮雕）

图2-4　诺亚方舟

这些流传下来的神话传说及文献资料让我们意识到洪水是人类祖先面对的巨大挑战。在这些毁灭性的洪灾面前，为了生存，人类必须进行有效的自我保护。在我国民间流传的神话故事"大禹治水"中就提到，三皇五帝时期，黄河泛滥，洪水频发，大禹率领民众与自然灾害中的洪水斗争，"三过家门而不入"广为流传。从中不难看出，在漫长的洪荒时代，人类不断遭遇洪灾，不得不与水打交道。每当洪灾来临之时，许多人葬身洪水中，然而也有一些人意外地抓住了漂浮的树干而侥幸得救。通过长期的观察，人们发现了如果把石块投入水中，石块很快就会沉入水底；但树上飘下的树叶或掉下的树枝，却能够在水面漂浮。推而广之，竹子、芦苇等也能在水面漂浮，还可以承载一定的负荷。由此，人们开始进行大胆的思考：漂浮物的面积增大时是否可以承受更大的载荷？树木会在水流中翻滚，怎样可以使人在上面比较稳定？是否可以给漂浮物添加一些辅助工具，使它们可以像水鸟一样自由地掌握方向？

知识来源于劳动实践，在日常生活实践中，人们向自然学习，从不断发生的自然现象中得到启迪,从而创造、改进自己的劳动工具。在与水的不断接触中,人们通过不断总结经验,终于发明了水上的运载工具——船。

2.1.2　船舶的发展

2.1.2.1　浮具

作为水上的运载工具,浮具是舟船的最早来源。《世本》载:"古者观落叶以为舟"。《淮南子·说山训》亦载:"古人见窾木浮而知为舟"。

因此,人们就必须寻找到浮力大、防水性好的漂浮材料来做浮水工具(图2-5)。葫芦具有体轻、浮力大、防水性强等优点,因而被人类选为浮具有其必然性。后来,人们又对之加以改进,把多个葫芦用绳子连起来系在腰上以提高渡水时的浮力,这叫腰舟,这以后发展到捆在背上,这样就可以把双手解放出来,使双手配合双脚一起划水,提高了人们在水中捕鱼的能力。

原始的浮具不限于葫芦,还有许多种类,如关于皮囊的记载就有很多。皮囊也称浮囊,亦称浑脱。除皮囊外,竹筒、蜂巢等也可作浮具。

筏(图2-6)是第二代水上工具,它脱胎于浮具,是浮具发展的必然结果。筏是由单体浮具发展起来的。一根树干,在远古就是一件浮具,但树干呈圆柱形,在水中易滚动,为使其平稳,并获得更大的浮力,人们将两根以上的树干并拢,用藤或绳系结起来使用。这样一来,集较多的单体浮具为一体就形成了筏。

图2-5　浮具

图2-6　筏

2.1.2.2　独木舟

筏有不少缺点,最大的缺点是不能逆水而上,故而有"下水人乘筏,上水筏乘人"之谚。基于此,富有追求的人类祖先,不满足于筏的优点,开始了新的探索。这种探索仍然离不开人类对自然现象日积月累的细致观察。人类祖先在不断探索中,发现在河水中漂浮的因天然腐朽形成凹槽的树段,浮力大于完整的树段,人甚至可以坐在凹槽里自由活动。这一意外发现激发了人类智慧的火花,从偶然的发现变成有意的试作,经过大量的实践,人类终于制造出了原始的独木舟(图2-7)——最初形态的舟船。

独木舟就是把原木凿空,人能坐在里面的最简单的船,是由筏演变而来的。虽然这种进化过程极其缓慢,但在船舶技术发展史上,却迈出了重要的一步。独木舟需要较先进的生产工具,依据一定的工艺过程来制造,制造技术比筏要难得多,其本身的技术也比筏先进得多,它已经具备了船的雏形。

2.1.2.3　木板船

筏的特点和弱点在于没有干舷或干舷很小,筏体本身又有较大的缝隙。当筏的载重量增加时,乘载在筏上的人和货不可避免地要受到水的浸淹。独木舟虽然不漏水,而且有一定的干舷,但在水中的稳定性不好。

图 2-7　独木舟

独木舟的大小还要受到原株树木大小的制约,并且沉重的独木舟也难以满足更大载重量的需要。

为了增加载重量和改善稳定性,木板船应运而生(图 2-8)。木板船出现以后,显示出强大的生命力,也为船舶的进一步发展和改造奠定了基础。

2.1.2.4　帆船

随后,人们又在长期航行的实践中,创造了利用风力行驶的船——帆船(图 2-9)。初期的帆不能转动,只有顺风时才能使用,不顺风就只有落帆划桨。后来人们在航行的实践中逐步发现,即使不顺风,

图 2-8　木板船

只要使帆与风向呈一定的角度,帆上就能受到推船前进的风力,于是人们又创造了转动帆,这样在逆风的情况下,船也能前进。

自从人类创造了帆船,帆船便运载着人们在世界的海洋上往来,15 世纪,中国的帆船已成为世界上最大、最牢固、适航性最优越的,古代的航海造船技术,在国际上处于领先地位。直到 19 世纪,世界上大型船舶多是帆船,有的帆船,桅杆高达 30 m,挂帆 30 多面。

2.1.2.5　轮船

随着时间的推移,人类步入工业时代,开始了轰轰烈烈的工业革命。英国人瓦特成功发明蒸汽机,并投入使用。那时有一位叫富尔顿的美国人,觉得用桨划船会很累,而且效率不高,于是他就想用明轮来代替船桨,用蒸汽机驱动船只,并于 1870 年在哈德逊河上成功地进行试航,这就是轮船的雏形(图 2-10)。

1835 年,英国人史密斯造了一艘装有螺旋桨的船模型,引起了造船专家的注意。经研究发现,螺旋桨作为船的推进器比明轮力量大,于是装明轮的轮船逐渐退出使用。但为了称呼方便,装螺旋桨的船还是叫作轮船。19 世纪初,欧洲又出现了铁船,到 19 世纪中叶,船已经开始向大型化、现代化发展。

图 2-9 古代木质帆船

图 2-10 "克拉蒙特"蒸汽明轮船

2.1.3 中国古代造船发展

中国是世界上造船历史最为悠久的国家之一,在几千年的发展中,中国古代造船技术取得了极其辉煌的成就,更在相当一段时间内,遥遥领先于世界其他国家。在中国 1.8 万 km 的漫长的海岸线上,中国的文明一直与大海有着密不可分的联系。这样得天独厚的自然条件,使中国造船技术从古代开始就拥有着令世界各国赞叹的伟大成就。

中国最早出现的船是独木舟。我国西周时期的《易经·系辞》中早有"刳木为舟,剡木为楫"的记述,说的是新石器时期(公元前 2800 年)用火和石斧来制造独木舟和桨的方法。1958 年在江苏省武进县出土了大约公元前 539 年春秋后期的独木舟(图

2-11)，长 11 m、宽 0.9 m，就是历史的见证。如图 2-12 所示为泸沽湖摩梭人使用的独木舟。

据甲骨文字记载,殷商时期(公元前 1750 年)我国已有了木板船。木板船由纵向和横向板材组合而成,突破了一根原木的局限,为船舶大型化和多样化开辟了道路。春秋战国时期(公元前 770 年)冶铁业的发展推动了造船业的进步,于是有了舟师水战的记载和长江、黄河水域相当规模的水上运输。

图 2-11　武进县出土独木舟

图 2-12　泸沽湖摩梭人独木舟

(1)中国古代造船第一高峰——秦汉时期

秦汉时期,因开国战争与海外丝绸之路对船舶的需求增多,极大地推动了我国造船业的发展,我国古代造船业进入第一个高峰时期。这一时期造船技术在继承前朝发达造船技术的基础上,通过创新发展,船舶数量发展庞大而且类型众多。据史料记载,秦国在平息南方战争中,曾动用了一支能运输 50 万石①粮食的大船队。在秦统一全国后,仅秦始皇在位期间,就先后进行了 5 次极大规模的海上巡游。

到了汉朝,水师力量十分强大,其中楼船(图 2-13)作为重要舰船是水师的主力,同时舰队中也配备了各种作战舰只,在舰队最前列的冲锋船名为"荥登",速度较快的船只称为"奔马"。楼船的建造和发展,可谓造船技术发展的重要标志,在甲板上建有高高的楼层,高 10 余丈且在每层都设有防御敌人冷箭的矮墙及发射弓弩的窗孔,船体蒙有皮革,旗幡林立。

(2)中国古代造船第二高峰——唐宋时期

唐宋时期,海外贸易的扩展与经济的繁盛为造船技术的发展提供了强大的基础和动力。我国古代造船业的发展自此进入成熟时期,达到了第二个高峰。唐人崔融描述的"天下诸津,舟航所聚,旁通巴汉,前指闽越,七泽十薮,三江五湖,控引河洛,兼包淮海。弦舸巨舰,千轴万艘,交贸往来,昧旦永日。"恰如其分地描述了唐朝外交及航海发展盛况。唐朝时期的船舶种类齐全,体积较大,构造坚固,平稳性良好。1973 年,江苏省如皋县出土的唐朝运输木船用水密隔壁分为 9 个舱(图 2-14),既有利于不同货物的装载,又提高了船舶的抗沉性。唐代海船已能远航西洋,当时"阿拉伯商人东航者皆乘中国船"。

———————————

① 1 石 ≈ 29.95 kg

图 2-13　汉代楼船(模型)

至北宋时期(公元 960 年),我国木帆船建造技术已趋成熟。当时造船工场已能按船样照图施工,并开始采用滑道下水,同时战舰采用火药武器,海船装备指南针,并在世界造船史上首创了使用压载的技术。1974 年在泉州出土的宋朝海船(图 2-15),船舶的整个底部被封为 13 个水密隔舱,船底板为两重木板,厚度共计 12 cm,船舷板则为三重木板,厚度为 18 cm。其坚固性、适航性、安全性都十分优良。

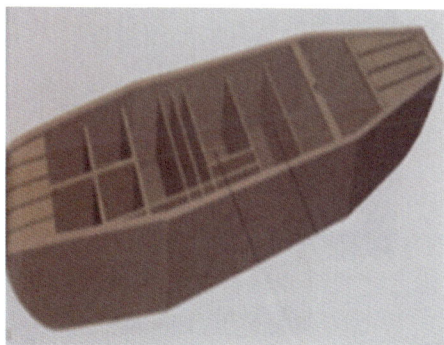

图 2-14　采用水密隔壁的唐朝运输木船

图 2-15　宋朝海船(模型)

(3)中国古代造船顶峰——明朝时期

元代至明代是我国木帆船的鼎盛时期。明代的政治措施和对外政策使得明朝的造船技术和工艺取得了突飞猛进的发展,登上了我国古代造船业的顶峰。明朝的造船业继承了唐宋先进造船技术,并不断地发展和演变,使船舶数量和质量都远超前代。明代时期,造船工厂遍布全国各地,其规模之大,配套之全,是历史上绝无仅有的,其中江苏、福建、浙江等地的造船业最为发达。正是有了这样宏伟的基业,才有了历史上著名的郑和七次下西洋的壮举。这一世界航海史上的空前壮举,充分说明了当时中国的造船技术和航海技术已达到世界最高水平。西方著名航海家哥伦布先后 4 次出海远航发现了美洲大陆,1492 年哥伦布船队旗舰"圣·玛利亚"号长 30 m 宽 6 m,排水量

233 t随行120人。图2-16为郑和宝船和哥伦布船队旗舰的模型对比。

图2-16 郑和宝船与哥伦布船队旗舰的模型对比

2.1.4 中国古代四大名船

中国是世界造船与航海的主要发源地之一,中国古代的造船技术曾长期处于世界领先水平,建造出了多种具有代表性的船型,在世界造船与航海史上做出过许多重大贡献,其中福船、广船、沙船和鸟船并称为中国古代四大名船。

2.1.4.1 福船

福船

福船是对福建沿海所造木帆船的统称,亦称"大福船",是一种尖底船,以行驶于南洋和远海著称,也是明代一种巨型战船,早在宋代便以"海舟以福建为上"而闻名于世。明代时我国水师以福船为主要战船。抗倭名将戚继光曾言:"福船高大如城,非人力可驱,全仗风势,倭船自来矮小如我小苍船,故福船乘风下压,如车碾螳螂。斗船力而不斗人力,是以每每取胜。"

古代福船高大如楼,底尖上阔,首尾高昂,两侧有护板。全船分四层,下层装土石压舱,二层住兵士,三层是主要操作场所,最上层是作战场所,居高临下,弓箭火炮向下发,往往能克敌制胜。福船首部高昂,具有坚强的冲击装置,乘风下压能犁沉敌船,多用船力取胜。福船吃水4 m,是深海优良战舰。

郑和下西洋船队的主要船舶叫作宝船(图2-17),它采用的就是中国古代适于远洋航行的优秀船型——福船。福船特有的双舵设计使其在浅海和深海都能进退自如,宝船即是商人和海盗们对超大型福船的通称。这种船适合近海贸易,适合载人和载货,船体宽大结实,百叶窗一样的木质船帆可以使用很多年不用换,前进速度慢而稳,通常用来运载瓷器等易碎物品。

图 2-17 郑和宝船

2.1.4.2 广船

广船产于广东,它的基本特点是头尖体长,上宽下窄,线形瘦尖底,梁拱小,甲板脊弧不高。船体的横向结构用紧密的肋骨跟隔舱板构成,纵向强度依靠龙骨和大肋维持,结构坚固,有较好的适航性能和续航能力。

广船在平底船的基础上经过船体结构的过渡变化改建而成,与西洋带龙骨的两端上翘的船型是完全不同的,广船船底特别尖,在海上摇摆较快,但不易翻沉,其舵材为铁力木,在海浪中强度大,不易折断,这在海上航行至关重要;而且一般采用多孔舵,减小了舵轴力矩,提高了操舵效率。

中国第一艘远洋木帆船——著名的"耆英号"(图 2-18)就是典型的广船,因为穿越大西洋,航行远达欧美而闻名于世。如今该船的实体已经不复存在,我们能够看到的只是它的模型,和它留下的一段传奇式的经历。"耆英号"建成于清道光二十六年(1846 年),属于以人物命名的船舶,其名称来自驻广州钦差大臣耆英。"耆英号"全长近 50 m,宽约 10 m,深 5 m,载重 750 t;柚木造成,分 15 个水密隔舱;设三桅,主桅高 27 m,头尾桅分别高 23 m 和 15 m;主帆重达 9 t,悬吊式尾舵。

广船

2.1.4.3 沙船

沙船是一种平底、方头、方艄的海船,是我国最古老的一种船型(图 2-19)。在唐宋时期,它已经成型,首先在今江苏崇明一带使用,后成为我国北方海区航行的主要海船。因其适于在水浅多沙滩的航道上航行,所以被称为沙船,也叫作防沙平底船。它在江河湖海皆可航行,适航性特别强,宽、大、扁、浅是其最突出的特点。沙船纵向结构采用"扁龙骨",从而使纵向强度得到加强;横向结构则是采用水密隔舱的工艺,这样沙船纵横一体,抗沉性较好。同时,为提高抗沉性,沙船上还有"太平篮",当风浪大时,从船上适当位置放下用竹编的装有石块的竹篮,悬于水中,使船减少摇摆。

沙船

①沙船特点。第一,沙船底平能坐滩,不怕搁浅,在风浪中也安全,特别是风向潮向不同时,因底平吃水浅,受潮水影响小,比较安全。第二,沙船顺风逆风都能航行,甚至逆风顶水也能航行,适航性能好。第三,船宽初稳性大,又有各项保持稳性的设备,所以稳性最好。第四,多桅多帆,帆高利于使风,吃水浅,阻力小,快速性好。

耆英号（模型）：
19世纪中叶一艘闻名于世的中国帆船

图 2-18 "耆英号"模型

图 2-19 沙船模型

②沙船结构。沙船方头方尾，俗称"方艄"。其甲板面宽敞，型深小，干舷低；采用大梁拱，使甲板面能迅速排浪；有"出艄"便于安装升降舵，有"虚艄"便于操纵艄篷；多桅多帆，航速比较快，舵面积大又能升降，出海时部分舵叶降到船底以下，能增加舵的效应，减少横漂，遇浅水可以把舵上升。沙船采用平板龙骨，比较弱，宽、厚是同级缯船的45%，结构强度仍比其他同级航海帆船大。采用多水密隔舱以提高船的抗沉性，七级风能航行无碍，又能耐浪，所以沙船航程远达非洲。

③船载重量。一般记载说是四千石到六千石（约合500~800 t），另一说是二千石到三千石（约合250~400 t），元代海运大船八九千石（1 200 t以上）。清道光年间，上海有沙船五千艘，估计当时全国沙船总数在万艘以上。沙船运用范围非常广泛，沿江沿海都有沙船踪迹。早在宋代以前公元10世纪初，就有中国沙船到爪哇的记载，在印

度和印度尼西亚都有沙船类型的壁画。

2.1.4.4 鸟船

鸟船首形似鸟嘴,因船头眼上方有条绿色眉而得名,是我国优秀船型(图 2-20),在明、清时代用于浙、闽、粤沿海的一种小型快速船。据清《浙江海运全案》记载:"鸟船头小身肥,船身长直;除设椇、蓬(帆)外,两侧有橹二只,有风扬帆,无风摇橹,行驶灵活。而且蓬长橹快,船行水上,有如飞鸟。"鸟船又属福船型的小型快速海船。在郑和下西洋的水师船队中,鸟船是用得比较普遍,数量比较多的一种快攻船型。

鸟船从嘉靖时期的开浪船发展而来,一开始的鸟船体型较小,船身比较低矮,船头尖细,设有四桨一橹,行驶快速,船内可容三五十人。万历时期,在福建沿海,海商开始用鸟船载货去各地贸易,其"船身长,安两牓,有橹六支,尾后催梢橹两支,不畏风涛、行驶便捷",到了崇祯年间,鸟船的船体相对于嘉靖时期的鸟船进一步加大加长,其身长已经达到了七丈五尺(约 23 m),而且橹设在船尾,两旁并不设橹。鸟船的船身虽然庞大,但速度却与沙船并驾齐驱,适宜在近海作战,所以该船成了明军的制式装备。

鸟船

图 2-20 鸟船模型

至此,我国古代四大航海船型全部出现并定型,它们代表了我国古代造船技术,也是我国古代劳动人民智慧的最好体现。

做一做

找一找身边木制船的身影,并将其与本小节学习到的古代船舶进行对比。

看一看

观看视频《中国古船的鼎盛——明代郑和下西洋及船队》,并思考郑和船队的特点以及船舶行业的发展给当时的国家带来的变化。

2.2 现代船舶

读一读

深海"蛟龙"——大国重器

"蛟龙号"载人深潜器(图2-21)是我国首台自主设计、自主集成研制的作业型深海载人潜水器,设计最大下潜深度为7 000 m级,也是目前世界上下潜能力最强的作业型载人潜水器。"蛟龙号"可在占世界海洋面积99.8%的广阔海域中使用,对于我国开发利用深海资源有着重要的意义。

图2-21 "蛟龙号"载人深潜器

在全球载人潜水器中,"蛟龙号"属于第一梯队。目前全世界投入使用的各类载人潜水器约90艘,其中下潜深度超过1 000 m的仅有12艘,更深的潜水器数量更少。目前拥有6 000 m以上深度载人潜水器的国家包括中国、美国、日本、法国和俄罗斯,"蛟龙号"载人潜水器在西太平洋的马里亚纳海沟海试成功到达7 020 m海底,刷新了作业类载人潜水器的世界纪录。

提到"蛟龙号",就一定会提到徐芑南,他是中国深潜器技术专家,也是我国自行设计、自主集成研制7 000 m载人潜水器"蛟龙号"的总设计师。在他的领导下,中国的科研团队研造出了"蛟龙号",并且做到了技术一流,让中国深潜器迈进国际领先行列。

从2002年立项开始,徐芑南一直致力于深潜器技术的研究,他默默付出了十多年的时间,只为"蛟龙号"的顺利交付。2009年,"蛟龙号"第一次海试,当时已经74岁的徐芑南坚持登上"向阳红9号"母船,要为海试护航。最终"蛟龙号"成功完成1 000 m海试。接着在2011年,"蛟龙号"冲刺5 000 m深海,不负众望,采集到了"海底黑色黄金"——锰结核矿石。时隔一年,"蛟龙号"深潜器再次入海挑战,下潜到

7 062 m,不仅创造了我国载人深潜新纪录,还创造了世界深潜奇迹。这也足以向世界宣告中国深潜技术的成熟,中国已成为世界上又一个掌握大深度载人深潜技术的国家。

现在我国的深海潜水器已经成为海洋科学考察的前沿与制高点之一,从 2013 年到 2017 年,为期 5 年的蛟龙号试验性应用航次圆满收官,已经顺利完成了大洋 38 航次。截至 2018 年,它已成功在水下下潜 158 次,推进了中国向深海的探测,为国家海洋局深海资源勘探计划、环境调查计划、科技部"973"计划、中国科学院深海先导计划、国家自然科学基金委南海深部计划 5 大计划提供了技术和装备支撑。

"蛟龙号"在国内外产生了巨大反响,全面提升了我国公众的海洋意识,实现了中华民族"下五洋捉鳖"的宏伟梦想,已成为海洋强国建设的"大国重器"。

想一想

"蛟龙号"的成功说明了什么? 工匠精神是怎样铸就起一艘又一艘"大国重器"的呢?

学一学

在以信息技术为代表的高新技术的带动下,世界船舶科技迅猛发展。船舶工业成为高新技术应用的重要领域,船舶技术发展呈现出前所未有的活力,现代造船技术从模式到工艺都发生了质的变化。纵观全球造船业,为了争夺市场,抢占船舶科技制高点,世界主要造船国家纷纷加大科技创新力度,各种大型综合性船舶科研计划相继发布,船舶产品的发展获得了许多重大进步。现在,无论是新船型的开发、老船型的优化,还是在船舶性能改进提高等方面,发展速度都达到了前所未有的程度,船舶产品的发展已进入一个新的阶段。

2.2.1　现代船舶发展趋势

近年来,船舶产品的发展取得了十分重大的进步,与同是交通运输工具的汽车和飞机相比,船舶产品不仅在基本形式上,而且在基本原理方面都发生了深刻的变化。船舶技术发展的特点可归纳如下。

2.2.1.1　大型化

船舶大型化是船型发展中最明显的特点之一,也是船舶创新的主要方向。这是因为大型船舶具有明显的规模经济优势,可以显著降低运输成本。以油船为例,当载重量从 2.5 万 t 增加到 25 万 t 时,每吨石油的运输成本可下降 40%;集装箱船当载箱能力从 4 000 TEU 增加到 8 000 TEU 时,每箱运输成本可下降 15%。因此,从 20 世纪 50 年代开始,油船、散货船的大型化表现突出。油船从 4.5 万 t 发展到 30 万 t 级的超大型油轮(VLCC),目前 VLCC 已成为油运船队的主力船型,市场需求仍然相当旺盛。最大散货船从 1950 年的 2.5 万载重吨发展到 1986 年的 36.5 万载重吨,40 万 t 的超大型矿砂船也已在酝酿中。20 世纪 80 年代起,船舶的大型化主要表现在集装箱船、豪华旅游船等船型上。现在已订造的最大集装箱船已达到 14 280 TEU。20 世纪末到 21 世纪初,液化天然气船也从 13 万 m^3 级跨越到 15 万 m^3、21 万 m^3 以及 26 万 m^3 三级。

2.2.1.2　高速化

船舶的高速化主要表现在船舶航速的提高和高速船舶的长足发展。由于船舶设计技术、动力技术、推进技术的不断改进和提高,近年来各主要船种的航速普遍呈增高趋势,尤其是滚装船、渡船、集装箱船等船舶,航速提高的幅度较大。

2.2.1.3　船型创新持续化

近年来,各种新船型不断成功开发,投入运行,促进了海洋运输船队结构的变革。在市场需求不断变化、设计技术不断进步的双重因素推动下,几乎所有船型都在不断优化和创新。例如,20 世纪 60 年代到 80 年代 VLCC 船共发展两代,80 年代末推出了第三代节能型 VLCC ,随后在国际防污染规则推动下,又开发出双壳型和中甲板型 VLCC 船型,进入新世纪又出现了双机双桨的第四代 VLCC;集装箱船至今已发展了六代(7 000~8 000 TEU),正在发展第七代(10 000~12 000 TEU);巴拿马型散货船从最初的 6 万载重吨级,发展到现在的 8 万载重吨级,随着巴拿马运河的拓宽,新巴拿马型将更具有吸引力。与此同时,诸如压缩天然气(CNG)运输船、可燃冰运输船、高冗余度安全油船、马鞍形大型旅游船等各种新概念船相继被提出。

2.2.2　现代船舶分类

现代船舶类型众多,根据世界经济合作与发展组织(OECD)2011 年统计分类,大致可分为原油船(单壳、双壳)、成品油船、化学品船、散货船、兼用船、杂货船、冷藏船、集装箱船、滚装船、汽车运输船、液化石油气船、液化天然气船、海峡渡船、客船、渔船、其他非货运船等十六类船型。而在习惯上,人们又把占世界运输船舶保有量比例达 70%~80 %的散货船、油船、集装箱船三大当今海上运输主力船舶称为运输船舶中的主流船型;把占世界份额较小但具有高技术含量、高制造难度、高附加值的"三高"产品称为高技术、高附加值船型;把应用一个或几个支撑原理,航速快、性能好、拥有特殊用途,一般均为小批量生产的船舶称为高性能船舶。

(1)按用途分类

船舶可分为军用舰艇和民用船舶两大类。

①军用舰艇可分为如下几大类。

战斗舰艇:航空母舰、巡洋舰、驱逐舰、护卫舰、潜艇、鱼雷艇、导弹艇及布雷、扫雷舰艇等。

登陆舰艇:运送部队和武器装备到敌岸登陆的舰艇。

辅助舰船:即担负后勤保障任务的各类舰船,如训练舰、补给舰、侦察船、医院船、供应舰、舟桥浮箱等。

②民用船舶主要可分为如下几大类。

运输船舶:客船、货船(客货船)。其中货船包括散货船(货物如谷物、矿砂、煤、水泥等)、油船、杂货船、集装箱船、滚装船、推(拖)船-驳船队、液化天然气(石油气)船、化学品船、冷藏船以及各种专用及多用途船等。

工程船舶:挖泥船、打桩船、起重船、打捞船、管线铺设船、救助拖船、浮船坞、测量船等。

渔业船舶:各种捕捞船(如拖网渔船、围网渔船、捕鲸船等)及渔业辅助船(如水产加工船、冰藏运输船、渔政船等)。

港务船舶:港作拖船、引水船、港监船、供油船、供水船、消防船、交通船、检疫船、浮油回收船、粪便处理船、水面清扫船及趸船等。

特种船舶:水翼船、气垫船、地效应船(壁面效应船)、小水线面船、穿浪船等。

海洋工程船舶:海洋调查船及深潜器、近海调查船、远洋调查船、载人潜水器、无人潜水器等。

海洋钻井平台:固定式平台、移动式平台等。

(2)按航行区域分类

船舶按航行区域划分可分为海洋船舶、内河船舶、港湾船舶。

其中海洋船舶又可分为远洋船舶、近洋船舶、沿海船舶。

(3)按航行状态分类

船舶按航行状态划分可分为排水型船(潜水船)、半滑行船、滑行船、气垫船、水翼船、地效应船等。

(4)按推进动力分类

船舶按推进动力划分可分为人力船及帆船、蒸汽机船、内燃机船、汽轮机船、核动力船、电力推进船等。

(5)按推进器形式分类

船舶按推进器形式分类可分为明轮船、平旋推进器船、螺旋桨船、喷水推进船、空气螺旋桨船等。

(6)按螺旋桨数分类

船舶按螺旋桨数分类可分为单桨船、双桨船、多桨船。

2.2.3 中国现代船舶发展

2.2.3.1 中国近代造船

明朝中叶以后,中国封建社会日趋衰落,经济与科学技术的发展停滞不前,因此中国造船与航海也逐渐失去了原有的光彩。

19世纪60年代以后,中国封建统治者中的一些代表人物如曾国藩、左宗棠、李鸿章等人见识到洋人的"船坚炮利",便奏请清政府操办洋务运动;1861年开办安庆内军械所;1865年在上海创办了江南制造总局,这是一所制造军火和轮船的综合企业;1866年在福建马尾设立福州船政局,专事造船船政局设"前学堂"培养造船、造机人才;1872年又创办了招商局。

以洋务运动为开端的中国近代造船业不仅成为中国工业的先导,而且在传播西方自然科学和发展中国近代教育事业方面也产生了积极作用。

1865年,安庆内军械所在徐寿、华蘅芳等人的努力下制成我国第一艘蒸汽机轮船"黄鹄号"(图2-22),该船长17.6 m,航速约6 kn。1868年,江南制造局制成木壳、桨推进轮船"恬吉号"船长 56.4 m,载重 600 t,功率 288 kW,航速约 9.5 kn,后改为"惠吉号"(图 2-23)。1869 年福州船政局制成木壳运输舰"万年清号",船长 72.6 m,排水量 1 450 t,功率 426 kW,航速约 10 kn。以上几艘蒸汽机轮船,从技术上看,要比英国落后 70 余年,但这毕竟是中国近代造船业的开端。

图 2-22 "黄鹄号"

图 2-23 "惠吉号"

1905 年在上海建成钢质长江客货轮"江新号"垂线间长 99 m,吃水 3.66 m,载重 1 900 t,载客 326 人,采用火管锅炉 3 座,蒸汽机 2 部指示功率共 1 596 kW,航速 12.5 kn。1912 年还建成了大小相仿的"江华号"。这两艘船在新中国成立后分别于 1954 年和 1951 年经过改建,曾经作为长江客运的主力,营运到 20 世纪 70 年代。

1918 年夏,第一次世界大战期间,美国急需大批远洋运输船,遂与我国签订了承造 4 艘万吨级运输船的合同。尽管大战于 1918 年末结束,这 4 艘万吨船仍按时交船。第一艘"官府"号 1919 年 1 月开工,1920 年 6 月下水,1921 年 2 月交船后开往美国;"天朝号""东方号""中国号"等另 3 艘船在 1922 年也相继完工交船。

这些船是全遮蔽甲板型蒸汽机钢船,总长 135 m,宽 16.76 m,型深 11.57 m,采用江南造船所制造的三缸蒸汽机,指示功率 2 700 kW,航速 11 kn。

在清末洋务运动到国民党政府统治的 80 多年中,我国虽然也建造了一批钢质轮船,但处于半殖民地半封建社会,在帝国主义列强和官僚买办势力的双重压迫下,中国近代造船业一开始就步履维艰、发展极为缓慢。1949 年新中国成立前夕,国民党统治区经济濒于崩溃,船厂纷纷倒闭、工人失业、技术人员流失,原本就基础薄弱的船舶修造业奄奄一息。

2.2.3.2 新中国造船发展

船舶工业作为一个国家工业水平的象征,既是现代工业的产物,更是现代工业日新月异的缩影。新中国的诞生,使船舶工业获得了新生。首艘国产航母下水试航(图 2-24)、首次海域可燃冰试采成功(图 2-25)、港珠澳大桥主体工程全线贯通……种种壮丽工程的背后,都离不开我国船舶工业一直在输送的"光"和"热"。

今天,船舶工业的巨大成就并不是轻易拿来的,而是历经了艰辛,从仿制引进到自主创新一步步耕耘来的,每一步都走得艰难,每一步都走得关键。回首从中华人民共和国成立至今的 70 多年发展历程,我国船舶工业经历了废墟起步、对外开放、世界跨越、继往开来等主要阶段,由百孔千疮到重获生机、由百业待兴到脱胎换骨,见证了时代发展的兴衰百态,镌刻了实业兴国的永恒,为国防建设和国民经济发展书写了绚丽华章,使我国昂首屹立于世界造船大国之列。

图 2-24　首艘国产航母下水

图 2-25　可燃冰试采成功

中国造船业的发展历史悠久,源远流长,曾经创造了郑和七下西洋的辉煌史篇。但是到了近现代,战争不断,到中华人民共和国成立前夕,中国船舶工业已伤痕累累、奄奄一息,全国主要船厂仅剩20家,职工不足2万人。

中华人民共和国的诞生,给遭受重创的造船企业乃至中国船舶工业带来了生机。在党和国家领导人的亲切关怀和支持下,在像江南造船厂、大连造船厂这样一批造船企业的全力拼搏下,中国船舶工业在极其薄弱的基础上开始起步。在苏联的帮助下,我国引进其成套器材进行装备制造,建造了护卫艇、木质鱼雷快艇、鱼雷潜艇、猎潜艇、基地扫雷艇等装备,使得海军装备发展取得了一定的成果。然而,好景不长,20世纪50年代末,苏联中断了援助,撤走了专家。在这种情况下,广大造船企业自力更生,翻译、复制和补充修改了数以万计的图纸资料,攻克了21主机、耐压钢板焊接、潜望镜、升降装置等技术难关,于1965年全面完成常规动力导弹潜艇、中型鱼雷潜艇、大型导弹快艇、小型导弹快艇和水翼鱼雷快艇等五型舰艇的仿制任务,并在1970年全面实现国产化,进入自行研制阶段。

在海军装备建设进程中,核潜艇工程也是我国船舶工业为之奏响的时代强音。

1961 年,中央军委正式颁令成立舰艇研究院,在接下来的几年时间里,核潜艇研制工作因为国民经济困难等原因一度停滞,但就是在这样的特殊环境下,核潜艇的研制依然实现了重启。

有人说核潜艇项目启动时是"三无"——无图纸资料、无权威专家、无外来援助,完全是"自己探索着干,摸着石头过河",这话一点不假,我国的核潜艇事业就是这样在一穷二白的基础上起步的。不同学科、不同背景的年轻学者相互扶持、启发,组建的科技队伍成为我国核潜艇事业起步的"摇篮"。

1974 年,中国第一艘核潜艇"长征一号"正式服役(图 2-26)。从 1974 年到 1981 年,我国陆续实现了第一艘核动力潜艇交付人民海军使用、第一艘导弹核潜艇顺利下水等节点,成为继美、苏、英、法之后第五个拥有核潜艇的国家。

图 2-26　中国第一艘核潜艇"长征一号"

当时,国家将基本建设的投资重点放在了国防建设和军工生产上,民船建造投入较少,因此,我国远洋运输船舶主要依靠从国外租用的船舶。然而租用并非长远之计,研制万吨级远洋货船的计划很快被国家提上了议程。1958 年 11 月,我国第一艘万吨级远洋货船"跃进号"在大连造船厂建造,这艘船采用的是从苏联引进的成套设计图纸和设备材料。尽管意义非凡,但归根结底我国不拥有该船的核心技术,一旦援助被收回将成为掣肘。

相比之下,同期在江南造船厂建造的散货船"东风号"(图 2-27)则有着更为特殊的意义。建造自己的万吨级货船是几代中国造船人的梦想。在该船的建造过程中,全国 18 个部委、16 个省市所属的 291 家工厂参与了协作配套,提供了 2 600 多项器材和设备,例如鞍钢生产的船用高强度低碳合金钢材、上海沪东造船厂试制的中国第一台 8 820 匹马力柴油机、上海航海仪器厂试制的中国第一套电罗经等。

20 世纪 70 年代后期,全球造船业陷入低谷,欧美、日本等国家的造船厂订单下滑,遭遇重创。没有市场,谈何发展?这时候,在全球华人的帮助下,中国船舶工业一步一步叩开了国际市场的大门。1979 年 2 月,经过反复协商研究,六机部决定争取以香港为"出海"突破口,进而打入国际市场。几经周转,多方联络,香港船王包玉刚胞弟联成航运公司主席包玉星最终同意将拟在日本订造的 2 艘 2.7 万 t 散货船改在国内建造。这艘后来被命名为"长城号"的 2.7 万 t 散货船(图 2-28)于 1982 年 1 月成功交付,成为中国船舶工业自营出口的第一艘按国际标准建造的散货船。

图 2-27　"东风号"

图 2-28　"长城号"

　　1992 年,在邓小平南方谈话之后,中国进一步加快改革开放的步伐,船舶工业上下游产业也是如此。

　　在内地船厂逐渐与国外船厂加深交流互动后,当时的中国远洋运输集团总公司和日本川崎重工在 1995 年 12 月签署了合资造船项目合同,合资兴建南通造船厂,也就是后来的南通中远川崎船舶工程有限公司。尽管过程曲折,直到 1999 年,南通中远川崎船舶工程有限公司才正式交付其建造的第一艘船"枫海号",但这一案例却成为我国引进外资的重要实践。

　　值得一提的是,20 世纪 90 年代,逐渐"走出去"的中国也看到了世界军事先进国家在现代化、高科技战争中的全新装备,特别是新型海军在现代化战争中所发挥的关键性作用。为此,我国船舶工业也加紧研制拥有自主技术的导弹驱逐舰、核潜艇等装备。经过 10 年的攻坚,1994 年 5 月 8 日,被部队官兵誉为"中华第一舰"的我国当时自行研制设计生产的新型导弹驱逐舰首舰"哈尔滨舰"交付海军(图 2-29)。研制新型导弹驱逐舰,不仅是中国海军梦寐以求的方向,更是从事海军装备建造的造船人心中的一个梦想。

图 2-29 "哈尔滨舰"

21 世纪以来,世界船舶市场逐步摆脱亚洲金融危机的影响,迎来了难得的市场高潮期。新时代的呼唤,为驶向深蓝的我国船舶工业扬起了新风帆。

2012 年,海洋开发与科考装备实现了跨越式发展:3 000 m 深水半潜式钻井平台"海洋石油 981 号"进驻南海正式开钻,标志着中国海洋石油工业深水战略迈出实质性步伐;亚洲首艘 12 缆地球物理勘探船"海洋石油 720 号"、全球首艘 3 000 m 深水工程勘察船"海洋石油 708 号"交付使用,标志着我国深水作业"联合舰队"逐步成形;中国自行设计、自主集成研制的"蛟龙号"载人潜水器在马里亚纳海沟创造了下潜 7 062 m 的中国载人深潜纪录,也是世界同类作业型潜水器最大下潜深度纪录,使我国成为世界第五个掌握大深度载人深潜技术的国家;2017 年 5 月,我国首次在南海海域成功开采可燃冰,烟台中集来福士海洋工程有限公司生产的"蓝鲸 1 号"立下了汗马功劳,代表了当今世界海洋钻井平台设计建造的最高水平;南极科学考察意义重大,是造福人类的崇高事业,2019 年 7 月,我国第一艘自主建造的极地科学考察破冰船"雪龙 2 号"顺利交付,标志着我国极地考察现场保障和支撑能力取得了新突破。

此外,众所周知,LNG 船、航空母舰、大型邮轮因建造难度大、技术要求及附加值高被称为世界造船业"皇冠上的明珠",谁攻克了这三种船舶的建造难关,谁就抢占了世界高端船舶建造技术的制高点。拿下他们,是我国船舶工业多年的夙愿。

2008 年 4 月,我国第一艘自行建造的 14.7 万 m³ 薄膜型 LNG 船"大鹏昊号"(图 2-30)在沪东中华交付,这意味着中国首次成功摘取了世界造船业"皇冠上的明珠"。

2012 年 9 月,中国第一艘航空母舰(简称航母)辽宁舰正式交付海军,填补了中国海军远洋作战力方面的空白,让中国人百年的"航母梦"变为现实。2017 年 4 月,中国首艘国产航母下水。

图 2-30　"大鹏昊号"

除了航母建造大获突破,我国其他舰种装备的建造也如"下饺子"般通向深蓝大海。2013 年 2 月 25 日,由沪东中华建造的新型护卫舰首舰"蚌埠舰"交付;2014 年 3 月 21 日,由江南造船厂建造的新型导弹驱逐舰首舰"昆明舰"入列;2017 年 9 月 1 日,广船国际有限公司建造的海军新型综合补给舰"呼伦湖舰"入列;2017 年 6 月 28 日,由江南造船厂建造的海军新型万吨级驱逐舰首舰下水。2018 年 4 月 12 日,南海海域举行海上阅兵(图 2-31)。

图 2-31　南海海域举行海上阅兵

大型邮轮是三颗世界造船业"皇冠上的明珠"中我国船舶工业亟待摘取的最后一颗。2018 年 11 月,在首届中国国际进口博览会上,中国船舶工业集团与美国嘉年华集团、意大利芬坎蒂尼集团签署 2+4 艘 13.5 万总吨 Vista 级大型邮轮设计建造合同,并举办了大型邮轮项目启动仪式。这标志着我国首艘真正意义上的国产大型邮轮进入实质性设计建造阶段,开启了我国邮轮产业发展的新征程,对于推动我国船舶工业乃至装备制造业进一步转型升级、实现高质量发展具有十分重要的意义。

历经70多年发展,中国船舶工业在新中国成立之初一穷二白的基础上,一步一个脚印地建立了比较完整的船舶工业体系,实现了世界第一造船大国的梦想,走出了一条从无到有,从弱到强,从跟跑到领跑的中国船舶工业发展之路。当前,我国船舶工业整体规模实力进入世界前列,产业国际竞争力达到世界一流水平,船舶工业现代科技创新体系基本形成,中国船舶工业当前正处于历史上的最好时期,造船强国之梦曙光初现。

2.2.4 世界超级船舶

(1)全球首艘23 000箱双燃料超大型集装箱船

2020年9月22日,由中国船舶及海洋工程设计研究院(MARIC)研发设计、沪东中华(造船)有限公司为法国达飞集团建造的23 000箱双燃料超大型集装箱船中的首制船"达飞雅克·萨德号"(图2-32),在上海长兴岛造船基地顺利交付。它成为全球首创的最大的以液化天然气(LNG)为动力的集装箱船,是名副其实的海上"巨无霸",比目前世界最大的航母还要长60多米,可承载22万t货物;它还使用了我国自主研发制造的全球最大功率的双燃料动力主机。

全球首艘23 000箱双燃料超大型集装箱船总长399.9 m,型宽61.3 m,货舱深度33.5 m。甲板面积达23 978 m^2,相当于3.5个标准足球场。为了满足巨大的装箱量,船的货物绑扎系统应用了当今集装箱船领域先进的绑扎桥形式,货舱加甲板堆箱层数达24层,相当于22层大楼的高度。

图2-32 全球首艘23 000箱双燃料超大型集装箱船"达飞雅克·萨德号"

(2)TI级超级油轮

TI级超级油轮(TI class supertanker)(图2-33)是一个由四艘超大型双壳油轮所组成的船级,这四艘分别命名为TI非洲号(TI Africa)、TI亚洲号(TI Asia)、TI欧洲号(TI Europe)与TI大洋洲号(TI Oceania)。前代的船只吨位霸主"诺克·耐维斯号"

（Knock Nevis）于 2010 年报废拆除后，TI 级超级油轮就继承了全世界最大船只的头衔。这四艘油轮也是在原名"海上巨人号"的"诺克·耐维斯号"完工 25 年之后，人类首度建造的属于极大型原油轮（ultra large crude carrier，ULCC）等级的船只。图中的"TI 欧洲号"轮，船长 380 m，船宽 68 m，载重能力约 44 万 t，设计吃水 23 m。

图 2-33　TI 级超级油轮

（3）超级私人游艇

"日蚀号"（图 2-34）是德国 Blohm + Voss 造船厂建造的一艘豪华私人游艇，所有者为俄罗斯富豪罗曼·阿布拉莫维奇。该游艇号称目前世界第一大私人游艇，耗资约 3 亿 4 000 万欧元。它配备了 24 间客房、两个游泳池、几个热水浴缸和一个迪斯科舞厅，以及两个直升机停机坪、一艘可下潜 50 m 的迷你潜艇和一个导弹探测系统。

（4）超级邮轮

"海洋绿洲号"（图 2-35）属于皇家加勒比国际游轮，是目前全球最大、造价最高的邮轮，属绿洲级别。"海洋绿洲号"共耗资 9 亿欧元，可容纳 5 400 人，如果在房间内加床，最多可容纳 6 296 名乘客及 2 000 名船员。"海洋绿洲号"长 361.8 m、宽 63.4 m，高出水面部分 72 m，一共 16 层。其大小为"泰坦尼克号"的 5 倍，连美国军方"尼米兹"级航空母舰都相形见绌。

"海洋绿洲号"上漆就用掉 63 万加仑油漆；并且它拥有世界上最大的海上游泳池，里面可装载 2 300 t 水；其户外公园中有 12 000 多株真实植物，包括数百棵棕榈树；船上使用电缆长度超过 5 311 km，用于给 2 700 个船舱照明；有可容纳 750 人的竞技场，还有溜冰场、冲浪机、高台跳水表演场地。从各项数据来看，"海洋绿洲号"刷新了邮轮业界的多项纪录，可谓当之无愧的"海上巨无霸"。

图 2-34 "日蚀号"

图 2-35 "海洋绿洲号"

做一做

科技强国,科普惠民,请将所了解到的现代各种具有代表性的船舶科普给身边的人。

看一看

观看视频《大国重器(第二季)》第五集《布局海洋》,并思考近几年来船舶行业的发展方向与趋势。

2.3　未来船舶

那些损失重大的船舶事故

1999 年 11 月 24 日,山东烟大汽车轮渡有限公司"大舜号"滚装船,由烟台地方港出发赴大连,途中遇风浪于 15 时 30 分返航。调整航向时船舶横风横浪行驶,船体大角度横摇。由于船载 61 辆车辆系固不良,产生移位、碰撞,致使甲板起火,船机失灵,经多方施救无效,于 23 时 38 分翻沉(图 2-36)。船上共有旅客船员 312 人,290 人死亡,生还者仅为 22 人,直接经济损失约 9 000 万元人民币。

图 2-36　"大舜号"翻沉

2012 年 1 月 13 日晚,意大利歌诗达游轮公司的大型豪华游轮"协和号"从意大利首都罗马附近的奇维塔韦基亚港启航,踏上了为期 7 天的环绕地中海的旅程。20 点左右,当"协和号"驶入意大利吉利奥岛附近海域时,不幸触礁搁浅(图 2-37)。游轮左侧船身被划出一道 70 多米长的裂痕,导致船体迅速渗水并开始出现倾斜。船长原本试图驾驶游轮到附近的浅水区,以便放下救生艇疏散乘客,不过未能成功,船长不得已下令所有乘客和船员穿上救生衣弃船逃生。刚上船的新乘客还没来得及接受救生艇逃难训练就遭遇触礁事故,结果导致 5 人遇难,多位乘客下落不明,船上 4 234 名乘客中的绝大部分安全获救。虽然船上救生艇足够全体乘客使用,但由于船身严重倾斜使救生艇无法顺利下水,只能用直升机疏散部分乘客。

图 2-37　"协和号"触礁搁浅

2018 年 1 月 6 日 20 时许,巴拿马籍油船"桑吉"轮与中国香港籍散货船"长峰水晶"轮在长江口以东约 160 n mile 处发生碰撞(图 2-38),出事海域位于我国长江口、江外、舟山、舟外等渔场交汇地带。如果不是这场碰撞,"桑吉"轮将于 1 月 7 日结束它近 20 天的航行,抵达目的地韩国大山港。

1 月 14 日中午,燃烧了 8 天的"桑吉"轮突然发生爆燃(图 2-39),全船剧烈燃烧,火焰达到 800～1 000 m。13 时 45 分左右,"桑吉"轮全部被浓烟笼罩,看不清船形,随后被确认已经沉没。"桑吉"轮之所以燃烧这么久、还不时发生爆燃,主要是因为事发时,该船装载有约 13.6 万 t 凝析油。同时,除了货舱中的凝析油,"桑吉"轮自身油箱还装有近 1 000 t 重型柴油。海面上只有"桑吉"轮的残留物和残油在燃烧,并形成了 10 km^2 的油污带,溢油情况非常严重。

图 2-38 "桑吉"轮燃烧

图 2-39 "桑吉"轮爆燃

一次次的事故,是惨痛的教训,船舶人以"不畏艰难、勇攀高峰"的精神砥砺前行,牢记教训,创新超越,为船舶工业带来了一次次的飞跃。

想一想

船舶发生事故的原因有哪几个方面,给环境、经济带来了什么样的重大影响? 为了避免这些惨剧的发生,未来船舶应向哪些方向发展? 我国海洋强国的战略目标对船舶业的发展有怎样的促进作用?

学一学

全世界人口在不断膨胀,成熟经济体和新兴经济体在人口构成和发展程度方面的差异越来越明显。随着生活方式上占用资源的密集以及人口的不断增加,海运量也将增加。全球船舶数量不断增加,但不同地区对不同船型的需求大相径庭。航运业面临着开发可持续的运输解决方式的压力,会要求新建船舶更加环保、安全和智能。这就要求更多地开发和实施创新性技术和操作解决方式,特别是提高环保性能和能效。那么未来,将会诞生哪些船型? 这些船型对航运将会有怎样的帮助? 让我们共同走进未来新型船舶。

2.3.1　低能耗船舶

市场力量、技术进步、安全考虑和法规修改是激发创新的主要驱动因素。目前燃料价格居高不下、市场不确定性增加、竞争激烈、气候变化和全社会的环保压力都要求全球船舶在未来采用新技术和新概念。材料科学、阻力降低和推进系统技术发展为低能耗概念船研发提供思路,如研制高科技海洋石油支持船(图 2-40)。

2.3.1.1　混合材料

通过降低船体质量可以降低污染排放,节约燃料。小型船舶和二级结构采用轻质材料,例如玻璃钢、铝和钛。可以采用多层金属板和高分子复合材料层压板制造复合材料。纤维-金属层压板具有金属性能(高抗冲击性、耐用性、生产灵活)以及复合材料的性能(强、硬度/质量比例高、抗疲劳和腐蚀性能高)。金属层可以是铝或钢板,而高分子夹心层可采用碳纤维或玻璃纤维强化。这些材料在航空业和特种船中的应用为航运界做了示范。欧盟最近推出了一个"纤维船"项目,为超过 50 m 长的货船开发复合材料船体。

图 2-40　高科技海洋石油支持船

2.3.1.2　组合推进系统

螺旋桨的效率受到单一设计速度、大桨叶、二冲程柴油发动机和直驱推进的限制,而组合推进系统概念综合采用了螺旋桨、吊舱和增效设备(例如前涡旋翅和后涡旋翅),可提高效率。通过流体动力优化,可以把反转吊舱螺旋桨布置在螺距可调整的主螺旋桨后面,在飞羽化中心线螺旋桨旁设置可转向吊舱,提高能效,这些系统利用了各部分的流体动力优点,通过优化发动机负荷,扩大了有效操作范围。

2.3.2　绿色燃料船舶

绿色燃料船舶的应用标志着传统燃料在船舶中的应用逐渐终结。党的二十大报告提出要加快发展方式绿色转型。加快节能降碳先进技术研发和推广应用,倡导绿色消费,推动形成绿色低碳的生产方式和生活方式。同时,海运业也面临环境法规要求越来越严格及燃油价格攀升的挑战,天然气和可再生能源越来越被认为是可行的替代性能源。液化天然气、混合生物燃料或更激进的能源(例如风能或核能)都有开发潜力。

以液化天然气为燃料的船舶的新建成本比同等的以柴油为燃料的船舶高 10% ~ 20%，但天然气作为清洁能源在船舶未来的发展中占有举足轻重的位置。在未来，大部分新船将采用天然气作为燃料，特别是近海航运。

生物燃料是一种可再生能源，可极大地降低生命周期的二氧化碳排放量。原则上，现有的柴油发动机都可以使用混合生物燃料。但是生物燃料有很多问题需要解决，包括燃料不稳定性、腐蚀性、容易生长微生物，对管路和仪表产生负面影响、低温流动性不良等问题。

核电站在操作过程中没有温室气体排放，特别适合于动力需求变化慢的船舶。商用核能动力船需要使用低浓缩铀。开发的陆地原型是一个小反应堆（与大型船用柴油发动机相比），功率输出可达到 25 MW。生命周期以 10 年左右计算，能源价格为 200 万美元/MW。这项技术要求进行广泛测试和严格的质量认证，意味着到目前为止，民用航运还不能实现商用。

总部设在日本的 Eco Marine Power 公司正在开发一种可以安装在货船上的太阳能电池板（图 2-41）。虽然许多大型货运船只仍然需要引擎和传统燃料，但是风能和太阳能可以减少化石燃料的消耗。

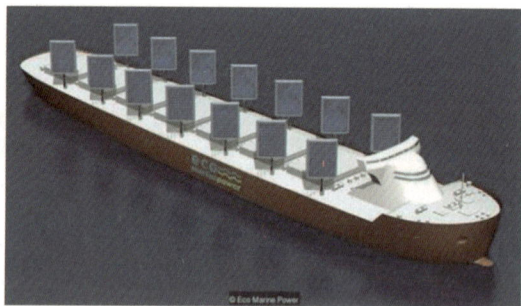

图 2-41　太阳能动力船

2.3.3　数字船舶

党的二十大报告提出"加快发展数字经济，促进数字经济和实体经济深度融合，打造具有国际竞争力的数字产业集群。优化基础设施布局、结构、功能和系统集成，构建现代化基础设施体系。"船舶工业积极推进数字化转型。航运界的领袖企业目前正在积极应用 E-导航技术，很多船舶都将跟随这个潮流。E-导航技术把准确的位置数据、气候和监控数据、船上和远程传感数据、船舶具体特征和响应模式组合到一起，能够预防事故，优化安全、经济和环境性能。船上电子海图是电子船舶的统一平台，汇集并直观呈现与船舶安全、航海风险、驶入港口和气候导航等领域相关应用程序的信息。

船舶触礁事故经常发生，会造成严重的财产损失、石油污染事故甚至人员伤亡。电子海图显示和信息系统（ECDIS）采用电子导航图（ENC），把触礁可能性降低了 30%。IMO 新规则要求大部分船舶在 2020 年之前采用 ECDIS。ECDIS 是一项关键的 E-导航技术。通过与非导航系统结合，它的优势就会不仅局限于保证导航安全，还会延伸到港口排期和清关系统（图 2-42）。

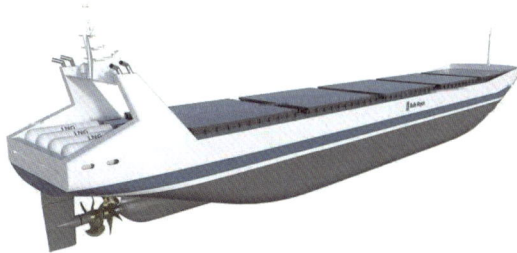

图2-42 数字船舶

从传统上来说,气候导航主要关注安全导航,避免恶劣的气候。气候导航也可以优化燃料消耗(可节省10%左右)和到达时间,提高船员和乘客舒适度,降低船舶疲劳度。未来,通过远程和船上传感器的数据收集,将会提高海洋实时信息和预报数据的空间–时间分辨率。

3D打印等技术可能会改变某些船舶部件的生产方式。最近,荷兰鹿特丹多家船运公司组成的财团推出了一个3D打印螺旋桨原型(图2-43)。对于世界上大多数船舶的所有者来说,零部件在海上损坏,需要更换都是一件令人头疼的事,如果能在船上用3D打印机打印部件可是一个极好的应急方法。2017年,由荷兰达门造船集团、德国螺旋桨制造商Promarin、软件巨头Autodesk和鹿特丹增材制造实验室RAMLAB四家公司合作研发的3D打印船舶螺旋桨在霍林赫姆正式面世,该款3D打印螺旋桨名为"WAAMpeller",是世界上首个获得船级社认证,可以直接投入使用的3D打印螺旋桨。

图2-43 3D打印螺旋桨

数字技术正在帮助船舶设计者更精确地模拟船只在不同海域环境下的表现,节省能源效率并加速航运业创新。

2.3.4 智能船舶

近年来,以船舶制造业和船舶航运业为代表的传统行业处于一种困境,需求低迷,如何在这种情况下走出困境、创造新的需求,是需要船舶行业共同思考的问题。出于应对运营成本增长、船舶操作复杂化以及环保法规日趋严格的需求,近年来航运界不断增加对智能船舶的技术投入。在大数据时代背景下,船舶智能化已经成为船舶制造与航运领域发展的必然趋势。那么如何实现呢?

根据《智能船舶规范》,将智能船舶的功能分为智能航行、智能船体、智能机舱、智能能效管理、智能货物管理和智能集成平台,基本囊括了智能船舶所应具备的所有功能。为实现和完善上述功能,须进一步研究和深化与船舶有关的信息感知技术、通信导航技术、能效控制技术、航线规划技术、状态监测与故障诊断技术、遇险预警救助技术、驾机一体化和自主航行技术(图2-44)。

图 2-44　我国自主研发智能航行船舶"智飞号"

　　智能船舶以大数据为基础,运用实时数据传输汇集,结合数据分析、远程控制等信息化技术,实现船舶感知、分析和决策的智能化,从而提升船舶运行效率。从设计阶段就开始进行智能系统的统筹布局,通过对船舶各项显示和操作系统进行集成,提高自动化程度,从而提高航行的经济性。效率和效益的提升,是智能船舶发展的根本方向。

　　为了更好地适应和满足新的客户体验,智能船舶也带来了管理人员变化。伴随着智能化的提升,船舶上很多人工操作将被智能系统取代,对于船员的需求自然减少,也使得无人驾驶船舶成为必然的趋势。今后船员的大部分时间并不是真的在操作船舶,而是对智能系统的管理,所以更需要智能船舶系统能进行无缝对接,方便实现船上用户与岸上用户之间的信息传输。

2.3.5　无人船舶

　　试想一下,未来一艘无人船舶(图2-45)驶往无人的智慧港口,通过平台自动申报,以最经济的匀速航行,按照平台发出的泊位停靠时间和位置信息自动抵达,然后自动装卸作业再驶离码头,无论对于船东还是港口来说,都是高效、透明、省心和利益最大化的。

　　挪威航运巨头威尔森集团(Wilhelmsen)和康士伯(Kongsberg)将联手建立全球首家无人船航运公司——Massterly,新公司设在挪威吕萨克,于2018年8月全面投入运营。随着全球第一家无人船航运公司的诞生,全球航运业开始正式进入"无人船"时代,传统的船舶产业正在面临颠覆。

　　2017年,康士伯和挪威Yara集团以及Marin Teknikk公司联手开展了全球首个采用电力推进的零排放无人船舶项目。该项目试验船舶"Yara Birkeland号"(图2-46)集装箱船长80 m,宽15 m,能够装载120个20 ft[①]的标准集装箱,正常航速6 kn,总速度13 kn。该船除了不用配备船员之外,还采用电池作为动力源,设计上也不需要压载水舱。

----

　　① 　1 ft=0.304 8 m

图 2-45　无人船舶

"Yara Birkeland 号"完全按照无人船模式设计,没有传统的桥楼和驾驶舱,试运营阶段船上的测试人员将安排在一个临时的集装箱模块中。该船利用自身安装的全球定位系统、雷达、摄像机和传感器等,能够实现在航道中避让其他船舶;另外,船上还配有一套自动系泊系统,停泊和起航都无须人力介入,并在到达终点时实现自行停靠(图 2-47)。

图 2-46　"Yara Birkeland 号"模型图

图 2-47　"Yara Birkeland 号"工作模拟图

"Yara Birkeland 号"造价为 2 500 万美元,约为普通船舶造价的三倍,但由于采用纯电动和无人驾驶设计,通过节省燃料和人员成本,每年将节省高达 90% 的运营成本。"Yara Birkeland 号"虽然载货量很少,但是将成为全球首艘全电动支线集装箱船和全球首艘完全自主驾驶船舶。该船的正式投入运营将会成为全球航运史上的一个巨大转折点。

无人船舶
演示

　　在无人船时代,船东已经不再是行业的主宰者,而是能够掌握数据的技术公司。如果说谁拥有海洋,谁就拥有世界,那么未来将会是:谁拥有数据,谁就拥有海洋!

看一看

　　请同学们阅读工业和信息化部、交通运输部、国防科工局印发的《智能船舶发展行动计划(2019—2021 年)》,了解我国关于智能船舶发展的战略部署。

智能船舶发
展行动计划

讲一讲

　　讲名船故事,承船舶文化。作为中国 2005 年度纪念郑和下西洋六百周年的压轴之作,中国首次开展的十大名船评选活动中,四艘军舰和六艘民用船舶荣膺"中国十大名船"称号。这十大名船均由中国人自己设计建造,堪称中华人民共和国船舶工业不同历史时期的典型代表,它们分别是:"东风号""济南舰""向阳红 10 号""长城号"、092"夏"级弹道导弹核潜艇、"渤海友谊号"、041 元级常规潜艇、"哈尔滨舰"导弹驱逐舰、"远望三号""德尔瓦号"。

　　每一艘名船背后都凝聚着船舶人的汗水与智慧,请同学们收集关于我国十大名船的历史故事,以演讲比赛的形式,比一比谁的故事讲得好。

第3章　典型民船与军船

船小舶有话说：

　　船舶不仅是水上运输与工程作业的主要工具，更是能够实现海洋国防和海洋强国的"国之重器"，已广泛应用于交通、运输、生产、海洋开发和军事活动。随着人类社会的发展和科学技术的进步，船舶的服务领域仍在不断扩大，同时也日趋专业化、典型化，在航行区域、航行状态、推进方式、动力装置、造船材料和用途等方面各不相同，使得船型结构、航行性能和设备系统各具特点，这些特点共同构成了种类繁多、特色各异的现代船舶。

船小舶带你学：

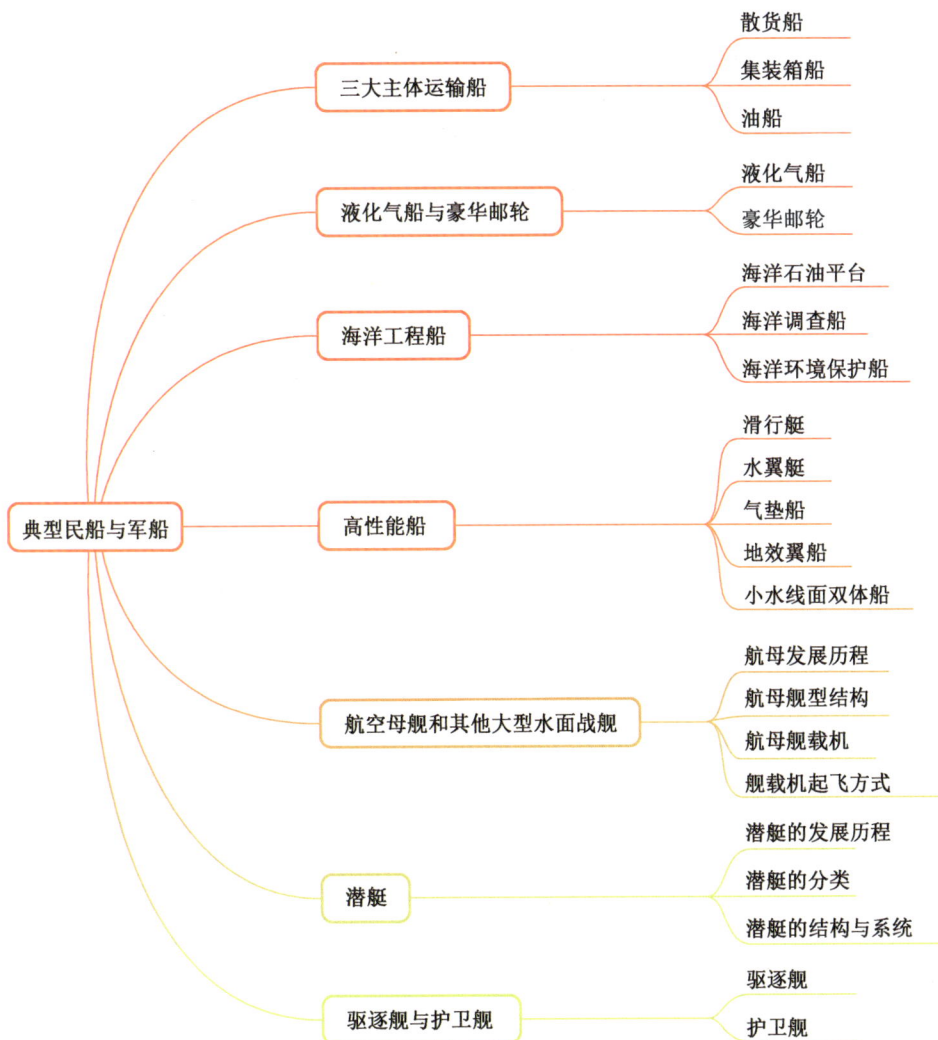

3.1 三大主体运输船

航运,连通了世界

世界上绝大多数的货物贸易都是通过海运来完成的,长期以来航运业就被视为全球经济的关键因素,连接着全球的生产商和消费者(图3-1)。

图3-1 世界主要航线

然而,我们对航运业的巨大贡献却很少提及,显然,这确实值得我们仔细探讨。以2017年世界物品价格估算,1美元可以买0.025 g的黄金,或者0.02桶石油。根据沃尔玛超市的在线定价,一美元可以买半升牛奶,在当前全球近75万亿美元的庞大经济规模面前,无论怎么看,这几乎不值一提。然而,在航运业,一美元却可以给你物超所值的体验。

具体的计算方法是用估算出的船队价值除以货运距离,当然这里只是近似的计算,包括了原油、成品油油轮、干散货船、集装箱船,天然气运输船的贸易,以及这些贸易装载的货量。基于此,根据2017年贸易项目,以2017年5月初数据计,1美元全球船队价值可以在一年内实现贸易量110吨里程。这也太划算了! 一年运输一吨货物超过100 mi①,也只花了这么点钱!

1美元对应的一艘散装货船或一艘油船一年的运输贸易量分别为154吨里程和101吨里程。如果计算得更复杂些,那些昂贵船舶的数字会更低一些,如天然气运输船是20吨里程。对于集装箱船,尽管其速度较快,运输贸易量仍为114吨里程。船舶规模和货物密度(以吨为计)也在这些相关统计数据中起了一定的作用。

这些数据的背后是什么呢? 价值的本质,就在于通过海运,将巨量货物长距离地一次运送到目的地所产生的巨量经济价值。正是航运支撑着全世界运输业84%的贸

---

① 1 mi = 1.609 344 km

易量,从而又使得航运业成为全球经济一体化的一种有效有段。

想一想

1. 船舶航运作为国际贸易中最主要的运输方式,有哪些特点?
2. 海洋运输是依靠航海活动的实践来实现的,航海活动的基础是造船业、航海技术和掌握技术的海员。海洋运输业的发展对我国船舶工业和国防后备力量有哪些促进作用?

学一学

海上运输是使用船舶通过海上航道在不同国家和地区的港口之间运送货物的一种方式,是国际贸易中最主要的运输方式。目前,国际贸易总量的66.6%以上、我国进出口货运总量的90%以上都是利用海上运输,货物运输是船舶最主要的功能之一。

专门承担货物运输任务的船舶称为货船。由于国际货运业务的发展、货物种类的增加和运载方式的改进,除了普通干货船外,相继出现了多用途货船、散装货船、液货船、冷藏船、集装箱船、滚装船和载驳船。其中,散货船、集装箱船、油轮被称为世界三大主体系列船型,在国际航运业中占据非常重要的地位,主导着世界造船业和世界航运业。

3.1.1 散货船

散货船(bulk carrier)是专门运煤、谷物、矿砂等散装货物的船舶。

3.1.1.1 散货船历史发展

煤、谷物、矿石等干散货,早先是由杂货船承运的。随着船舶专用化的发展,在20世纪初出现了铁矿石专用运输船,1912年又出现了自卸矿石船,直至第二次世界大战,散货船才以矿石运输船和运煤船为主发展起来。二战后,水泥、化肥、木片、糖等也开始采用散装运输方式,散货船应用范围和船队规模快速扩大(图3-2)。世界散货船保有量由1954年的61艘、116.7万载重吨(其中矿石船占70%)增至1960年的471艘、8 711万载重吨(其中矿石船占57%)。

此后,散货船数量以更快的速度增长,1960—1990年,散货船数量增长了9.8倍,载重吨数增长了27倍,1990年散货船保有量达5 087艘、24 255万载重吨。据英国劳氏船级社统计,2003年底时,世界散货船保

散货船船型漫游

图3-2 5 000 t自卸式散货船

有量为 5 888 艘、30 711 万载重吨,平均船龄为 14.5 年。

3.1.1.2　散货船的种类

散货船可以按照运输用途和装载物来划分,每种类型分别对应不同的船型特点(表 3-1)。

表 3-1　散货船分类方式与特点

分类方式	船舶类型	船型特点
按照运输用途的不同	普通散货船	普通散货船一般为单甲板、尾机型,货舱截面呈八角型。由于所运货物种类单一,对舱室的分隔要求不高,加之各种散货比重相差很大,因此散货船的货舱容积较大,以满足装载轻货的要求。如需装载重货,则采用隔舱装载的办法或大小舱相间的布置方式
	专用散货船	专用散货船是根据一些大宗散货对海上运输技术的特殊要求而设计建造的散货船,主要有运煤船、散粮船、矿砂船以及散货水泥船等
	兼用散货船	兼用散货船是根据某些特定的散货或大宗货对海上运输技术的特殊要求设计建造,并具有多种装运功能的船舶
	特种散货船	①大舱口散货船:这类船舶的货舱口宽度达船宽的70%以上,并装有起货设备,既能装载散货,也能装载木材、钢材、橡胶、机械设备、新闻纸以及集装箱等,适用性很强 ②自卸散货船:是一种具有特殊货舱结构和自身装有一套自动卸货系统的运输船舶。它不必依赖港口设施就可进行集中操纵和快速自动卸货作业,适合于运送散货中的矿砂、粮食、煤、水泥、化肥等
按照装载物的不同	运煤船	运煤船是用于装运煤炭的散装货船,它的舱口比较宽大,便于用抓斗装卸煤炭。为了防止煤炭在煤舱内滚动,在煤舱底部设有许多纵向挡板。有的运煤船不用抓斗、吊杆,而是在煤舱舱底设有皮带运输机,可与岸上运输机相接通,能自行装卸煤炭
	矿砂船	矿砂船是专门装运矿砂的散装货船。由于矿砂是重货,比重大,易损坏船体,所以矿砂船构造坚固,货舱的舱底多半是呈斜面的,货舱内还装有纵向档板,它既能防止矿砂纵向滚动,又能增强船体强度
	运木船	运木船是用来装运木材的运输船,由于木材比重小,所以运木船的货舱宽大,货舱内没有梁、柱等船体构件;还由于木材不怕风吹、雨淋,它既可装在货舱内,也可堆放在甲板上。为了拦挡和围护木材,在甲板舷侧部位设有木柱,以便多装木材
	牲畜船	牲畜船是专门装运牲畜的散装货船。为了防止牲畜在船舱内走动,在牲畜船船舱内设有隔板,船舱内还设有食槽,可放牲畜食料
	谷物船	谷物船是专门装运谷物的散装货船,它属于干散货船一类
	水泥船	水泥船是专门装运水泥的散装货船,它属于干散货船一类
	钢材运输船	钢材运输船是专门装运钢材的散装货船,它属于干散货船一类

3.1.1.3 散货船的船型特点

(1)散货船具有吨位较大、开口大、单层甲板且集中装载大宗干散货物的特点。散货船在设计建造时充分考虑了经济适用的原则,其大型化发展趋势明显,且为提高装卸效率,通常采用大舱口,主要装载如矿石、煤炭等大宗干散货物。

(2)散货船通常设有顶边舱和底边舱。散装货物在受到船舶横摇的影响时,其表面会发生横向移动,形成倾侧力矩,如果大量的货物发生横移,船舶安全就会受到威胁,为了减轻这种危害,在船舶设计时,散货船顶边舱设置为倒三角形,就是从稳性角度考虑,缩短了货物表面的横向宽度,减少货物移动造成危险;而舭部的底边舱设置斜板,有助于卸货时集中货物,方便卸货。

(3)散货船舷侧结构通常采用两种方式。最常见的是单舷侧结构,采用横骨架式,肋骨的垂向布置,避免了货物的滞留,易于清舱。还有一种是双舷侧结构,双舷侧结构其内壁在货舱一侧是光滑的平面,更便于清舱。散货船边舱设计得比较宽大,货舱比较狭窄,以便提高货物重心,减缓摇摆(图3-3)。

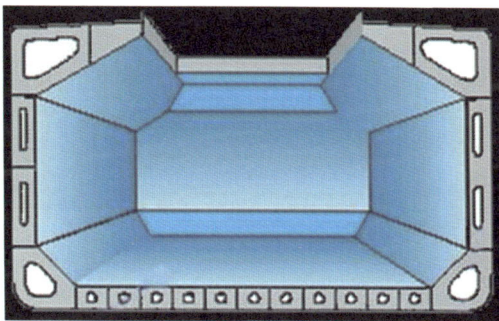

图3-3 散货船货舱

3.1.1.4 散货船的发展趋势

散货船的发展趋势主要体现在大型化、双壳化、多用途化等方面(图3-4)。散货船队平均单船吨位的增长,主要体现在6万~8万载重吨巴拿马型、12万~20万载重吨好望角型和4万~6万载重吨大灵便型船的增加,而4万载重吨以下船舶数量明显减少。同时,各型散货船的平均吨位也呈现增大趋势。推动散货船大型化的主要因素有三个,即大型船的经济性较好、船舶设计和建造水平的不断提高、码头港口规模的扩大和设施的改进。

散货船结构

图3-4 大型远洋散货船

3.1.2 集装箱船

集装箱船(container ship)是专用于装载规格统一的国际标准货箱的货船。把不同品种和规格的货物,先装进标准集装箱,再装船运输,可以提高装运效率,改善劳动条件,减少货损,提高经济效益(图3-5)。

图 3-5　集装箱船

3.1.2.1　集装箱船的发展历史

第一艘集装箱船是美国于 1957 年用一艘货船改装而成的 ideal-x 集装箱船(图 3-6)。它的装卸效率比常规杂货船大 10 倍,使得停港时间大为缩短,并减少了运货装卸中的货损量。从此,集装箱船得到迅速发展,到 20 世纪 70 年代已成熟定型。

图 3-6　第一艘集装箱船——ideal-x 集装箱船

3.1.2.2　集装箱船的种类

集装箱船种类可以按照装运集装箱情况和集装箱发展情况来划分(表 3-2)。

表 3-2 集装箱船分类方式与特点

分类方式	船舶类型	船型特点
按照装运集装箱情况	部分集装箱船	以船的中央部位作为集装箱的专用舱位,其他舱位仍装普通杂货
	全集装箱船	指专门用以装运集装箱的船舶。它与一般杂货船不同,其货舱内有格栅式货架,装有垂直导轨,便于集装箱沿导轨放下,四角有格栅制约,可防倾倒。集装箱船的舱内可堆放 3～9 层集装箱,甲板上还可堆放 3～4 层集装箱
	可变换集装箱船	其货舱内装载集装箱的结构为可拆装式的。因此,它既可装运集装箱,必要时也可装运普通杂货。集装箱船航速较快,大多数船舶本身没有起吊设备,需要依靠码头上的起吊设备进行装卸。这种集装箱船也称为吊上吊下船
按照集装箱船的发展情况	第一代集装箱船	出现于 20 世纪 60 年代,横穿太平洋、大西洋的 17 000～20 000 总吨集装箱船可装载 700～1 000 TEU
	第二代集装箱船	出现于 20 世纪 70 年代,40 000～50 000 总吨集装箱船的集装箱装载数增加到 1 800～2 000 TEU,航速也由第一代的 23 kn 提高到 26～27 kn
	第三代集装箱船	出现于 1973 年石油危机时期,这代船的航速降低至 20～22 kn,但由于增大了船体尺寸,提高了运输效率,致使集装箱的装载数达到了 3 000 TEU,因此第三代船是高效节能型船
	第四代集装箱船	出现于 20 世纪 80 年代后期,集装箱船的航速进一步提高,集装箱船大型化的限度则以能通过巴拿马运河为准绳,集装箱装载总数增加到 4 400 TEU。由于采用了高强度钢,船舶质量减小了 25%;大功率柴油机的研制,大大降低了燃料费,又由于船舶自动化程度的提高,减少了船员人数,集装箱船经济性进一步提高
	第五代集装箱船	作为第五代集装箱船的先锋,德国船厂建造的 5 艘 APLC-10 型集装箱可装载 4 800 TEU,这种集装箱船的船长/船宽比为 7～8,使船舶的复原力增大,被称为第五代集装箱船
	第六代集装箱船	1996 年春季竣工的 Rehina Maersk 号集装箱船,最多可装载 8 000 TEU,该型船已建造了 6 艘,这个级别的集装箱船拉开了第六代集装箱船的序幕。随后,10 000 TEU 的超大型集装箱船首先在韩国问世,随后,10 000 TEU 以上的集装箱船在韩国、中国纷纷建造而成,标志着集装箱船也进入了万箱时代

3.1.2.3 集装箱船的船型特点

集装箱船最大的特点是它所装的都是标准规格的集装箱,因此它的结构和一般的货船大不相同。

(1)集装箱堆放在船舱和甲板上。甲板上设有专门用于防止集装箱移动的格栅

集装箱船结构

结构。

（2）舱口又宽又长，甲板较小。货舱区采用垂向直壁式结构，内部是平整的四方形，并且它的货舱口宽度几乎和货舱宽度一样，舷边只留了宽度很小的甲板边板（图3-7）。

（3）集装箱船航运速度较快，一般高于20 kn。

图3-7　集装箱船的甲板与货舱区域

3.1.2.4　集装箱船的发展趋势

现代集装箱船正向着大型化、高速化、多用途方向发展。我国集装箱船研制虽然起步较晚，发展速度却很快。2018年06月12日，由中国自主研制建造的世界最大级别集装箱船"宇宙号"，在上海正式交付。这是我国在高端船舶建造领域的新突破，也将进一步提升我国海上运输的能力。"宇宙号"总长400 m，宽58.6 m，最大载重量19.8万t，设计时速达到42 km，最多可装载21 237个标准集装箱（图3-8）。

图3-8　"宇宙号"集装箱船

3.1.3　油船

油船（oil tanker），是指载运散装石油或成品油的液货运输船舶。通常所称的油船，多数是指运输原油的船。早期的油船除机舱部分外为单层结构，随着人类对海洋污染的日益重视，现代油船多为双底、双壳结构（图3-9）。

图 3-9 油船

3.1.3.1 油船的发展历史

早期的石油是桶装并由普通干货船运输的。1886 年英国建造的"好运号"机帆船,将货舱分隔成若干长方格舱,可装石油 2 307 t,用泵和管道系统装卸,是第一艘具有现代油船特征的散装油船。

随着石油化学工业的发展,原油和成品油的运输趋向专业化,出现专用的原油运输船和成品油船。在原油运输方面,为了克服单向运输经济效益差的弱点,20 世纪 50 年代后期出现能兼运石油和其他大宗散货的多种兼用船。

1967—1975 年苏伊士运河关闭期间,波斯湾到欧美的原油运输须绕道好望角,也推动了原油船的大型化。1980 年,世界油船船队构成中,超大型油船(载重 20 万 t 以上)和特大型油船(载重 30 万 t 以上)的吨位已超过半数。

3.1.3.2 油船的种类

(1)阿芙拉型油船(aframax tanker):载重量在 8 万~10 万吨级的油船。该型船设计吃水一般控制在 12.20 m,可以停靠大部分北美港口,并可获得最佳经济性。该型船最大载重量通过调整结构吃水获得,它一般又被称为运费型船(图 3-10)。

(2)苏伊士型油船(suezmax tanker):满载状况下可以通过苏伊士运河的最大油船,即吃水不超过 58 ft。该船型以装载 100 万桶原油为设计载重量,载重量一般不超过 15 万 t,因此又常被称为百万桶级油船。目前,苏伊士运河当局正计划通过对运河的改造使大型船舶通行(图 3-11)。

(3)超级油轮/超大型油轮(VLCC/ULCC):VLCC 最早出现在 1967 年,载重量一般小于等于 30 万吨(图 3-12);ULCC 出现在 1969 年,载重量多在 30 万 t 以上。两型油船是由于中东战争导致波斯湾向欧洲和北美运输石油距离大幅上升而制造的。目前 VLCC 更多用于中东—远东航线,而 ULCC 大多改作海上储油船使用(图 3-13)。

(4)穿梭油船(shuttle tanker):专门用于海上油田向陆地运送石油的油船。由于海上石油转运技术要求较高,该型船大多配备一系列复杂的装卸油系统,同时船舶大多配备动力定位系统、直升机平台设施,造价远远高于同等吨位油船。目前穿梭油船

油船船型
结构

的载重量多在 8 万~15 万 t 之间(图 3-14)。

图 3-10　阿芙拉型油轮

图 3-11　外高桥船厂建造的苏伊士型油轮

图 3-12　30 万吨级超大型油船(VLCC)

图 3-13　超大型油轮中海 30.8 万载重吨原油船"新埔洋号"

图 3-14　韩国三星重工建造的穿梭油船

3.1.3.3　油船的船型特点

油船的甲板非常平,除驾驶舱外几乎没有其他耸立在甲板上的装置。油船上层建筑和机舱设在艉部,上甲板纵中部位布置纵通全船的输油管及步桥。石油分别装在各个油密的油舱内,油船在装卸石油时是用油泵和输油管输送的,因此不需要起货吊杆和起货机,甲板上也不需要大的货舱开口。

3.1.3.4　油船的绿色发展趋势

几十年间,油船经历了从结构防污染、单壳油船淘汰、IACS 推出共同结构规范,再到注重能效的发展过程,体现了国际社会以及 IMO 从安全、环保逐渐到安全、环保、能效兼顾的思路转变。

2010 年,我国进口原油高达 2.4 亿 t,其中绝大部分是通过超级油轮运输的。假如按照一艘油轮装载 30 万 t 石油计算,到达我国港口的超级油轮达到 800 艘次,加上国际间的成品油运输、国内石油和成品油运输等,我国的港口有大量的油轮在航行。

油类海运贸易量剧增带来的环境危害也不容忽视,重视对绿色油轮标准的研究,加大对环保型油轮设计的开发,重视环保材料、新能源、新涂料的应用,实施绿色船舶规范,推进绿色油轮的设计建造,既符合国际绿色标准的要求,也满足世界航运市场的需求。

做一做

1. 试总结三大主体系列运输船舶的船型特点。
2. 观看大型纪录片《海上丝绸之路》。

赞一赞

2020年9月22日,由中国船舶集团有限公司旗下沪东中华造船(集团)有限公司(简称沪东中华)和中国船舶工业贸易有限公司作为联合卖方为法国达飞轮船建造的世界首艘23 000 TEU双燃料动力超大型集装箱船"达飞雅克·萨德号"(CMA CGM JACQUES SAADE)(图3-15)在上海长兴岛造船基地命名交付。

图3-15　超大型集装箱船舶"达飞雅克·萨德号"

被誉为"明星船型"的双燃料动力集装箱船"达飞雅克·萨德号",一直以来备受业界广泛关注。该船的成功交付是我国船舶工业高质量发展取得的重要成果,彰显了中国船舶集团作为世界一流造船集团雄厚的研发、设计和建造实力,标志着中国船舶集团在世界大型集装箱船领域成功实现从跟随到引领,书写了中国船舶工业新的荣耀。

23 000 TEU是目前世界上最大的双燃料集装箱船型,该系列9艘船均由中国船舶集团旗下第七○八研究所研发设计,由中国船舶旗下沪东中华和江南造船厂分别建造,中国船舶集团拥有完全自主知识产权,入级法国船级社(BV)。"达飞雅克·萨德号"是9艘船中的首制船,以达飞轮船创始人雅克·萨德的名字命名,极具象征意义,投入运营后将部署在亚欧航线,成为海上丝绸之路的重要纽带。

该船总长399.9 m,相当于5.5架A380客机的总和,型宽61.3 m,货舱深度33.5 m,甲板面积达到惊人的23 978 m²,相当于3.5个标准足球场,比目前世界最大航母还要长60多m。最高地方接近26层楼的高度,载重量超过22万t,载箱量超过

23 000 TEU,可运载 2 200 个 40 in 冷藏集装箱。

为了满足巨大的装箱量,沪东中华研发制造了当今集装箱船领域最先进的绑扎桥,形式多达 21 种。最大堆箱层数高达 24 层,相当于 22 楼的高度,堪称海上巨无霸。

该船集 人桥楼、无人机舱、抗横倾自动平衡、全船闭路电视监控系统、自动检测报警等一系列智能化、安保化自动控制系统于一身,仅需 26 名船员即可轻松驾驶。按照当前世界先进设计标准,航行中可抗 10 级风力。

值得一提的是,根据航线特点,该船在经过多吃水、多航速的线型优化后,配合高效节能装置,从而达到最优的营运经济性。为减少环境污染、避免生态破坏,该船采用中国船舶集团旗下温特图尔发动机有限公司(WinGD)自主研发制造的全球装机功率最大的 WinGD 低速双燃料发动机 W12X92DF,无论远海航行还是近海航道航行,均可依靠 LNG 来提供动力。

"达飞雅克·萨德号"不仅是世界上最大级别的集装箱船,还是首个引入双燃料动力系统的超大型集装箱船,满足全球最严格的排放标准,被称为引领航运业未来发展的里程碑式项目。船上采用 GTT MARK Ⅲ 薄膜式燃料舱,可装载超过 18 000 m³ LNG 燃料,为船舶提供"绿色动力"。为彰显这一全球重大创新,船体采用特殊涂装,其"LNG POWERED"标识显著区别于其他船舶。

3.2 液化气船与豪华邮轮

读一读

张冬伟:LNG 船上"缝"钢板

LNG(liquefied natural gas,液化气船)船被称为"海上超级冷冻车",要在-163 ℃的极低温环境下,漂洋过海,运送液化天然气。在世界民用造船领域,建造一艘 LNG 船的难度堪比建造一艘航母,目前只有美国等少数国家能建造 LNG 船。2005 年,我国才有了第一批 16 个掌握这项焊接技术的工人,张冬伟就是其中之一(图3-16)。

LNG 船的内胆是整个船最核心的部分,需要焊接工人将一块块薄如纸的殷瓦钢板,像做衣服一样,一块一块连接起来。3.5 m,走路可能只需要 4 s,而张冬伟焊完一条这样长度的焊缝却需要整整 5 小时。

张冬伟说:"(殷瓦钢板)最薄的地方只有 0.7 mm,跟一张牛皮纸一样薄,后面就是一个木箱子,如果操作不规范,很有可能里面的木箱子就着火了,烧这个焊缝就是像在木头上玩火一样。"

一条 LNG 船,殷瓦钢焊接总长度达 130 km,虽然 90% 是自动焊,但还有 13 km 特殊位置的焊缝,需要焊工手工完成,如果焊缝上出现哪怕一个针眼大小的漏点,就有可能造成整船的天然气发生爆炸,有人说 LNG 船就像一个"沉睡的氢弹",稍有不慎就会将其唤醒。为了避免焊缝出现漏点,张冬伟要求自己在焊接过程中,不能有一丝停顿,他焊接的焊缝像鱼鳞一样均匀(图3-17)。

殷瓦焊接时,超强的电弧光对眼睛的刺激很大,并且焊接时产生的飞沫对身体也有一定伤害。刚开始学徒时,不少同伴看师傅焊接一两个小时就走了,唯独张冬伟寸步不离,最终他是那批学徒中第一个考取合格证书。

图 3-16 "大国工匠"张冬伟

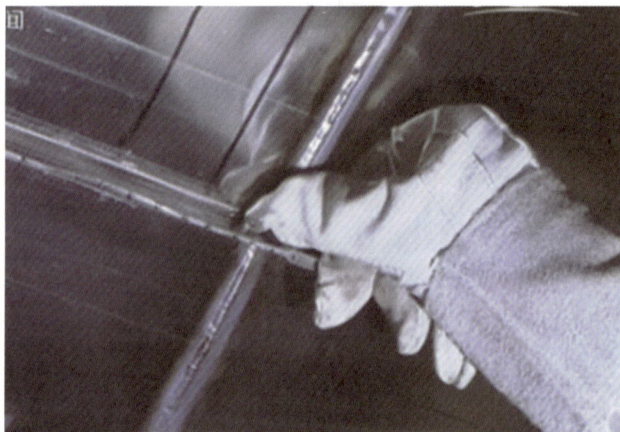

图 3-17 像鱼鳞一样均匀的殷瓦钢焊缝

殷瓦手工焊接是世界上难度最高的焊接技术,张冬伟的师父秦毅,是我国第一位掌握殷瓦焊接技术的焊工。最初,外国人并不认为中国人能掌握这项技术,因为能够在超级 LNG 船上进行全位置殷瓦手工焊接的焊工,必须经过国际专利公司 GTT 的严格考核,取得合格证书之后,每个月都要重新考核一次,考核合格才能继续上岗工作。

殷瓦钢是一种耐超低温的钢材,薄如纸张,极易生锈,最薄的地方用手摸一下,24小时后就会锈穿。所以在焊接中,不能有一颗汗珠、一个手印,这就要求工人在焊接时,不仅手上准,更要心里稳,焊工们的任何情绪波动,都有可能直接影响焊接的质量。为了磨炼自己的心理状态,张冬伟闲暇时间就去钓鱼,练性子。

由于工期紧张,张冬伟常常是一周才能回家一次,但是他爸做的大船,已经成了两个女儿最喜欢的东西。

张冬伟说:"每当试航的时候,(LNG 船)缓缓驶向这个大海的时候,感觉挺自豪的。手艺这个活,不是像电脑打字一样白纸黑字,你放在这儿永远会有。手艺这个东西是掌握在手里的,是要脑筋和手并用的,你热爱它了,你喜欢它了,你才会用心去学它,你才会追求它这个内在的东西。"

想一想

1. 气态燃料(如液化天然气)如何实现海上运输?
2. LNG 船为什么被称为"海上超级冷冻车"和"沉睡的氢弹"?
3. "大国工匠"张冬伟给了我们什么启示?

学一学

LNG 船与豪华邮轮作为民用船舶中公认的高技术、高难度、高附加值的"三高"船,被誉为造船业"皇冠上的明珠",《中国制造 2025》中明确提出要快速提升 LNG 船、大型 LPG 船等产品的设计建造水平,突破豪华邮轮设计建造技术。目前,沪东中华造船(集团)有限公司历经数十年艰苦奋斗,已经成功建造并出口 LNG 船,而上海外高桥集团股份有限公司、招商局工业集团有限公司等国内一批有实力的船企也在加快豪华邮轮研发、建造的步伐,相信不久后就能迅速填补这一空白。

3.2.1 液化气船

液化气体船(liquefied gas carrier,LGC)是用来运载液化气体的船舶。气体液化的方式有加压式(常温下运输)和冷冻式(低温下运输)两种。液化气体主要包括液化石油气(liquefied petroleum gas, LPG)和液化天然气(liquefied natural gas,LNG)。

3.2.1.1 LPG 船

LPG 船主要运输以丙烷和丁烷为主要成分的石油碳氢化合物或两者混合气,包括丙烯和丁烯,还有一些化工产品,近年来乙烯也列入其运输范围(图 3-18)。

图 3-18 LPG 船

石油气可以在常温下通过加压或在常压下冷冻而液化。LPG 根据液化的方法通常分为三类:常温全压式(温度 45 ℃,压力 1.75~2 MPa,舱容<5 000 m²);半冷半压式(温度-48 ℃,少数运乙烯-104 ℃,压力 0.5~0.8 MPa,舱容量<3 万 m³);全冷式(处于常压下的沸腾状态,温度-48 ℃,压力 0.025 MPa,容量 5 万~10 万 m³)。液化气船因其特殊用途而产生了各方面的特殊要求,其技术难度大,代表当今世界的造船技术水平,船价为同吨位常规运输船的 2~3 倍,也是一种高技术、高附加值的船舶。

3.2.1.2　LNG 船

LNG 船主要运输液化天然气。液化天然气的主要成分是甲烷,为便于运输,通常采用在常压下极低温(-162 ℃)冷冻的方法使其液化。我国不仅是继韩国、日本等国后实现自主研发系列 LNG 船型的国家,而且我国设计船型在安全、节能、环保方面具有明显的后发优势。LNG 船是在低温(-162 ℃)下运输液化气的专用船舶,是一种海上超级冷冻车,被喻为世界造船"皇冠上的明珠",只有美国、中国、日本、韩国和欧洲的少数几个国家能够建造(图 3-19)。

LNG 船型
漫游

图 3-19　LNG 船

从该船型诞生至 2013 年,世界 LNG 船的储罐系统主要有自撑式和薄膜式两种,自撑式又分为棱型和球罐型两种。

LNG 船对制造技术和安全性能要求极高,一旦发生泄漏就会引起爆炸,其最核心的部件就是液货舱围护系统,用的是特殊钢材——耐超低温的殷瓦钢,薄如纸张,大部分厚度只有 0.7 mm,极易被腐蚀,目前主要靠进口,价格昂贵。一艘超级 LNG 船要用数百万块各种形状的殷瓦钢板焊接而成,要保证其密闭性和强度等性能,焊接难度极高(图 3-20)。

图 3-20　薄膜型 LNG 船与液舱内部

3.2.2　豪华邮轮

邮轮是指配备了较为齐全的生活与娱乐设施,专门用于水上旅游休闲度假的一类豪华旅游船,具有船型美、体积大、设施齐全、活动丰富、航线广、技术含量高等特点(图 3-21)。

图 3-21　豪华邮轮

3.2.2.1　邮轮旅游产业发展

邮轮最早兴起于英国,这些英国轮船往往须要悬挂英国皇家邮政的信号旗。在 1850 年以后,英国皇家邮政允许私营船务公司以合约形式,帮助他们运载信件和包裹。这个转变,令一些原本只是载客船务公司旗下的载客远洋轮船,摇身一变成为悬挂信号旗的载客远洋邮务轮船。远洋邮轮一词,便因此诞生。但由于后来喷气式民航客机的出现,远洋邮轮渐渐丧失了它的载客功能和竞争力。

20 世纪中期,邮轮公司逐渐将目光转向利用海上旅游资源的旅游业,兴起了邮轮假期的概念。他们不惜巨资建造设施更豪华、节目更丰富、排水量更大的豪华型邮轮,在总体布置设计中追求豪华和舒适,各种服务设施应有尽有,使邮轮变成一个豪华的"海上度假村",又称为"无目的地的目的地""海上流动度假村"。20 世纪 80 年代,邮轮假期蓬勃发展,逐渐成为世界旅游产业不可或缺的一部分(图 3-22)。

图 3-22　挪威"太阳号"邮轮

3.2.2.2　邮轮的分类

豪华邮轮是旅游性质的,就像是流动型的大酒店。船上娱乐设施应有尽有,是旅游目的地。欧美的邮轮旅游产业规模庞大,有 300~400 艘邮轮,每天带着大量游客航行于加勒比海、巴哈马、百慕大、阿拉斯加、夏威夷、墨西哥湾、地中海和北欧等世界 100 多个国家和地区。

按照船型大小,可以将邮轮划分为大型、中型和小型邮轮。大型邮轮载客量一般在 2 000 人以上,中型邮轮载客量一般在 1 000~2 000 人,小型邮轮载客量一般在 1 000 人以下。按照航行的水域,可以将邮轮划分为远洋邮轮、近洋邮轮和内河邮轮。远洋邮轮一般航程较长,航期在 10~15 天,甚至更长;近洋邮轮和内河邮轮航程较短,航期一般在 7 天以内。

3.2.2.3　豪华邮轮本土化制造梦想

长期以来,豪华邮轮的设计、建造技术主要集中在欧洲,其中意大利芬坎蒂尼集团、德国迈尔海王星集团和 STX 法国船厂合计占据了全球中大型邮轮 90% 以上的市场份额。而亚洲船厂(包括日本和韩国在内)至今尚无独立设计、建造邮轮的能力,虽然正在努力争取建造豪华邮轮订单,但订单数量相当少,市场份额微乎其微。从 2011 年开始,我国造船三大指标一直位居世界第一,虽然在建造高端船舶方面积累和掌握了先进技术和经验,但国产邮轮仍是一片空白。

我国一直都重视探索邮轮制造,并在近年取得了大突破。隶属中国船舶工业集团公司(简称中船集团)的上海外高桥造船有限公司已在 2016 年成立豪华邮轮项目部,并积极开展技术储备、人员培训和船厂升级改造等准备工作,投身豪华邮轮的研发建造中。其实,我国除了中船集团还有 10 多家船企已进军或计划进军邮轮制造业,如招商局重工、厦门船舶重工、常石集团(舟山)造船等先后宣布进军豪华邮轮建造市场。此外,广州南沙造船基地也具备豪华邮轮设计、项目管理、薄板建造工艺和设备设施、干船坞及起重能力、高技能工人、供应链管理、内装潢设计和配套厂家等邮轮制造基本条件,是未来邮轮制造的有力潜在竞争者。

诚然,在全球经济一体化和信息化时代,国内邮轮制造业站在巨人肩膀上与国外邮轮制造商合作无疑是最佳的发展之路。德国迈尔船厂以拥有大批熟练员工、深耕邮轮领域、不断创新和完备的配套产业链的邮轮制造经验就很值得我们借鉴。邮轮的自主制造是大势所趋,更是我国造船业崛起的必然结果,而国内邮轮制造业的方向应该是坚持"大众化",更加突出"中国风",推出性价比优良的邮轮。

做一做

1. 请观看纪录片《超级工程4:超级LNG船》。
2. 观看大国工匠纪录片《张冬伟:LNG船上"缝"钢板》

赞一赞

沪东中华:十年磨一剑

LNG船是保证国家清洁能源安全的一种特种船舶,中国一定要造出LNG船。从国外引进LNG船技术,到创新和攻坚核心技术,再到LNG船的诞生,沪东中华造船(集团)有限公司经历了"十年磨一剑"的艰难跋涉,呕心沥血为中国造船业摘下了这颗"皇冠上的明珠",图3-23所示为沪东中华建造的中国第一艘LNG船"大鹏昊"。

"欧美等国高新技术对华一直是禁售封锁的,而且千方百计阻挡,我们国家要发展高端船型,只有走独立自主、自力更生的道路。"沪东中华党委书记、董事长陈建良说。

研发高端船舶,遇到的许多困难是难以想象的,砥砺前行中遇到的每一个问题,国内都是空白,研发人员只能从国外报纸、杂志报道中寻找蛛丝马迹,那是大海捞针的巨大工程。仅仅一本LNG船资料,就重达十多斤,而这只是众多资料中的一本。这些资料记录了研发人员的艰辛历程,密密麻麻的文字和图片是海量的,心血可见一斑。但是没有这样的前期工程,就没有之后的超级成果。

十年铸剑,沪东中华在2009年12月,终于成功交付第一批5艘14.7万 m³ 薄膜型LNG船,图3-24为沪东中华建造的14.7万 m³ 薄膜型LNG船。其建造流程完全颠覆了过去的造船模式,也揭开了中国船舶工业建造方式的一场深刻革命的大幕,创造了"大洋上的中国荣耀"。

只有科技创新,才会引领需求;只有高端制造,才有战略支撑;只有中国智造,才能实业兴国。创新智造就是企业最好的广告。沪东中华造船(集团)有限公司的历程证明,只有紧紧抓住创新的牛鼻子,有了雄厚的建造能力,在世界造船舞台上才会有更多话语权。

图 3-23　中国第一艘 LNG 船"大鹏昊"

图 3-24　14.7 万 m³ 薄膜型 LNG 船

我国首艘国产大型邮轮顺利出坞

2023 年 6 月 6 日,备受世人瞩目的我国首艘国产大型邮轮"爱达·魔都号"(图 3-25)在中国船舶集团有限公司旗下上海外高桥造船有限公司 2 号船坞顺利出坞。该船将全面开启码头系泊试验、出海试航和命名交付的决战周期。中国造船业距离摘取造船业"皇冠上最后一颗明珠",填补国产大型邮轮空白,实现在大型邮轮建造领域零的突破这一历史性时刻越来越近,这对我国建设海洋强国、制造强国、科技强国将产生重大而深远的影响。

图 3-25　大型邮轮"爱达·魔都号"

"爱达·魔都号"总吨位达 13.55 万 t,入级英国劳氏船级社(LR)和中国船级社(CCS)。该船总长 323.6 m,型宽 37.2 m,最大吃水 8.55 m,最大航速 22.6 kn,最多可容纳乘客 5 246 人,拥有客房 2 125 间;该船采用吊舱式电力推进系统,配备 2 台 16.8 MW、3 台 9.6 MW、总功率 62.4 MW 的主柴油发电机以及 2 台 16.8 MW 吊舱推进器;在超过 4 万 m² 高达 16 层的庞大上层建筑生活娱乐公共区域,设有丰富多彩的休闲娱乐设施,被誉为移动的"海上现代化城市"。

3.3　海洋工程船

读一读

大国重器——"蓝鲸1号"

　　蓝鲸是迄今为止地球上最大的生物。当它在海洋中遨游时,就好像一座漂浮的小岛,蔚为壮观。而你知道,人类用钢铁搭建的海上蓝鲸长什么样吗?

　　2017年2月13日,由中国国际海运集装箱(集团)股份有限公司(简称中集集团)旗下山东烟台中集来福士海洋工程有限公司建造的半潜式钻井平台"蓝鲸1号"命名交付(图3-26)。它是目前全世界最大、钻井深度最深的海上钻井平台,代表了当今世界海洋钻井平台设计建造的最高水平,将我国深水油气勘探开发能力带入了世界先进行列。

图3-26　"蓝鲸1号"石油钻井平台

　　"蓝鲸1号"平台长117 m,宽92.7 m,甲板面积相当于一个标准的足球场,从船底到顶端有37层楼那么高。在这座重达42 000 t的平台上,集中了27 354台设备,40 000多根管路,实现了最大作业水深3 658 m、最大钻井深度15 240 m的好成绩。

想一想

　　1. 海上石油开采和陆上石油开采有哪些不同的地方?
　　2. 国产深水钻井对于南海资源开采的意义是什么?

学一学

　　石油被誉为工业的"血液",对国家的军事和经济建设都具有举足轻重的影响,由于陆地的石油资源储量有限,经过长期的开采有些已趋于枯竭,而海洋石油储量大,是近30年来世界海洋国家关注的投资热点,成为海洋资源开发的主战场。海洋开发船也即海洋工程产品,主要为海洋科学调查、开发、保护提供一切手段和设备,主要包括海洋资源开采船、海洋资源调查船和海洋防污保护船。

3.3.1　海洋石油平台

海洋石油平台是人们在海上进行石油勘探与开采作业的场所,按其功能主要分钻井平台和生产平台两大类,其上分别设有钻井设备和采油设备。平台一般都高出水面,以避免波浪的冲击,平台与海底井口之间都有主管相通。平台有三边形、四边形或多边形3种形式,有上下多层甲板或单层甲板,供安装和储存钻井或采油设备之用(图3-27)。

图3-27　各类海洋石油平台

随着海洋石油开发事业的发展,各类海洋石油平台应运而生。据统计,2011年底全世界有固定海洋石油平台250座,自升式平台491座,半潜式钻井平台215座,钻井船161艘。同期在建的自升式平台约67座,半潜式钻井平台约16座,钻井船约54艘。

海洋石油平台按其运动方式,可分为固定式和移动式两大类,如图3-28所示。

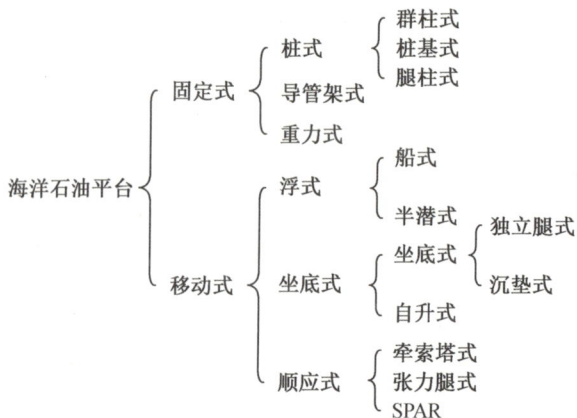

海上石油平台
钻井演示

图3-28　海洋平台运动方式分类

3.3.1.1 固定式平台

固定式平台是海上油气生产的一种平台形式。这些平台通常由混凝土或钢结构直接锚定在海底来支撑为钻探设备、生产设施和居住区提供空间的上甲板。因为其不可移动性,通常设计成长期使用的固定设施。

(1)导管架式平台

钢质导管架式平台通过打桩的方法固定于海底,它是目前海上油田使用最广泛的一种平台。钢质导管架式平台自 1947 年第一次被用在墨西哥湾 6 m 水深的海域以来,发展十分迅速,到 1978 年,其工作水深已达 312 m(图 3-29)。

图 3-29　导管架

(2)重力式平台

海洋石油的开发,特别是北海的开发,促生了一种完全不同的固定式平台的设计——混凝土重力式平台。混凝土重力式平台在规模上通常比导管架式平台更大,但不是通过打桩固定在海底而是直接坐在海底,通过自身的巨大重力进行稳定。它一般都是钢筋混凝土结构,作为采油、储存和处理用的大型多用途平台,底部通常是一个巨大的混凝土基础(沉箱),用三个、四个或更多的空心混凝土立柱支撑着甲板结构,在平台底部的巨大基础中被分隔为许多圆筒型的储油舱和压载舱,规模较大的,可开采几十口井,储油十几万吨。混凝土平台广泛用于钻探、勘测、油气生产和储存等领域,其结构重量可达 85 万 t 甚至更大。现在已有大约 20 座混凝土重力式平台用于北海(图 3-30)。

图 3-31 为北海 Brent B Condeep 平台,其包括 19 根 61 m 高的圆筒,其中的三根向上延伸支撑离海底 170 m 以上的甲板结构。沉箱跨度超过 100 m,底部面积达到 6 300 m²。其基础的设计必须能够承受结构本身、甲板负载、储油及压载物的重力,并且必须能够经受环境因素的考验,例如波浪、涌流、风力,部分地区还有地震、冰雪等。

图 3-30　重力式平台

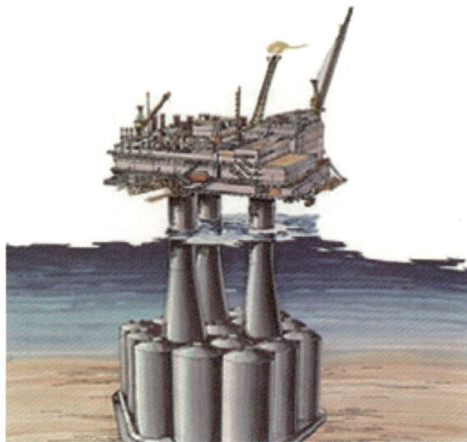

图 3-31　北海 Brent B Condeep 平台

3.3.1.2　移动式平台

移动式平台又称活动平台,它是为适应勘探、施工、维修等海上作业必须经常更换地点的需要而发展起来的。现有的活动平台分坐底式、自升式、半潜式、船式、牵索塔、张力腿式等很多种不同的结构形式。

(1)坐底式平台

坐底式平台用于水深较浅的海域,工作水深一般在 2~50 m 以内,由平台甲板、立柱和下体(沉垫)组成。平台上设置钻井设备、工作场所、储藏与生活舱室等。钻井前在下体中灌入压载水使之沉底,下体在坐底时支承平台的全部重力,而此时平台本体仍须高出水面,避免受波浪冲击。在移动时,将下体排水上浮,提供平台所需的全部浮力,如属自航者,动力装置都安装在下体中。坐底式平台的工作水深比较小,愈深则所需的立柱愈长、结构愈重,而且立柱在拖航时升起太高,容易产生事故。由于坐底式平台的工作水深不能调节,已日渐淘汰。

(2)自升式平台

自升式平台的优点主要是所需钢材少、造价低,在各种海况下都能平稳地进行钻井作业;缺点是桩腿长度有限,使其工作水深受到限制,最大的工作水深约在 120 m 左右,超过此水深,桩腿重量增加很快,同时拖航时桩腿升得很高,对平台稳性和桩腿强度都不利。尽管现在有些平台的设计工作水深可达到 170 m,但这种平台通常用于水深 120 m 以内的区域内(图 3-32)。

(3)半潜式平台

半潜式平台,又称立柱稳定式平台。它是大部分浮体沉没于水中的一种小水线面的移动式钻井平台,它从坐底式钻井平台演变而来,由上层工作甲板、下层浮体结构、中间立柱或桁架三部分组成。在浮体与浮体、立柱与立柱、立柱与平台本体之间还有一些支撑与斜撑连接,在浮体间的连接支撑一般都设在浮体的上方,这样,当平台移位时,可使它位于水线之上,以减小阻力;平台上设有钻井机械设备、器材和生活舱室等,供钻井工作用。

图 3-32 自升式钻井平台

平台本体高出水面一定高度,以免波浪的冲击。浮体或浮箱提供主要浮力,沉没于水下以减小波浪的扰动力。下层浮体结构又分下船体式和浮箱式两种,下船体式更利于航行,故新建造的自航半潜式平台多采用双下船体式。平台本体与浮体之间连接的立柱,具有小水线面的剖面,主柱与主柱之间相隔适当距离,以保证平台的稳性,所以又有立柱稳定式之称。这种平台作业时处于半潜状态,采用锚泊定位或动力定位。作业后,排出压载舱内的水,上浮至拖航吃水线,即可收锚移位。通常用于水深 60~3 050 m 的区域,但随着技术开发的进步,工作水深也越来越深(图 3-33)。

攻克顶驱防撞
难题——大国
工匠冉鹏

图 3-33 半潜式钻井平台

(4)钻井船

钻井船是设有钻井设备,能在水面上钻井和移位的船,也属于移动式(船式)钻井装置。较早的钻井船是用驳船、矿砂船、油船、供应船等改装的,现在已有专为钻井设计的专用船。钻井船在钻井装置中机动性最好,但钻井性能却比较差。钻井船与半潜式钻井平台一样,钻井时浮在水面。

井架一般都设在船的中部,以减小船体摇荡对钻井工作的影响,且多数具有自航能力。钻井船在波浪中的垂荡要比半潜式平台大,有时要被迫停钻,增加停工时间,所以更须采用垂荡补偿器来缓和垂荡运动。钻井船适于深水作业,但需要适当的动力定位设施。钻井船适用于波高小、风速低的海区,它可以在 3 000~4 000 m 水深的海底进行探查,钻深可达到 10 000 多米,可掌握海底油/气层的位置、特性、规模、储量,提供生产能力等(图 3-34)。

图 3-34　钻井船

(5)浮式生产储油装置 FPSO

FPSO(float production storage and offloading,海上浮式生产储油船)是对开采的石油进行油气分离、处理含油污水、动力发电、供热、原油产品的储存和运输,集人员居住与生产指挥系统于一体的综合性的大型海上石油生产基地。与其他形式的石油开采平台相比,FPSO 具有抗风浪能力强、适应水深范围广、储/卸油能力大,以及可转移、重复使用的优点,广泛适用于远离海岸的深海、浅海海域及边际油田的开发,目前,已成为海上油气田开发的主流生产方式。它具有两个特点:一是体型庞大,船体一般为 5~30 万 t,一艘 30 万 t 的 FPSO 甲板面积相当于 3 个足球场;二是功能较多,FPSO 集合了各种油田设施,可对油气水实施分离处理和原油储存,故被称为"海上工厂""油田心脏"。FPSO 主要由船体、负责油气生产处理的上部模块和水下单点系泊系统三部分组成,一般适用于 20~2 000 m 不同水深和各种环境的海况,通过固定式单点或悬链式单点系泊系统固定在海上,可随风、浪和水流的作用进行 360° 全方位的自由旋转,规避风浪带来的破坏力(图 3-35)。

图 3-35　FPSO

3.3.2　海洋调查船

海洋调查船用于考查研究海洋表面状态、海流结构、海洋水文气象、地球重力场和磁场、海底形状和结构、海中水声传播规律、海洋生物和地核组成等许多方面的内容，是一座活动的海洋研究基地。海洋调查船分综合性调查船、专业性调查船和辅助调查船(如海洋救援船)三类。目前重点发展的是数千吨级的综合性调查船，以尽量做到一船多用(图 3-36)。

图 3-36　"雪龙号"极地科学考察船

海洋调查船要求具备良好的稳性、耐波性、操纵性和准确的定位能力。为尽量减轻摇摆，除舭龙骨外，还设有减摇水舱，有的还装有减摇鳍，普遍采用柴油机电力推进。不少调查船还装有小功率动力装置或主动舵，作业时能提供 2~4 kn 的小航速。有的在船首设推进器，并设侧推器以进一步改善操纵性。新型的海洋调查船还配备深潜器、直升机和可拖带或布放的测量平台及遥测浮标。船上装备先进的各类调查测量设备。

3.3.3　海洋环境保护船

3.3.3.1　海洋环境监视船

为保护海洋环境不受油类及未经处理的污水、垃圾的污染，常在港口附近水域、船舶密集的水道、采油区及其他特定海区，设海洋环境监视船。船上有污水采集器和相应的多种检测、分析仪器，摄像机还可随时记录下船只非法排污的情况。

3.3.3.2　浮油回收船

当海上油田发生井喷，或当油船海损泄漏造成海上大面积污染时，必须由浮油回收船及时回收浮油以消除海面污染。目前有专用的浮油回收船，也可用挖泥船、油船兼作浮油回收船，在使用时临时安装回收设备。船上的回收系统中设有不同形式的伸出装置。伸出装置可根据风力、浮油油膜厚度、回收船的运行速度等因素进行调节，使其能在较宽的范围内(30~250 m)截住浮油并集入舷侧接收口，提高清污效率。

做一做

1. 请观看纪录片《超大建筑狂想曲：佩尔迪多钻井平台》,整理石油钻井由陆地到浅海、再到深海的发展历程,及主要克服的技术困难。

赞一赞

海洋石油981

"海洋石油981"深水半潜式钻井平台,简称"海洋石油981",于2008年4月28日开工建造,是中国首座自主设计、建造的第六代深水半潜式钻井平台,由中国海洋石油总公司全额投资建造,整合了全球设计理念和一流的装备,是世界上首次按照南海恶劣海况设计的,能抵御200年一遇的台风;选用DP3动力定位系统,1 500 m水深内锚泊定位,入级CCS(中国船级社)和ABS(美国船级社)双船级(图3-37)。整个项目按照中国海洋石油总公司的需求和设计理念引领完成,中国海油拥有该船型自主知识产权。该平台的建成,标志着中国在海洋工程装备领域已经具备了自主研发能力和国际竞争能力。

海洋石油981

图3-37 "海洋石油981"钻井平台

(1)外观:"脚踏两只船"

从空中俯瞰,"海洋石油981"半潜于海面,是个长方形平台,4个立柱下"踩"两个船体,每根立柱平均长宽10 m,甲板室顶部配备直升机起降平台。平台上满是机械手臂,矗立海面宛如钢铁巨人。

(2)体积:"海上巨无霸"

"海洋石油981"长114 m,宽89 m(面积比一个标准足球场还要大,若乘船环绕平台一圈,至少需要半小时),高137 m(从船底到井架顶高度,相当于45层楼高),自重30 670 t,承重12.5万t。有记者曾在外高桥船厂的料场上看到过12个重达15 t、每个两人多高的大抓力锚,但其实只是它系泊锚链末端的"小爪子",说它是有史以来最大的人工装备,是毫不为过的。

（3）作业深度

"海洋石油981"最大作业水深3 000 m,钻井深度可达10 000 m。如何理解作业水深3 000 m呢？"如果这个平台是建在北京上空3 000米处,那么它的锚链和各种管线将覆盖六环路以内全部城区,固定它的锚链要排到六环以外。"一位专家表示。

（4）作业范围

"海洋石油981"是为开发南海"量身定做"。它是世界上首次按照南海恶劣海况设计的钻井平台,能抵御200年一遇的台风。"'海洋石油981'能够在世界除北极以外的任何海域作业。"中国工程院院士周守为说。

（5）驱动力:8台推进器

"海洋石油981"装备有8台4.4万kW柴油发电机,发电量差不多够一个中等城市所需;它的8台推进器,每个马力都相当于5个火车头的拉力。

（6）速度:最快8节

以前如果遇到风暴、台风,一般是撤离平台,撤离时间与作业水深有关,其一般程序是起钻、封井眼、起隔水管、撤离,通常反应时间几十个小时。"981"钻井平台则可以开着船走,最大航速可以达到8 kn,反应迅速。

（7）消耗:日耗柴油30 t

补给船每周都会给平台上连续工作28天的同事带来柴油、淡水、生活必需品、各种耗材等。"981"钻井平台这个庞然大物每天消耗柴油30 t,最多可耗60~70 t,而每天平台耗费淡水就达40 t。

（8）生活设施:生活起居一应俱全

"海洋石油981"同时也为在平台上的160多名员工配备了先进的生活设施,营造了舒适的海上生活环境。五层的"地下迷宫"里从餐厅到住宿、休闲娱乐一应俱全。这里不仅有船舱办公室、员工宿舍、明亮的食堂、洗衣房,还有卡拉OK,也设置拥有跑步机、单车的健身房,员工闲暇时可以打乒乓球、举哑铃,工作服还有专人收集并在洗衣房里统一洗涤。这里还能通过卫星看到相关电视节目,而且平台上的160多人还可以享受2 M的网速,而同为中海油旗下的"南海2号"钻井平台,网速仅有192 K。在"海洋石油981"的冷库里,还储存了大量新鲜蔬菜。

（9）设计能力可抵御200年一遇的超强台风

在"海洋石油981"的诸多"世界之最"里,有许多设计都是根据南海海况"量身定做"的。比如,在南海百年一遇风浪参数的基础上,首次采用200年一遇风浪参数对平台的总强度和稳性进行校核,该环境参数相当于17级台风风速,远超国际船级社规范的要求,使得平台可以在南海恶劣海况条件下高效安全作业。

（10）防喷器可防止类似墨西哥湾重大漏油灾难的发生

"海洋石油981"还首次采用最先进的本质安全型水下防喷系统。据介绍,导致墨西哥湾漏油事件发生的一个重要原因是,事故发生时,以往通用的靠液控、电控信号关闭漏油油井的办法全部失效了。鉴于此,"海洋石油981"首次采用了本质安全型防喷系统,即在电、液信号丢失的情况下,靠水下储能器控制,紧急情况下可自动关闭井口,这就能有效防止类似墨西哥湾事故的发生。

（11）南海油气资源极为丰富

按海洋石油工业的划分,超过1 500 m水深海域的油气资源被称为超深水油气,超过 300 m 的则被称为深水油气。在"981"南海钻井平台开钻之前，中国海洋石油勘探开发的海上油气田的水深普遍小于 300 m。

油气地缘政治冲突将是中国今后十年与南海周边国家关系最严峻的主题，因此"981"钻井平台在宣示主权、强势介入南海油气资源竞争的姿态意义甚至大于其技术上的实际意义。

3.4 高性能船

读一读

世界第一艘气垫船

气垫船是英国工程师科克莱尔发明的。1950 年,40 岁的科克莱尔爱上了造船工业,于是辞掉了原有工作,用自己的全部积蓄,同妻子一起创办了一家小型造船公司。那时,科克莱尔脑海里考虑的是怎样才能造出速度更快的船艇。他认为船艇速度很难提高的原因是船底与水面间的摩擦产生了阻力。经过反复的研究,他发现如果用空气作为船与水之间的"气垫"就有可能减小摩擦,从而提高船航行的速度。科克莱尔把这一设想付诸实践,他在空的猫食罐头上放置了空的咖啡罐,用吹头发的吹风机作为动力进行实验。结果,靠排气而产生的升浮效果令他非常满意。接着他制造了长约 0.5 m 的模型船,在河里进行实验,又获得成功,它的原理与现今实用气垫船的原理是完全相同的。

这时,科克莱尔准备把自己的发明出售给造船企业,但都遭到拒绝。理由是船舶制造商认为它是飞机而不是船舶。但是,英国研究开发公司总经理哈尔斯培利却独具慧眼,预见到气垫船的重要性,帮助科克莱尔获得了专利权。当时,科克莱尔加入了NEDC 公司,开始正式制造了一艘长 9.1 m、宽 7.3 m 的气垫船(图 3-38),这艘气垫船顺利地穿越了英吉利海峡,成为世界上第一艘实际航行的气垫船。

图 3-38　科克莱尔研制的第一艘气垫船顺利抵达英国多佛尔港

想一想

1. 众所周知,船舶的速度较汽车、飞机等高速交通工具要慢得多,甚至比不过水中大部分的鱼类,船舶速度慢的主要原因是什么呢? 怎样可以让船舶运行得更快呢?

2. 科克莱尔作为气垫船的发明者,他的成功发明给了我们什么启示?

学一学

常规的排水型船舶船型,受水阻力、波浪的影响力大,性能不能满足水运发展的进一步需求,如航速提高,船舶的兴波阻力将以正比于航速的三次方以上的关系增大,使主机功率增大到难以承受的程度;又如耐波性,虽然实船上采取了各种减摇措施,但仍无法满足保持航速和平稳作业的使用要求。如何大幅度地减小水阻力及波浪对船舶运动的影响是近几十年来人类不断探索的问题,最终一批超常规的高性能船被研制成功,如滑行艇、水翼船、气垫船、冲翼艇和半潜小水线面双体船等。

高性能船舶是为突破常规船舶性能限制并适应特殊环境要求而开发的,特殊性能如高航速、浅吃水、耐波性、两栖性或兼而有之。这些船舶多为短程高速小型船舶,主要用于内河和沿海客运、交通、观光、游览和救生等。

高性能船种类繁多,且新船型层出不穷,日新月异。按作用原理和特性,高性能船主要分为气垫船、水翼船、滑行艇、高速单体船、双体船、冲翼艇、飞翼艇等,其中气垫船分为全垫升式气垫船和侧壁式气垫船,它们与冲翼艇和飞翼艇同为空气静(动)力支撑船;水翼船分为割划式水翼船和全浸式水翼船,它们与滑行艇同为水动力支撑;双体船分为高速双体船和小水线面双体船,它们与单体高速船同为水静力支撑。

3.4.1 滑行艇

当滑行艇(planing boat)静止或以较慢速度航行于水中时,艇体的重力同常规的排水型船舶一样由浮力支承(静水力支承)。当艇高速航行时,艇进入滑行状态,艇首在水动力作用下脱离水面,仅部分艇底与水面接触,艇体的重力主要是靠滑行时产生的举力来支承(图3-39),也就是说,静水浮力几乎完全被水动力所代替。由于浸湿面积随航速的增加而减少,因此船的阻力减小了,为提高航速创造了条件。

由于可以降低阻力和提高航速,滑行艇被广泛用作运动艇、交通艇、巡逻艇等;另外军用快艇、导弹快艇等也广泛采用滑行艇。

滑行艇的缺点是耐波性较差,不适于在大风浪中航行。滑行时波浪对艇体也有较大的冲击,对结构也有破坏作用,因此滑行艇的发展受到一定的限制。

3.4.2 水翼艇

水翼艇是船身底部装有水翼,水翼浸在水中,航行时靠水翼产生的升力使船体全部或部分升离水面而高速航行的船。

图 3-39　时速 115 km 铝合金滑行艇

　　水翼艇的特点是行驶在空气和海水的临界面上,以尽量克服水的阻力。水翼船靠浸在水中的水翼支持而行。船底的薄片水翼在船停泊时完全没入水中,船开始运动时,水流经过弯曲的水翼,产生上举力,船走得越快,产生的升力越大,当水翼在水中升起时,把船体完全推离水面。由于阻碍消除,船的速度大大提高,行驶更为平稳。

　　水翼的剖面形状和作用原理同飞机机翼相似,但尺寸小得多。它所产生的升力同流速、翼型、冲角、面积和浸深等因素有关。当水翼船停泊或以低速航行时,水翼不产生升力,这时水翼船同普通排水型船一样,靠浮力支承。水翼的种类很多,按水翼数目可分为单水翼和双水翼;按能否收放可分为固定水翼和可收缩水翼;按控制方式可分为自控水翼和非自控水翼;按水翼与水面的相对位置可分为割划式水翼和全浸式水翼。其中,割划式水翼在航行时有一部分露出水面,并割划水面,割划式水翼具有自稳性,不需要控制设备,结构简单,但受波浪影响大,宜用于航行在内河、湖泊和沿海;全浸式水翼在航行时全部浸没水中,没有自稳性,必须有一套自动控制系统来保持其稳定性,这种水翼吃水深、宽度大,需要一套收放设备,所以结构复杂、造价高,但是受波浪干扰小,宜用于对耐波性要求较高的海况。

　　水翼艇航速约比同吨位的普通排水型船舶大几倍,可达 40~70 n mile/h。水翼船船体一般用铝合金和钢材制造,水翼用不锈钢或钛合金制造。水翼船用高速柴油机作动力装置,一般用水下螺旋桨推进,可收缩全浸式自控双水翼船也有用喷水推进装置推进的(图 3-40)。

3.4.3　气垫船

　　气垫船是利用船上的大功率风机产生高于大气压的空气压力,把空气压入船底并与水面或地面之间形成气垫,将船体全部或大部分托离水面而高速航行的船只(图 3-41)。1959 年,英国制造出世界上第一艘气垫船,它从法国加莱出发,在两小时五分钟内成功地横渡了英吉利海峡,一时间轰动了世界。

　　(1)全垫升气垫船。该气垫船四周有软性气裙,是利用垫升风扇将压缩空气注入船底,与支承面之间形成"空气垫",使船体全部离开支承面的高性能船。英国制造的世界第一艘气垫船即为全垫升式。全垫升气垫船采用空气螺旋桨推进,航行时船底离开水面,因此具有独特的两栖性和较好的快速性。

图 3-40　"远舟一型"108 客位水翼船

图 3-41　"慈平号"108 客位气垫船

（2）侧壁式气垫船。这种气垫船的船底两侧有刚性侧壁插入水中，艏艉有柔性围裙形成的气封装置，可以减少空气外逸。航行时，利用专门的升力风机向船底充气形成气腔，使船体飘行于水面。它常选用轻型柴油机或燃气轮机作为主动力装置，用水螺旋桨或喷水推进，航速可达 20～90 kn；有较好的操纵性和航向稳定性，但不具备两栖性。

3.4.4　地效翼船

地效翼船是介于船舶与飞机之间，利用机翼型船身的表面效应所产生的气动升力支持船重并贴近水而高速航行的高性能船，包括冲翼艇、气翼艇、飞翼船等新型船。由于船完全离开水面以一定高度稳定航行，且外形类似飞机，也被称为地效飞机、地效飞行器。

　　按其地效原理,分为动力增升型地效翼船(或称冲翼艇)和动力气垫型地效翼船(或称气翼艇)。前者利用航行时产生的地效升力使船起飞离水,其起飞方式类似于飞机,可短时爬升到地效区外飞行,然而在掠海凌波航行时可不受波浪影响,获得很高的适航性;但起飞所需功率较大,运载效率较低。后者依靠前置发动机的偏转尾流向翼下的封闭区喷流而形成动力气垫,使船在无航速时,亦可靠气垫托离水面。其起飞方式类似气垫船,在正常巡航时,动力飞垫仍提供一定的支持力,其运载效率略高,但只能贴近水面航行,不能爬高越出地效区外飞行,然而机动性、耐波性均较差,难于在海洋上凌波航行,一般只能用于江湖或封闭海区。

　　地效翼船由主船体(或称机身)、带襟翼的主翼、端板(或称浮体)、高平尾翼、垂直舵、空气螺旋桨、发动机和起飞装置(滑行水橇或起落架)组成。地面效应与翼的面积成正比,翼面积越大效率越高,因此大型地效翼船效率更高,速度更快,运输效率高。民用大型地效翼船可与大型飞机、船舶并驾齐驱,各自扬长避短,是21世纪跨越海洋的超高速运载工具。地效翼船具有快速、隐蔽、机动、平稳等特点,可广泛应用于军事。其快速突袭和隐蔽突击能力都是海军战术技术上的重大突破,是打击敌方大中型水面舰艇编队、具有威慑力的新式武器;亦可用于反潜、布雷、救援以及登陆运输等。20世纪60年代,苏联率先研制出"里海怪物"地效翼船,中国亦开展了此项研究(图3-42)。

图3-42　中国"天鹅"型地效翼试验船

3.4.5　小水线面双体船

　　小水线面双体船(small waterplane area twin hull, SWATH)是20世纪70年代发展起来的一种高速新船型,它是半潜船型中研究得最多的船型。研究实践表明,这种船型不仅耐波性优越,而且其他性能也较常规单体船型更佳,已日益引起人们的重视。

　　小水线面双体船由水下体(潜体)、上体(包括桥体结构)和支柱三大部分组成。水下体做成鱼雷状,上体是水面以上的平台结构,可按需要布置各种设备。上下体由截面为流线型的支柱连接。鉴于水下体没入水中,支柱的水线面较瘦削(所以叫作小水线面),在航行时能大大降低波浪的扰动力和兴波阻力。另外,小水线面支柱使船的自摇周期显著延长,降低了对波浪的运动响应。因而小水线面双体船具有耐波性好、在波浪中失速小、高速航行时阻力小、上甲板宽广、有效空间开敞等优点,但它吃水较深、船宽较大,故易受航道的限制。这种船型在军用、民用方面都具有广阔的发展前景。图3-43所示为小水线面双体船。

图 3-43 小水线面双体船

中国野牛气垫船

中国野牛气垫船是目前世界上最大的军用气垫登陆船,排水量达到了555 t,在苏联研发时期被称为"登陆舰"。国产野牛气垫船跟美国的 LCAC 同属登陆船,但是大小和性能方面却有着不同的区别,图3-44所示为国产野牛气垫船。野牛气垫船一次性可运输3辆 T-72 主战坦克,而美国的 LCAC 登陆船仅能运载一辆 M1A2 坦克,野牛船的航程超过了600 n mile,而 LCAC 只有300 n mile。这是由于两款船的定位不一样,LCAC 属于登陆舰的附属船只,一般跟随登陆舰行动,在登陆舰移动到陆地后才会放出 LCAC,再进行抢滩登陆。而野牛气垫船则是一种独立行动的军舰,能够进行远距离奔袭作战,尤其是船身装甲很厚,运送人员装备很多,在完成人员运送后,还能继续停留在海滩上,利用重武器提供火力掩护。

应当说国产野牛气垫船兼容了美国和俄罗斯登陆船的优势,不过要推动"野牛"这样的庞然大物还需要克服动力难题。从气垫船的原理来讲,其动力系统分为推进风扇和抬升风扇两大部分,一方面朝地面吹起提供升力,一方面推进移动,这就需要非常强劲的动力来源。

目前中国已经彻底解决了动力难题,所以能够进行大规模的批量生产。这款登陆船在横渡海峡作战中,能够在最短的时间内快速运送大量部队进行抢滩登陆任务,未来将成为中国人民解放军海军不可多得的一支生力军。

图3-44 国产野牛气垫船

3.5 航空母舰和其他大型水面战舰

读一读

航母梦、强军梦、中国梦

2012年9月25日,中华人民共和国国防部宣布,中国第一艘航空母舰——"辽宁号"航空母舰(代号:001型航空母舰;舷号:16;简称:辽宁舰)正式入列服役,舰桥桅杆升起了五星红旗,舰首升起八一军旗,舰尾升起海军旗。百年航母梦终圆,中国从改造、恢复一艘废旧的航母起步,从无到有,实现了中国航母"零"的突破(图3-45)。

图3-45 "辽宁号"航空母舰

"辽宁号"航空母舰前身是苏联海军的库兹涅佐夫元帅级航空母舰次舰"瓦良格号",20世纪80年代中后期,"瓦良格号"于乌克兰建造时遭逢苏联解体,建造工程中断,完成度68%。1999年,"瓦良格号"由中国购买,于2002年3月4日抵达大连港,2005年4月26日,开始由中国海军继续建造改进。解放军的目标是对此艘未完成建造的航空母舰进行更改制造,以及将其用于科研、实验及训练用途。2012年9月25日,"瓦良格号"正式更名"辽宁号",交付予中国人民解放军海军。

2013年11月,"辽宁号"从青岛赴中国南海展开为期47天的海上综合演练,其间中国海军以"辽宁号"为主编组了大型远洋航空母舰战斗群,战斗群编列近20艘各类舰艇。这是自冷战结束以来除美国海军外西太平洋地区最大的单国海上兵力集结演练,亦标志着"辽宁号"开始具备海上编队战斗群能力。2018年4月12日,辽宁舰编队亮相南海大阅兵。

我国是拥有1.8万多千米海岸线和300万 km² 海洋国土的新型大国,我们有大量的不断拓展的海外利益需要维护,因此拥有航母这种战略武器兼常规武器,是我们必然的选择和需求。中国未来的航母的建设与发展需要一代甚至几代人的努力,更需要我们这些祖国的接班人和建设者的努力,让我们共同努力,共同筑起航母梦—强军梦—中国梦吧。

想一想

1. 航空母舰是如何作战的,对于海防为何如此重要?
2. 我国航母建造是由改装开始的,请想想为何不"白手起家"直接建造一艘呢?
3. 结合中国人的航母梦,谈谈自己的中国梦。

学一学

3.5.1 航空母舰

航空母舰(aircraft carrier)是以舰载机为主要攻击武器并作为其海上活动基地的大型军舰,是海军水面战斗舰中最大的舰种(图3-46)。其主要用于攻击水面舰艇、潜艇和运输舰船,袭击海岸设施和陆上目标,以夺取作战海区的制空权和制海权,进行对岸、对舰攻击。

航空母舰有大、中、小型之分,其排水量范围为1万~10万 t,航速为26~35 kn,续航力大。当前世界上吨位最大、综合作战能力最强的是美国尼米兹10万吨级核动力航空母舰,其航速为30 kn,携带各型舰载机近100架。航空母舰有供飞机起落的飞行甲板,以及弹射器、阻拦装置和升降机等。机库设于飞行甲板下面,上层建筑设在中部右侧,为岛形建筑。航空母舰以舰载机为主,还装备有导弹、火炮、反潜武器等武备以及十分完善的电子设备。航空母舰具有强大的攻击力,但目标较大,易遭敌方攻击,所以需要在巡洋舰、驱逐舰等护卫下组成航空母舰编队行动。

图 3-46　航母战斗群

3.5.1.1　航空母舰的发展历程

纵观航空母舰发展的整个历程,大致可分成三个阶段。初期改装的航空母舰被称为第一代航空母舰,1922 年至 1945 年建造的航空母舰已初具规模但还有很多不足,被人们称为第二代航空母舰;第二次世界大战后建造的现代航母为第三代航空母舰。

（1）第一代航空母舰

1910 年 11 月 14 日,美国飞行员尤金·伊利(Eugene Ely)驾驶"柯蒂斯"双翼机从巡洋舰"伯明翰号"前部加装的长 25.3 m、宽 7.3 m 的木质平台上实现了起飞。1911 年 1 月 18 日,伊利驾驶飞机又在停泊状态的装甲巡洋舰"宾夕法尼亚号"后部加装的平台上利用飞机尾钩钩住制动索着舰成功。这两次勇敢的实践证实了在舰上起降飞机的可能性,这标志着航空母舰雏型的诞生。1912 年 5 月 2 日,英国海军上尉格里高利在战列舰上起降飞机成功。这些成功的实践,促使了英国海军航空兵的诞生,一个新兵种开始在海军序列中出现(图 3-47)。

1918 年,第一次世界大战后期,英国海军将一艘大型巡洋舰"暴怒号"的前、后甲板上的主炮塔拆除,铺上木制的飞行跑道,以甲板中部的上层建筑为界,舰首的跑道供飞机起飞,舰尾的跑道供飞机降落。"暴怒号"因此成为最早出现的由军舰改装而成的、具有飞机起降功能的航空母舰(图 3-48)。

图 3-47　飞机第一次从停泊的船只上起飞

图 3-48　改装的"暴怒号"航空母舰

1918年9月,英国海军将正在建造的一艘客轮改装成具有全通式飞行甲板的航空母舰"百眼巨人号"。在改装中,"百眼巨人号"原有的烟囱被全部拆除,改装成从主甲板下面通向舰尾的水平排烟道。由于整个飞行甲板非常平坦、空旷,几乎看不到任何上层建筑,因此这种全新模式的航空母舰又被称为平原型航母。

美国于1922年成功地把一艘运煤船改装成了美国海军的第一艘航空母舰——"兰利号"。与"百眼巨人号"一样,它也是一艘典型的平原型航母,舰体的最上方是宽阔平坦的全通式飞行甲板。整个军舰的上部用支架撑起一个飞行平面,就像一辆"带篷马车"一样。烟囱被放倒,桅杆被拆除,指挥塔被布置在全通甲板下面。

从"百眼巨人号"到"兰利号",英美两国海军经过长期探索和反复试验,终于相继改装出了第一代航空母舰,这在世界航空母舰发展史上是一个值得纪念的里程碑。

(2)第二代航空母舰

经过多年探索,特别是经过第一次世界大战中海战的检验,一些大国海军在航空母舰的设计、建造和使用要求等方面都积累了丰富的经验,对未来航空母舰的模式,有了较为清晰的认识。同时也是为了弥补第一代航空母舰诸多先天不足,于是开始着手设计、建造新一代航空母舰。第二代航空母舰由于从一开始就是为了适应搭载作战飞机的需要而专门设计的,因此被称为具有"纯正血统"的航空母舰。

1922年12月,日本海军的第一艘航空母舰——"凤翔号"诞生了,它不是改装的,而是开始就按航空母舰设计建造的,因此它被认为是世界上第一艘真正的航空母舰。"凤翔号"一改第一代航母的平原型结构,采用了岛式上层建筑。一个小型的塔式舰桥被设置在飞行甲板的右舷,上面带有三角舰桅。在岛式建筑的后面,有三个可同时向外侧放的烟囱。1923年,经过试航后,日本人认为该舰的飞行甲板比较狭窄,岛式上层建筑在舰载机起降时非常碍事,遂决定拆掉岛式上层建筑。这样,第一艘"纯正血统"的航母"凤翔号"又退回到第一代航母的平原型模式(图3-49)。

随后,英国也推出了全新的"竞技神号"航空母舰。这艘航空母舰采用封闭式舰首,在巨大的全通式飞行甲板上,一个环绕着烟囱的大型舰岛被配置在舰体的右舷(图3-50)。由于"凤翔号"的半途而废,"竞技神号"航空母舰实际也就成了第一艘真正采用岛式结构的航空母舰。此后,世界各国新建造的航空母舰,几乎都采用了类似的岛式结构,并且一直沿用至今。

图3-49　日本海军第一艘航母"凤翔号"

图3-50　英国海军"竞技神号"航母

（3）第三代航空母舰

1946 年 7 月，第一架"鬼怪"喷气战斗机在美国海军"罗斯福号"航空母舰上弹射试飞成功。这种在质量和航速方面都比螺旋桨飞机大好几倍的喷气飞机使航空母舰面临着严峻的考验，促成了斜角飞行甲板、新型弹射器等几种航空母舰关键设备的诞生。

1961 年，世界上第一艘核动力航空母舰——美国海军 9 万吨级的"企业号"正式服役，把航空母舰的发展推向了一个新高度。核动力装置使"企业号"航母具有 35 kn 的最大航速、宽敞的甲板空间、40 万 n mile/20 kn 的极大续航力，并增大了舰上武备弹药和给养储备（图 3-51）。

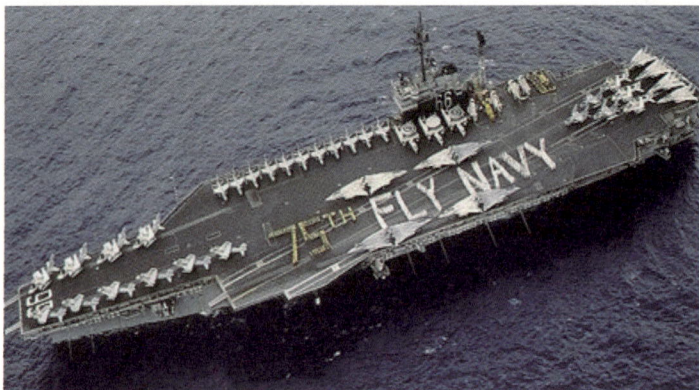

图 3-51　美国海军"企业号"航母

英国在 20 世纪 60 年代初研制成功"鸥"陆上垂直/短距起降飞机后，又于 1975 年研制成功由"鹤"派生的"海鹤"垂直/短距起降舰载机，并将它装备于战后新建的第一艘轻型航空母舰——"无敌号"。这标志着舰载飞机开始从弹射起飞向超短距起飞过渡。

总的来说，航空母舰在第二次世界大战期间获得了迅速发展。航空母舰数量的急剧增加，导致了航空母舰新舰型的不断涌现，从而使航空母舰的性能也进一步优化。

3.5.1.2　航母舰型结构

（1）舰岛

现代航母基本上是把舰桥、烟囱等集中在飞行甲板的一侧，好像一个小岛，它就是舰岛。从飞机起降的要求来讲，航母的飞行甲板上空空无物最理想。但是，航母的指挥塔、飞机控制室、雷达和通信天线等，都需要高耸在甲板上。所以现代航母都是把这些上层建筑设计得很紧凑，集中在飞行甲板右舷的舰岛上（图 3-52），空出甲板的绝大部分来方便飞机起降。

图 3-52　"辽宁舰"舰岛

（2）飞行甲板

航母的一大特征是巨大的平直甲板,供飞机起降之用,有"海上机场"之称。不同于陆基飞机在起飞速度不足时仅需延长起飞时间,航母甲板上的空间十分有限,因此甲板设计对航母的战斗能力有很重要的影响(图3-53)。通常其舰身左侧为起飞区,右侧舰岛前后为停机区。中型乃至大型航母皆采用斜角式甲板,舰前方的直通式部分用于飞机起飞,长约70~100 m。其斜角式部分则位于主甲板左侧,用于飞机降落,约长220~270 m,两部分夹角6°~13°。

图3-53　航母斜角甲板

（3）机库

机库为储存和整备航空母舰舰载机的地方,又分成"开放"和"封闭"两种。采用开放结构的航母舰体为机库,甲板上方再额外建造机库墙壁、甲板支撑柱等结构,再加上飞行甲板。开放机库的优点为通风良好,若炸弹击入机库中爆炸,造成的冲击波会释放到外面;结构较轻、容纳飞机多且可依舰载机尺寸做修正。航母自启蒙时期一直到二战中期多为开放结构。封闭机库则为机库与船体结构整个一体成形,飞行甲板为封闭强化结构,这种机库的优点有防御力强、结构坚固、核生化防护佳等。由于封闭机库有容易累积易挥发的气体,且受到攻击或者意外着火的舰载机不能直接丢入海中等问题,机库一度很难被船舰设计师所接受(图3-54)。

图3-54　航母机库

（4）升降机

升降机是将舰载机自机库运输至飞行甲板的装置，早期配置于全通飞行甲板的舰身中线的前、中或后方，通常为2~3具。升降机也是甲板上最脆弱的部分，如果升降机故障或是遭到破坏会导致飞机无法起降，进而丧失战斗力。此外，炸弹也可能会击穿升降机，升降机又与堆积弹药与燃料的隔舱接近，一旦引爆将导致严重的后果。现代大型航母的升降机宽达20m、深达15 m、可负重100 t，升降时间约为一分钟（图3-55）。

图3-55　航母升降机

（5）武器库

武器库是用来储备各种炸弹、鱼雷、导弹与火箭的区域，位于舰船底部、水线之下，在船首尾各一处，中间则为机库，这些武器多以半组装方式收纳。为了将其送至甲板，武器库有着比飞机升降机更小的专用升降机（以尼米兹级为例，共有9个武器升降机，其外形如一个从甲板向上开启的门，若为不需用到的情况则可盖起来成为甲板的一部分），升降机将武器从库中升到上一层甲板，由各层作业员进行阶段性的组装，再由该甲板的其他升降机往上送（部分通到机库），以防止弹药意外诱爆。

（6）舰载机

早期航母搭载的舰载机与传统战斗机基本相同，不过为了满足可以在有限空间内收纳、从飞行甲板上起降等要求，专门为舰载设计的飞机诞生了。由于在被赋予艰难任务的同时，还要能在海风侵袭的恶劣环境下工作，所以舰载机的寿命通常不会太长。舰载机飞行员必须要具备极高的飞行技巧，毕竟在飞行甲板上起降比在平坦的陆地上起降要困难很多。

舰载机的种类主要是按照其任务类型来划分。首先，战斗机是用来担负舰队防空与攻击护卫警戒任务的，有的还具有反潜、对地攻击能力，在第二次世界大战时期，还开发出为了击沉敌舰的特殊机种。俯冲轰炸机就是最好的代表，它是一种可以从敌人头顶进行攻击的机种。鱼雷攻击机是可以搭载鱼雷或炸弹的机种，在二战末期整合成攻击机，现在则是采用精密制导炸弹或导弹进行攻击。用以进行搜索的侦察机是不可或缺的，过去曾研发出专用的机体，在现在则有在战斗机上挂载侦察夹舱做成的战略侦察机，以及搭载强大雷达的早期预警机。干扰机伴随着攻击机队，可对敌方雷达进行干扰，是一种相当可靠的支援机种。另外，由于战后的潜艇在性能方面有所提升，有了反潜机后,有时这个任务也会交给直升机来执行。至于其他方面,由于垂直/短距起降机只需要用很短的跑道,对于没有长飞行甲板的轻型航母或两栖攻击舰而言,常被当作战斗机使用。

在早期的航母上,由于舰载机(包括战斗机、轰炸机、鱼雷攻击机)质量小、安全离舰起飞速度低,其带弹量和作战半径有限,因此绝大多数舰载机可以通过自身动力利用有限长度的飞行甲板直接起飞而不需要任何助飞方式。二战后,人们对航母及其舰载机作战效能的认识加深,加上舰载机自身的发展,特别是喷气式舰载机的上舰,航母舰载机的起飞方式也发生了变化。目前,国外现役航母固定翼舰载机的起飞方式主要有垂直/短距滑跑起飞、滑跃起飞和弹射起飞等。

①垂直起飞

垂直/短距滑跑起飞方式是利用舰载机发动机推力矢量的控制实现起飞,其主要应用于轻型航母上,如英国"无敌级"轻型航母的"海鸥"舰载机。

使用垂直起降技术的飞机机动灵活,具有常规飞机无可比拟的优点。首先,具有垂直起降能力的飞机不需要专门的机场和跑道,降低了使用成本。其次,垂直起降飞机只需要很小的平地就可以起飞和着陆,所以在战争中飞机可以分散配置,便于伪装,不易被敌方发现,大大提高了飞机的战场生存率。最后,由于垂直起降飞机即使在被毁坏的机场跑道上或者是前线的简易机场上也可以升空作战,所以出勤率也大幅提高,并且对敌方的打击具有很高的突然性。但使用垂直起降技术的飞机也有许多缺点,首先是航程短,由于要实现垂直起降,飞机的起飞重量只能是发动机推力的83%~85%,这就使飞机的有效载荷大大受到限制,影响了飞机的载油量和航程。同时,飞机垂直起飞时发动机工作在最大能耗状态,耗油量极大也限制了飞机的作战半径。

②滑跃起飞

滑跃起飞方式是采用航母舰舷部十多度的上翘甲板结合舰载机发动机的推力实现起飞,如俄罗斯"库兹涅佐夫级"中型航母的米格-29、苏-27K舰载机的起飞方式。这种起飞方式不需要复杂的弹射装置,但是飞机起飞重量较蒸汽弹射小,使得舰载机的载油量、载弹量、航程以及作战半径等受到一定的制约。英国、意大利、印度、中国和俄罗斯等国由于技术限制,无法研制真正在技术和工艺上过关的蒸汽弹射器,所以只能在本国航母上采用滑翘甲板。采用滑跃起飞方式,舰载机的航空母舰在载机起飞时都必须以高于 20 kn(36 km/h)的速度逆风航行,以加大载机相对速度帮助舰载机起飞。

③弹射起飞

弹射起飞方式是利用飞行甲板上布置的弹射装置,在一定行程内对舰载机施加推力来达到舰载机的离舰起飞速度,其主要应用于大型/中型的攻击或多用途航母上,如美国和法国现役航母。弹射起飞技术是一种新兴的直线推进技术,适宜短程发射大载荷。航母舰载机的弹射起飞技术主要包括液压弹射起飞、蒸汽弹射起飞以及最先进的电磁弹射起飞技术。

相比弹射起飞,其他起飞方式都需要靠舰载机自身动力实现,可以避免因配置弹射装置而产生的航母舰体重力/重心、空间布置等问题。但靠舰载机自身动力起飞,会使得燃油消耗大而使舰载机离舰空中作战半径变小,舰面甲板侧风和舰体摇摆等因素,会影响舰载机起飞作业的环境适应性以及整个舰队的机动性。更为重要的是,如

蒸汽弹射
原理

电磁弹射
原理

果依靠自身动力,航母上无法起飞重型飞机,例如预警机。因此,像美国、法国等国在发展航母时,围绕核心武器系统——舰载机的效能而采用弹射起飞技术。

3.5.2 其他大型水面战舰

20世纪初,海上战争只是对付海面威胁,数万吨的战列舰、数千吨的巡洋舰是水面战斗的主力,舰上主要装备的是大口径火炮和鱼雷。第一次世界大战中,飞机开始投入海上战斗,随着航空母舰的产生,潜艇亦初露锋芒。第二次世界大战中,航空母舰成为水面战斗的主力,潜艇已对水面舰艇构成严重威胁,有攻无防的庞然大物战列舰走向衰落。巡洋舰、驱逐舰、护卫舰从护卫战列舰发展成护卫航空母舰,要满足对空、对海、反潜、对陆攻击等多种任务要求。随着科学技术的发展和任务的变化,水面战斗舰艇由大舰巨炮向"平台、负载"全武器系统发展。

3.5.2.1 战列舰

战列舰(battleship,或称战斗舰、战舰)是一种以大口径火炮攻击与厚重装甲防护为主的高吨位海军作战舰艇,是能执行远洋作战任务的大型水面军舰。其自风帆时代诞生,1860年开始变革,在1870—1890年之间一度断代,但是期间的实验探讨一直没有中断,由1890年开始复兴至第二次世界大战中末期逐渐式微。

战列舰曾长期是各主要海权国家的主力舰种之一,是各国海军的主力舰。二战结束以后,战列舰的战略地位被航空母舰和战略导弹核潜艇所取代(图3-56)。

图3-56 战列舰

3.5.2.2 巡洋舰

巡洋舰(cruiser)是一种具有强大火力、多用途的适于远洋作战的大型水面战舰。巡洋舰航速高、续航力大、耐波性好,具有相当强的独立作战能力和指挥功能,在航空母舰编队时作为护卫兵力,在与驱逐舰协同作战时作为旗舰,也可单独执行战斗任务。巡洋舰主要用于海上攻防作战,保卫己方或破坏敌方的海上交通线,支援登陆或抗登陆作战,袭击港口基地和岸上目标,掩护己方舰艇扫雷或布雷,以及防空、反潜、警戒、巡逻、为舰载机导航等。

巡洋舰的排水量0.7万~3.2万t,航速30~35 kn。根据其排水量大小和武器装备强弱有重巡洋舰和轻巡洋舰之分。巡洋舰过去以大口径火炮为主要武器,并辅以各类副炮和鱼雷。现代巡洋舰都有对舰对空和反潜导弹及先进的电子设备,船尾通常还带有 1~2 架直升机,以导弹为主要武器的称为导弹巡洋舰。巡洋舰的动力装置一般采用蒸汽轮机、柴油机和汽轮机的联合装置,也有采用核动力装置的,其攻击和防卫能力亦更加强大。

由于巡洋舰存在目标大、造价高、航速受限制等因素,因此有些国家以驱逐舰和轻型航空母舰替代巡洋舰(图 3-57)。随着时代的发展,巡洋舰渐渐走向衰落,第二次世界大战后,各国已基本不再建造巡洋舰,只有美国、苏联还曾建造过几级,比如美国的提康德罗加级、苏联的基洛夫级。进入 21 世纪后,巡洋舰会逐渐被驱逐舰所取代,其将成为历史。

图 3-57 巡洋舰

做一作

观看纪录片《中国人的航母梦》,结合自己的梦想,写一篇观后感。

议一议

2019 年 12 月 17 日,经中央军委批准,中国第一艘国产航母命名为"中国人民解放军海军山东舰",舷号为"17"。山东舰在海南三亚某军港交付海军。同学们可以利用互联网搜集相关资料,让我们一起讨论我国的第一艘国产航母有哪些先进技术吧!

航母背后的英雄

赞一赞

深蓝志、航母情

"女儿不展深蓝志,空负满腔航母情。
惊涛骇浪我不怕,铿锵女兵我最行!
献身国防,保卫海疆是我无悔的誓言。
我在,舰在。我不在,舰还在!
最美的青春,退伍不褪色!"

辽宁舰退役女兵古丽帕丽,在《我是演说家》上的这篇演讲,展现了大国力量,诉说了退伍军人的感人情怀(图3-58)。

在六七岁的时候,古丽帕丽就经常穿父亲的军装,学着爸爸的样子对着镜子敬礼。从19岁第一次敬军礼,到3年的辽宁舰导航雷达兵,再到服务于基层的战士,古丽帕丽用自身经历实践着"中国梦是强国梦,更是强军梦"。

她说:"我有两次出生,一次和大家一样是从妈妈肚子里出来,一

图3-58 辽宁舰退役女兵古丽帕丽

次是作为海军登上'辽宁舰'。妈妈给了我生命,让我看到多彩的世界,而辽宁舰给了我魂魄和一生不变的信念。"

"航母Style",大家都觉得很酷很帅,但其实舰载机起降对所有拥有航母的国家来说都是一个需要重点攻克的难题。首先舰载机的刹车非常难,一般的机场跑道长达几千米,但是飞行甲板不会超过300 m,可以利用的也就100 m左右。

航母飞行员的风险系数是航天员的5倍,普通飞行员的20倍,最惊险的是飞机降落的那一刻,整个气流会让甲板震动,像地震一样。飞机降落时,舰载机的钩子必须钩住阻拦索,让舰载机瞬间刹车,在3 s内停住。这些都是在航母运行的情况下完成,整个动作被称为"刀尖上的舞蹈",阻拦索也被称为"生命线"。

西方国家认为中国不可能完成这样的任务,也曾经狂傲地说"中国不可能制造出合格的阻拦索"。但事实证明,我们不但做出来了,而且俄罗斯的海军专家看了之后评价说:"比现在俄罗斯唯一一艘在役的库兹涅佐夫航母的阻拦索更先进。"

中国自百年前的那场甲午海战开始就极度渴望海军的强大。周恩来总理说:"看不到航空母舰,我是不甘心的。"中国航母之父刘华清将军也说:"中国不发展航母,我死不瞑目。"

多少个不眠之夜,多少次分析论证,多少次惊心动魄,才让西方媒体的报道从"中国的航母是一堆垃圾"变成"'辽宁舰'的航母战斗群相当于一个中等国家的军事实力"。

为了让大国利器变成护国长剑,航母人一定不会辜负祖国的重托!

3.6 潜　艇

读一读

中国核潜艇之父黄旭华:跟着首艇一起深潜

黄旭华,男,汉族,中共党员,1926年3月出生,广东揭阳人,中国船舶重工集团公

司第七一九研究所原所长,中国第一代攻击型核潜艇和战略导弹核潜艇总设计师,中国工程院院士(图3-59)。他隐姓埋名几十年,为我国核潜艇事业奉献了毕生精力,为核潜艇研制和跨越式发展做出了卓越贡献,曾获得"国家科学技术进步奖特等奖""2017年度何梁何利基金科学与技术成就奖"等荣誉。2019年9月17日,国家主席习近平签署主席令,根据十三届全国人大常委会第十三次会议表决通过的全国人大常委会关于"授予国家勋章和国家荣誉称号"的决定,授予黄旭华等8人"共和国勋章"。

图3-59 中国核潜艇之父黄旭华

俄罗斯在发射载人飞船时,有一项仪式令人印象深刻。航天员进入飞船前,飞船总设计师会在任务书上签名,并告诉航天员:"没有把握我不会送你们去。"我国核潜艇总设计师黄旭华有所不同。当我国第一代鱼雷攻击型核潜艇开展深潜试验时,黄旭华说的是"我和你们一起去。"

1988年年初,我国核潜艇研制工作迎来了一个关键的日子,按设计极限在南海进行深潜试验。试验前,参试人员心情忐忑,有人甚至给家人写下了遗书。这种氛围,与美国的一次核潜艇极限深潜航试验有关:1963年,美国"长尾鲨号"核潜艇在进行极限深潜航试验时,因事故沉没,艇上129人无一生还。

当得知舰上操作人员承受着超常的心理压力时,黄旭华亲自与他们对话,让他们对试验成功树立信心:"这次做试验绝不是让你们去"光荣",而是要大家把试验数据完整拿回来。"座谈会上,他宣布要上艇与大家一起参与深潜试验。

总设计师的职责里并没有亲自参与深潜这一项,世界上更是没有先例。此时已经60多岁的黄旭华做出如此决定,让人们大为惊讶,许多领导都来劝他,而黄旭华很坚决。他诚恳地说:"首先我对它很有信心,但我担心深潜时出现超出我现在认知水平的问题,而且万一有哪个环节疏漏了,我在下面可以及时协助判断和处置。"

这次深潜试验取得成功,产生了两个效果:一是"404艇"成为我国第一代鱼雷攻击型核潜艇的定型艇;二是从此以后,核潜艇总设计师随同首艇一起深潜,成了一项传统。

黄旭华的"沉浮"人生

1. 中国核潜艇研发历程体现了什么样的船舶军工精神？
2. 潜艇具有哪些水面战舰不具备的优势？深潜对于潜艇的意义在哪？

学一学

　　潜艇是一种既能在水面航行，又能在水中一定的深度航行和停留的战斗舰艇，是现代海军中极为重要的水下战斗军舰(图3-60)。自第一次世界大战后，潜艇得到广泛运用，是许多大国海军的重要武备，其作战任务包括攻击敌人军舰或潜艇、近岸保护、突破封锁、侦察和掩饰特种部队行动等。潜艇也被用于非军事用途，如海洋科学研究、抢救财物、勘探开采、科学侦测、维护设备、搜索援救、海底电缆维修、水下旅游观光、学术调查等，超级富豪甚至用作海下移动豪宅。

图3-60　潜艇

　　潜艇是公认的战略性武器，其研发需要高度和全面的工业能力，目前只有少数国家能够自行设计和生产，特别是弹道导弹核潜艇更是核三位一体的关键一极。潜艇也是较早就有的匿踪载具，潜艇的噪音降至90 dB左右就可以"淹没"在浩瀚的海洋背景噪音中，就不是当代声呐所能侦测的。

3.6.1　潜艇的发展历程

　　早在16世纪，英国人威廉·伯恩在他的书中就对潜艇的原理进行了简单的设想和解释，但直到17世纪，荷兰物理学家才根据这一原理，制造出了能够深入到水下的潜水船。之后，又经过了漫长而曲折的发展，美国人布什内尔终于在18世纪制造出了一艘外形像海龟的潜水艇，并第一次试验性地用于实战，从此海战场开始从水面延伸到水下，战场空间由一维扩展到二维，拉开了人类水下战斗的序幕(图3-61)。
　　早期，潜艇一直是由人力推进的，因此限制了潜艇的发展。而后来，蒸汽机被发明并应用到了铁路运输和水面舰船上。蒸汽机在潜艇上的应用,推动了潜艇动力装置的发展,再加上潜艇设计者的不断努力,终于出现了以机械为动力的现代潜艇。

19世纪末,爱尔兰的约翰·霍兰建造了第一艘现代意义上的潜艇——"霍兰号"潜艇。与霍兰同时代的另一位潜艇制造者是美国的西蒙·莱克,他在潜艇发展史上的功绩是造出了第一艘双层壳体潜艇。

图3-61 "海龟号"潜艇的上浮与下潜

20世纪初,潜艇装备逐步完善,性能逐渐提高,出现具备一定实战能力的潜艇。这些潜艇采用双层壳体,具有良好的适航性,排水量为数百吨,使用柴油机-电动机双推进系统,水面航速约10~15 kn,水下航速6~8 kn,续航力有明显提高;武器主要有火炮、水雷和鱼雷。第一次世界大战前,各主要海军国家共拥有潜艇260余艘,潜艇成为海军重要作战兵力之一。

在二战中,德国人率先把潜艇用于实战,给盟军带来了巨大的损失,此时的潜艇才真正风风光光地登上了海战的大舞台。此后,世界各海军大国纷纷投入大量的资金,有的甚至倾其国力研制发展潜艇。一时间,数量巨大的潜艇像大洋底下的幽灵,游荡在世界的各个港口和海湾。

3.6.2 潜艇的分类

潜艇按作战使命分为攻击潜艇、战略导弹潜艇和特种潜艇;按武器装备分为导弹潜艇和鱼雷潜艇;按动力分为常规动力潜艇(柴油机-蓄电池动力潜艇)与核潜艇(核动力潜艇),核动力潜艇一般在3 000 t以上;按排水量分为大型潜艇(2 000 t以上)、中型潜艇(600~2 000 t)、小型潜艇(100~600 t)和袖珍潜艇(100 t以下);按艇体结构分为双壳潜艇、一壳半潜艇和单壳潜艇。

3.6.2.1 战略导弹潜艇

战略导弹潜艇用于对陆上重要目标进行战略核袭击,多为核动力型,也有常规动力型,主要武器是潜地导弹,并装备有鱼雷。核动力战略导弹潜艇水下排水量5 000~30 000 t左右,水下航速20~30 kn,下潜深度300~500 m,自给力60~90昼夜。常规动力战略导弹潜艇水下排水量3 500 t左右,水下航速14~15 kn,下潜深度约300 m,自给力30~60昼夜。如图3-62所示为中国海军091型核潜艇。

3.6.2.2 攻击潜艇

攻击潜艇用于攻击水面舰船和潜艇,有核动力和常规动力两种;主要武器是鱼雷、水雷和反舰、反潜导弹。核动力攻击潜艇水下排水量3 000~7 000 t,水下航速30~42 kn,下潜深度300~500 m,有的可达700余m,自给力60~90昼夜。常规动力攻击潜艇水下排水量600~3 000 t,水下航速15~20 kn,下潜深度200~400 m,自给力

30~60 昼夜。图 3-63 所示为美国海军洛杉矶级攻击潜艇。

图 3-62　中国海军 091 型核潜艇

图 3-63　美国海军洛杉矶级攻击潜艇

3.6.3　潜艇的结构与系统

潜艇主要由艇体、操纵系统、动力装置、武器系统、导航系统、探测系统、通信设备、水声对抗设备、救生设备和居住生活设施等组成。

3.6.3.1　艇体结构

潜艇艇体多呈流线型(先进的潜艇一般设计成水滴形或者雪茄形),以减少水下运动时的阻力,保证潜艇有良好的操纵性。

耐压艇体内通常分为艏、舯、艉三大段,分隔成 3~8 个密封舱室,舱室内设置有操纵指挥部位及武器、设备、装置、各种系统和艇员生活设施等,以保证艇员正常工作、生活和实施战斗。现代潜艇在艏段安装有大型球形声呐基阵和鱼雷舱,在鱼雷舱内一般安装有 4~8 具 533~650 mm 鱼雷发射管。舯段有耐压的指挥室和非耐压的水上指挥舰桥。在指挥室及其围壳内,布置有可在潜望深度工作的潜望镜、通气管及无线电通信、雷达、雷达侦察告警接收机、无线电定向仪等天线的升降装置。艉段主要安装有动力装置和传动装置。在艇身两侧一般还安装有声呐基阵(图 3-64)。

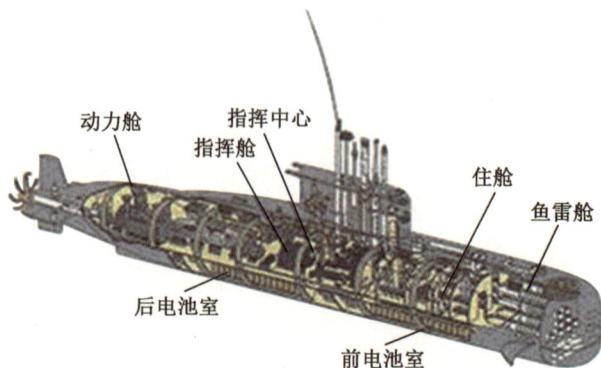

图 3-64　潜艇结构图

3.6.3.2　导航系统

潜艇导航系统包括磁罗经、陀螺罗经、计程仪、测深仪、六分仪、航迹自绘仪,自动操舵仪和无线电、星光、卫星、惯性导航设备等。惯性导航系统能连续准确地提供潜艇在水下的艇位和航向、航速、纵横倾角等信息。"导航星"全球定位系统使用后,潜艇在海上瞬间定位精度达 10 m。

3.6.3.3　探测设备

潜艇探测设备主要有潜望镜、雷达、声呐以及雷达侦察告警接收机。

潜艇在水下将潜望镜的镜头升出水面,可用目力观察海面、空中和海岸情况,测定目标的方位、距离和测算其运动要素。现代潜艇在潜望镜上安装有激光测距、热成像、微光夜视等传感器,具有夜间观察、照相和天体定位等功能。

潜艇雷达系统通过雷达升降天线能在水下一定深度测定目标的方位、距离和运动要素,保证潜艇航行安全和对水面舰船实施鱼雷或导弹攻击,雷达侦察告警接收机的天线采用专门的升降桅杆或寄生于其他升降装置上,保证潜艇在潜望镜航行状态时对敌方雷达的侦察告警。

声呐是潜艇水下活动时的主要探测工具,有噪声声呐和回声声呐。噪声声呐能对舰船进行被动识别、跟踪、测向和测距;回声声呐能主动测定目标的方位、距离和运动要素。此外,还有探雷声呐、测冰声呐、识别声呐和声线轨迹仪等。

3.6.3.4　通信设备

通信设备主要有短波、超短波收发信机,甚长波收信机,卫星通信和水声通信设备等。潜艇向岸上指挥所报告情况主要利用短波通信,接收岸上指挥所电信主要用甚长波收信机,同其他舰艇、飞机或沿岸实施近距离通信联络主要利用超短波通信。潜艇可以利用升降天线在一定深度收信,若使用拖曳天线,能在较大深度收信。卫星通信距离远,可使潜艇通过卫星与岸上指挥所实施通信;水声通信用于同其他潜艇、水面舰艇的水下通信和识别。为保证通信的隐蔽性,潜艇一般采用单向通信方式,使用超快速通信系统,能在极短的瞬间向岸上指挥所发信。

3.6.3.5　生命保障系统

生命保障系统包括空气再生、大气控制、放射性污染检测、温湿度调节、生活居住以及饮食、用水、照明、排泄、医疗等设施,用于保持艇内适宜的生存和活动环境,保障艇员健康。

潜艇长时间处于水下工作,艇员呼吸的氧气来源尤为重要,所以通气管装置、空调装置、空气再生装置和空气净化装置尤为重要。

> 做一做

观看面对面节目《黄旭华:我为祖国深潜》。

东海舰队一名现代潜艇艇长的故事

华明,江苏常州人,1973 年 6 月出生,1991 年 12 月入伍,海军上校军衔,东海舰队某潜艇支队潜艇艇长。入伍 20 多年来,他参与完成了远航战巡、武器实射、中外联演等数十项重大任务,曾被授予"中国青年五四奖章",先后被表彰为"全军学习成才标兵""海军十杰青年",两次当选为全国人大代表,两次受到中央军委主席习近平亲切接见。

两枚鱼雷命中目标,水下"蛟龙"深海突击成功

初春,某海域波谲云诡,空中飞机盘旋,海面战舰游弋,水下"蛟龙"出没,一场立体反潜实战化训练拉开帷幕。

此时,一艘潜艇悄无声息地抵近反潜防线,潜伏在预定突击点等候战机。"速潜!"随着艇长洪亮的口令,战斗警报陡然响起,潜艇快速下潜至攻击深度并准确地占领攻击阵位。

"1 号、2 号发射管准备——放!"两枚鱼雷呼啸而出。伴随两声巨响,该艇悄然撤离阵地,隐匿在深蓝的海洋之中……

指挥这场精彩深海突击的,正是东海舰队某潜艇支队潜艇艇长华明。

他创造的纪录,10 多年来无人能破

华明这位"龙宫"先锋,起点却是个"旱鸭子"。1991 年,初入军营的华明第一次见到宽广的大海;第二年,作为潜艇兵的华明第一次潜入海中,看着艇长把着潜望镜指挥若定,他的心中种下了一个艇长梦,他要带着中国潜艇巡航在浩瀚的大洋深处。

1999 年,军校刚毕业的华明再次走进潜艇。看着一件件更新换代的新装备,他的内心热血沸腾。他暗暗下定决心,要尽快让新装备对战斗力进行提升。在潜艇部队,有一句广为流传的谚语:"学不完的潜构、刮不完的铁锈,是潜艇兵永远毕不了业的功课。"

为了啃下潜艇构造这块硬骨头,华明每个周末会带着六个馒头加一壶水,外加十几本培训笔记,在潜艇里面一待就是一整天。

当年 6 月的又一场实兵演练,已经头顶"活管路""活电路"光环的华明,在指控长的岗位上创造了同时解算数个目标的纪录,10 多年来无人能破(图 3-65)。

机会总是眷顾有准备的人。2008 年 10 月,华明被任命为某潜艇实习艇长,他的艇长梦终于成真。此后,华明带领艇队完成了远航战巡、武器实射、中外联演等数十项重大任务,两次受到中央军委主席习近平的亲切接见,多次受到上级通报表彰。

超强台风"梅花"袭击东海,他在舰桥上一站就是几个小时

2011 年 8 月,超强台风"梅花"袭击东海。

"所有潜艇立即启航,执行跨海区防台任务!"支队作战值班室的命令十万火急。此时,华明所带的潜艇队伍有一半人在外地疗养,甚至连动力核心机电长也不在位。"你说实话,到底行不行!"支队长胡武波焦急地打来电话。

图 3-65　华明指挥潜艇急速下潜

"行!"华明就回答了一个字。一半人出海,平均每人每天要值更十几个小时,由此带来的心理压力和体力消耗都是巨大的。海面巨浪滔天,潜艇不断摇晃,但在高高的舰桥上,有一个钢铁般的身影,一站就是好几个小时。为了能站稳,华明将自己用缆绳紧紧地绑在扶手上。副艇长曾山说,也正是艇长的这种精神不断激励着大家,整个任务加倍,依然出色完成。仗怎么打,兵就怎么练;平时训练心软,战时就会心痛——这是华明的带兵准则。

不管是军事比武还是文体活动,只要是竞赛,华明都要求艇员立下"夺第一、争金牌"的"军令状"。正因为如此,华明所在的潜艇赢得了"人才母艇"的赞誉:4 名士官获得全军士官优秀人才奖一等奖,21 人次获舰队以上奖励表彰,为兄弟单位输送技术骨干 30 多名;华明共带出 3 名艇长、5 名副艇长;仅 2013 年,他们就完成了 8 个实战化课题研究。

见红旗就扛、见第一就争。华明所带的艇队连续 3 年被舰队表彰为军事训练一级团单位、连续 4 年被评为基层建设先进单位,连续 2 年摘下支队全艇比武团体桂冠,3 次荣获集体三等功。

隐蔽抵近对方军舰,摸了"老虎"的屁股

前不久,我潜舰机编队在某海域进行联合攻防演练,引来了某国舰艇的跟踪监视和抵近侦察。

狭路相逢勇者胜,瞄准实战就要敢在"强敌"身上储备血性。

华明迅速调整训练方案,指挥潜艇采取多种战术动作,隐蔽抵近对方军舰,与对方进行了长时间的水下较量。返航后,上级领导到码头迎接时兴奋地说:"你们敢摸老虎的屁股,打出了我们潜艇兵的威风!"

"中国曾有郑和下西洋的光辉历史,也有过甲午海战的百年耻辱,"华明说,"对于潜艇部队而言,我们的使命在大海深处。出航就是出征,下潜就是战斗,只有为官兵们插上血性的翅膀,才能真正成为捍卫国家和人民的深海利剑。""梦里拔刀亮剑气如虹,醒来骑鲸蹈海砺青锋。"华明和他的艇员时刻等待祖国的召唤,只要党和人民一声令下,他们将随时从深海大洋雷霆出击!

3.7 驱逐舰与护卫舰

读一读

中华神盾:052C/052D 型导弹驱逐舰

"中华神盾",也称为"中华宙斯盾",是中外专家与军事爱好者起的外号,由江南造船厂建造,已发展两代 052C 型防空导弹驱逐舰(图 3-66)以及 052D 型导弹驱逐舰(图 3-67),被誉为"中华神盾"。

图 3-66　052C 型防空导弹驱逐舰

图 3-67　052D 型导弹驱逐舰

052C 型导弹驱逐舰是中国海军第一代具备相控阵雷达、垂直发射系统的防空型导弹驱逐舰,被誉为"中华神盾"。首舰于 2003 年 4 月 29 日下水,并于 2004 年 7 月 4 日正式加盟南海舰队。标准排量约 7 000 t,柴燃动力,航速小于 30 kn;2 座 4 联新型反舰导弹发射架,2 组"海红-9"防空导弹垂直发射系统,1 座 100 mm 单管隐身主炮,2 座国产 7 管 30 mm 近防炮,4 座 3×6 多用途发射器,2 座 3 联 324 mm 鱼雷发射管,搭载 1 架卡-28 反潜直升机。

052D 的基本船型布局与 052C 相同,细部构型与装备有显著不同。首先,原本的 100 mm 舰炮被一座高度更高、隐身造型更完善的炮塔取代。此外,船楼两侧向内收缩的角度更大,因而舰桥正面变窄,两侧安装相控阵的斜面部位变大。052D 改用新型号的相控阵,形状趋近为正方形,没有 346 型相控阵的弧形外罩,而且面积也更大。052D 的后舰体轮廓与构型和 052C 基本相同,但艉部船楼结构有较为明显的变化,艉部机库从左侧移到中间的位置,两侧增设与 054A 类似的封闭式小艇容舱;而用来承载 517HA 雷达八木天线的后桅杆也往前移,这是因为其后与机库之间的位置设置了一组垂直发射系统,因而将 517HA 雷达前移,远离导弹喷焰。

052D 型驱逐舰是继德国萨克森级护卫舰、荷兰七省级护卫舰、丹麦伊万·休特菲尔德级护卫舰、日本秋月级驱逐舰、日向级直升机驱逐舰之后第六种配备四面有源相控阵雷达和通用垂直发射装置的军舰,这标志着中国从此拥有了跻身世界先进行列的新锐防空舰。而随着越来越多的在建 052D 曝光,中国已成为拥有此型舰数量最多的国家。

想一想

驱逐舰原本是为海上作战编队提供护航掩护的一种中型舰艇,它最早的主要任务就是把地方海上、空中、水下的威胁尽可能驱离到更远的地方。在航母编队中,驱逐舰往往扮演什么样的角色,为什么会有"带刀护卫"的称呼?

学一学

世界不和平,海洋不安定,只有建设强大的海军,才能保卫国土、抵御侵略、维护主权和保护海洋权益。提到海军,我们可能马上会想到威武的战列舰,庞大的航空母舰和神秘莫测的潜艇,这些大型的舰艇通常是我们关注的重点。但是实际上,这些舰艇在世界海军舰艇中还是少数,我们可以在海上看到的更多的是巡洋舰、驱逐舰和护卫舰。

3.7.1　驱逐舰

驱逐舰是以导弹、水中武器、舰炮为主要武器,具有多种作战能力的中型军舰,是海军舰队中突击力较强的舰种之一。驱逐舰的任务比其他舰种更为繁复多样,主要用于攻击敌方舰船、协同岸上作战、侦察、巡逻、护航、警戒、反潜、防空、布置水雷等多种作战任务。大型的驱逐舰称为驱逐领舰,并可作为指挥舰(图 3-68)。

3.7.1.1　驱逐舰的主要任务

驱逐舰一直有着海战中的"多面手"称号,人们研制驱逐舰的初衷,主要是让它打击鱼雷艇,捎带着用鱼雷攻击敌舰。最初设想是让它充当以战列舰、巡洋舰为核心力量的海军舰队的辅助力量。驱逐舰的武器以鱼雷、舰炮为主,所以又叫作雷击舰。然而,在实战中人们一方面扩大了驱逐舰的躯体,使其续航力、舰载量不断加大;另一方面不断把越来越多的武器安装到驱逐舰上,让它用多种武器打击多种目标。

图 3-68 "阿利·伯克"级驱逐舰首制舰——"阿利·伯克号"

1935 年意大利进兵埃塞俄比亚时,出动了大批作战飞机。各国海军由此得到启发:航空兵力,对海上舰队同样会构成威胁,舰队应有足够的防空力量。不仅航空母舰上应有足够的飞机与敌空中力量对抗,而且驱逐舰也应担负起共同的防空使命。到1939 年,世界上就出现了防空驱逐舰——舰上配备了当时最先进的防空武器。

紧接着,许多国家海军又让驱逐舰担负起布雷、巡逻、护航、登陆支援等使命。结果证明,这些不大不小的驱逐舰,对人们赋予的这些使命都能胜任。随着深水炸弹的出现,驱逐舰又担负起反潜的任务。

现代驱逐舰主要担负 6 种任务:航母编队的防空和反潜;协同编队防空、反潜和对海攻击;两栖编队的防空和反潜;海上补给编队的护航;在两栖作战中实施火力支援;海上巡逻、警戒、封锁、搜索和求援。

自从导弹装备应用到驱逐舰上以后,它又增加了打击远距离重大目标的任务。海湾战争中,美国使用大型驱逐舰对伊拉克本土发射"战斧"巡航导弹,充分显示出导弹驱逐舰的威力,令世界瞩目。

3.7.1.2 驱逐舰的发展方向

影响驱逐舰规模大小的主要因素:海洋国土观,包括对海洋资源的认识和依赖、对海洋权益的维护及扩张、对海洋开发和占有的战略;海上兵器观,包括对各种舰艇的认识、作用的划分、使命的确定等;海上武器的发展,包括对空、对潜、对陆、对水面目标的打击武器的性能、体积等;动力装置(包括燃料)的发展,包括体积、燃料性能等;同时,舰员对工作、生活和服务性舱室有更高的要求。

从全世界范围看,越来越多的国家认识到海洋的巨大作用,纷纷把目光从近海投向大洋,希求从无穷的海洋资源中获取更多的利益,为满足这种战略需要,有发展能力的国家日益重视舰艇的续航力。新型驱逐舰以巡航速度(20 kn 左右)航行时,一般能达到 6 000 n mile 以上,因此要为动力装置和储油增大空间。

20 世纪 70 年代以来,美、英、法、苏、日、意、荷、加拿大等国家建造的驱逐舰,绝大多数的排水量都在 4 000 t 以上,而二战结束时的大型驱逐舰,一般为 3 000 多吨。现在美国的"基德"级驱逐舰,满载排水量为 8 300 t。"斯普鲁恩斯"级导弹驱逐舰的满载排水量为 7 800 t,"阿利·伯克"级驱逐舰的满载排水量为 8 300 t。俄罗斯的"卡辛"级驱逐舰的满载排水量为 4 500 t,而"卡辛Ⅱ"级驱逐舰的满载排水量为 4 700 t。"现代"级驱逐舰的满载排水量猛增到 7 500 t。到了"无畏"级驱逐舰,满载排水量上升到 8 000 t(图3-69)。

图3-69　055型万吨驱逐舰

3.7.2　护卫舰

护卫舰是以舰炮、导弹、水中武器(鱼雷、水雷、深水炸弹)为主要武器的中型或轻型军舰。它主要用于反潜、防空护航、侦察、警戒巡逻、布雷、支援登陆和保障陆军濒海翼侧等作战任务,又称为护航舰。在现代海军编队中,护卫舰是在吨位和火力上仅次于驱逐舰的水面作战舰只。护卫舰和战列舰、巡洋舰、驱逐舰一样,也是一个传统的海军舰种,是世界各国建造数量最多、分布最广、参战机会最多的一种中型水面舰艇(图3-70)。

初期的护卫舰排水量为 240~400 t,装备舰炮主要是为了对付潜艇,有时甚至使用舰体去冲撞敌方潜艇。第二次世界大战中,护卫舰满载排水量为 800~1 300 t,航速12~20 kn,以深水炸弹和鱼雷、水雷为主要武器,并装备了声呐和雷达、舰炮和高射炮。护卫舰可参加海战和两栖登陆作战。20 世纪 70 年代以来,护卫舰装备了各种导弹,大大提高了防空反舰能力。现代护卫舰满载排水量达 2 000~4 000 t,个别已达4 900 t,航速 30~35 kn,续航能力 4 000~7 500 n mile,采取封闭式结构,具备"五防"能力,装备武器全面,还配备有多种类型雷达、声呐和自动化指挥系统、武器控制系统及舰载直升机,担负远程反潜警戒、导弹中继制导等任务。一般均可携 1~2 架反潜直升机。根据武器配备情况及所执行任务的不同,护卫舰可分为多种类型,如防空型、反潜型、反舰型等。

图 3-70 中国最新型"530 徐州号"护卫舰

赞一赞

"九江号"护卫舰

"九江号"护卫舰（英文：Jiujiang Frigate，北约代号：Jianghu Ⅰ Class Frigate，译文：江湖Ⅰ级护卫舰，舷号：516，简称："九江舰"）是 20 世纪 70 年代中国研制建造 053H 型护卫舰的首制舰，也是中国海军的第一型对海导弹护卫舰。

该舰满载排水量 1 661.5 t，航速：26 kn，航程：7 200 km，编制：190 人，武器：2 座 79A 式双 100 mm 舰炮、2 座双联装 37 mm 机关炮，5 管反潜火箭发射器。1985 年该舰换装 712 型双 100 mm 舰炮，加装 343 炮瞄雷达。2002 年 4 月改装为火力支援舰，其舯部和艉部装有 50 管火箭炮系统。

"九江号"护卫舰 1975 年 2 月 2 日根据中国海军"订字 75-160 号"合同，于上海沪东造船厂开工建造，1975 年 6 月 28 日下水，1975 年 9 月 17 日至 10 月 10 日海上试航，1975 年 12 月 31 日正式交船，服役于中国海军东海舰队。该舰曾被命名为"长沙号"护卫舰，1978 年 1 月舷号由 526 改为 516，1981 年 8 月 1 日命名为"九江号"。2019 年 7 月 1 日，"九江号"护卫舰退役。

★"九江舰"有哪些光荣历史？

"九江舰"是一艘特别有战斗力的战舰,有着光辉的历史。据统计,先后参加全军、海军和东海舰队分别组织的重大军事演习20余次,先后执行海上巡逻、侦察、护舰、护渔等战备执勤任务60多次,历年官兵共约有400人次先后立功受奖,为部队和国防建设、地方经济建设培养了一大批优秀人才。服役43年来,"九江舰"2次荣获集体三等功,数次荣获比武第一名,先后十余次被上级评为先进单位,多次接受党和国家领导人及海军首长的视察检阅。

★军舰是如何命名的？

依据中央军委颁布的《海军舰艇命名条例》：

航空母舰、巡洋舰以行政省(区)或词组命名；

驱逐舰、护卫舰以大、中城市命名；

核潜艇以"长征"加序号命名；常规导弹潜艇以"远征"加序号命名；

常规鱼雷/导弹攻击潜艇以"长城"加序号命名；

扫布雷舰以"县、州"命名；

猎潜艇也以"县、州"命名；

船坞登陆舰、坦克登陆舰均以"山"命名；

步兵登陆舰以"河"命名；

补给舰以湖泊命名；

训练舰用人名命名。

舰艇命名享受"终身制"。若旧舰艇退役,新舰艇可承续前名。目前,海军已有200多艘战斗舰艇以城市名字命名。每一艘军舰都有正式名称,这个名称在海军里就是它们的数字编号,很醒目地油漆在船舷上(因此又叫舷号)。"九江舰"舷号始为526,舰名原为"长沙舰"。1978年1月,改舷号为516,1986年8月1日被海军命名为"九江舰",直到退役。

做一做

1. 实地或线上参观航海与船舶类博物馆、船舶军事文化园、船舶类高校、红色旅游基地等,进行一次船舶军工文化研学之旅。表3-3列举了目前国内部分知名船舶、海洋、航海类博物馆展厅,供参考。

表3-3 部分国内船舶、海洋、航海类博物馆展厅

所在省份/城市	博物馆/展厅名称
江西省	九江职业技术学院船舶文化科教馆
上海	中国(上海)航海博物馆
天津	国家海洋博物馆
海南	中国南海博物馆
上海	上海交通大学船舶数字博物馆
武汉	武汉船院博物馆

表3-3(续)

所在省份/城市	博物馆/展厅名称
哈尔滨	哈尔滨工程大学船舶博物馆
扬州	扬州大运河博物
上海	董浩云航运博物馆
福州	中国船政文化博物馆
福建	中国海坛海防博物馆
上海	江南造船博物馆
武汉	武汉中山舰博物馆
嘉兴	嘉兴船文化博物馆
台湾	台湾长荣海事博物馆
烟台	蓬莱中国船舶发展陈列馆
福州	马尾船政博物馆
泉州	泉州海外交通史博物馆

2. 观仿真船模,思工匠精神。仿真船舶模型一般是指根据船舶图纸、图片等资料设计制作的缩尺模型,它包括可以航行或者观赏的舰船、航海设备和海上建筑等模型。制造舰船模型的船体,通常有以下几种方法:①用整块木材削制,尺寸小的实体外观模型大多采用这种方法;②用木板和木条构成船体框架,然后覆上木板或木条,构成它的船壳板和船底板;③用金属片,一般是镀锌铁皮(马口铁),裁剪焊接成船体框架,再覆上金属蒙皮;④先按船体图纸制作木质或石膏模子,在模子上用玻璃纤维布和环氧树脂糊制玻璃钢船体外壳,外壳内部以木质隔框加固。

一艘精美的仿真船模是船舶科技与美术艺术的完美结合,饱含了制作者精益求精的作品追求,体现了船舶形状之美、船舶科技之美。让我们在专业教师的带领下,参观学校的模型陈列室,感受船舶之美,静思工匠内涵。

第4章 船舶性能与结构

船小舶有话说：

你知道为什么一张钢板会沉入水底，而由钢板制成的船舶却能漂浮在水面上吗？你知道船舶航行于风高浪急的大海中，怎样才能不倾覆沉没吗？你知道船舶在局部发生破损进水时，如何避免沉没吗？

海洋是复杂的，因此航海也是有一定危险的，我们必须要使设计建造的各类船舶，具备良好的航行性能和良好的船体结构强度，才能适应复杂的海洋环境，把航行危险降至最低。

船小舶带你学：

船舶性能与结构
- 船舶静力性能
  - 船舶主要要素
  - 浮性
  - 稳性
  - 抗沉性
- 船舶动力性能
  - 耐波性
  - 快速性
  - 操纵性
- 船体强度与结构
  - 船体受力与船体强度
  - 船体结构形式
  - 船体的基本组成

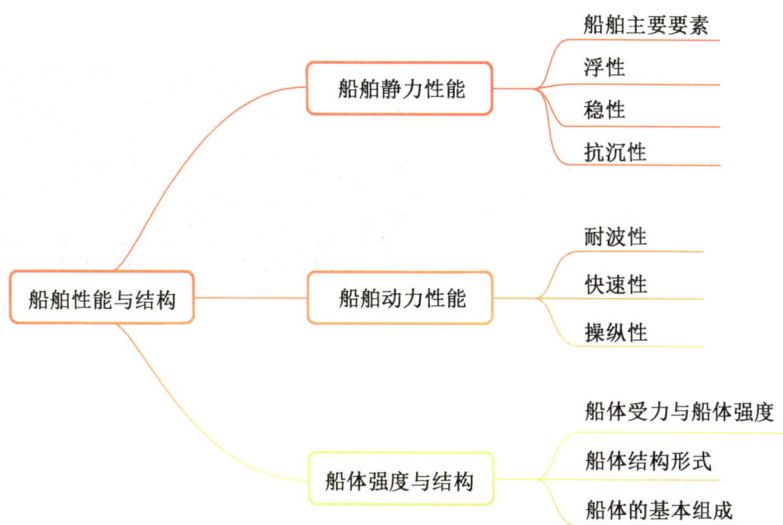

4.1　船舶静力性能

读一读

水能载舟，亦能覆舟

泰坦尼克号（RMS Titanic），又译作铁达尼号，是英国白星航运公司下辖的一艘奥林匹克级邮轮，排水量 46 000 t，于 1909 年 3 月 31 日在北爱尔兰贝尔法斯特港的哈兰德与沃尔夫造船厂动工建造，1911 年 5 月 31 日下水，1912 年 4 月 2 日完工试航。泰坦尼克号是当时世界上体积最庞大、内部设施最豪华的客运轮船,有"永不沉没"的美誉。

泰坦尼克号被认为是一个技术成就的顶点作品,它更让人津津乐道的是安全性。两层船底,由带自动水密门的 15 道水密隔墙分为 16 个水密隔舱,跨越全船,防止其沉没。奇怪的是,这些水密隔舱没有延伸得很高,并没有穿过整个甲板,即便如此,其中任意两个隔舱灌满了水,船舶仍然能够行驶,甚至四个隔舱灌满了水,也可以保持漂浮状态。因为当时的人们再也设想不出更糟糕的情况了,所以当时的《造船专家》(The Shipbuilder)杂志认为其"根本不可能沉没"。曾有一个船员在航行中对一个二等舱女乘客西尔维亚·考德威尔说:"就是上帝亲自来,他也弄不沉这艘船。"

然而不幸的是,在它的首航中,泰坦尼克号便遭厄运——它从英国南安普敦出发,途经法国瑟堡-奥克特维尔以及爱尔兰科夫,驶向美国纽约。1912 年 4 月 14 日 23 时 40 分左右,泰坦尼克号与一座冰山相撞,造成右舷船首至船中部破裂,五间水密舱进水。4 月 15 日凌晨 2 时 20 分左右,泰坦尼克船体断裂成两截后沉入大西洋底 3 700 m 处。2 224 名船员及乘客中,1 517 人丧生,其中仅 333 具罹难者遗体被寻回。泰坦尼克号沉没事故为和平时期死伤最为惨重的一次海难,其残骸直至 1985 年才被再度发现。

图 4-1　泰坦尼克号

想一想

《荀子·王制篇》中有这么一段话:"庶人安政,然后君子安位。"传曰:"君者,舟也;庶人者,水也;水则载舟,水则覆舟"。意思是说统治者如船,老百姓如水,水既能让船安稳地航行,也能将船推翻吞没,沉于水中,表示事物用之得当则有利,反之必有弊害。

想一想,船舶为什么可以安稳地航行于水中,又为什么会倾覆呢?

学一学

泰坦尼克号之所以拥有"永不沉没"的美誉是因为泰坦尼克号具有良好的航行性能,即本节所述的船舶静力性能(浮性、稳性及抗沉性等)和下节所述船舶动力性能(快速性、耐波性及操纵性等)。而泰坦尼克号与冰山相撞造成舷侧破裂,最终导致断裂沉没和第三节讲述的船体结构形式以及船体受力关系密切。船体形状对于船舶的性能有很大的影响。在研究船舶上述性能之前,首先要了解船体形状的定义和表示方法,即船舶主尺度。

4.1.1 船舶主尺度

船舶作为一种外形庞大的工业产品,一个复杂的空间几何体,它的大小也用尺寸标注来表示,如同某些产品标注其外形尺寸一样,这些表征船舶大小的尺寸称为船舶的主尺度,通常有船长、型宽、型深、吃水等,这些特征尺度的定义如图4-2所示。

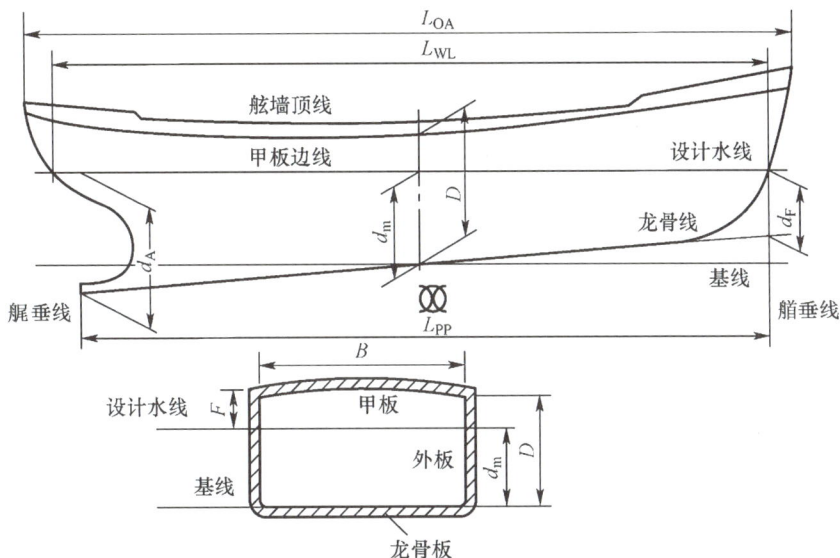

图4-2 船舶主尺度定义

(1)船长(L):船舶长度方向的量度,分为总长(L_{OA})、设计水线长(L_{WL})和垂线间长(L_{PP})。一般情况下,如不特别说明,船长是指垂线间长(L_{PP})。

总长(L_{OA}):自船首最前端至船尾最后端之间的最大水平距离。

设计水线长(L_{WL}):设计水线面与船体型表面艏艉端交点间的水平距离。

垂线间长(L_{PP}):艏垂线(FP)与艉垂线(AP)之间的水平距离。艏垂线是指通过设计水线与艏柱前缘的交点所作的垂直于设计水线面的垂线;艉垂线一般在舵柱后缘,如无舵柱,则取在舵杆中心线上,对军舰通常指过艉轮廓与设计水线的交点所作的垂直于设计水线面的垂线。

(2)型宽(B):指船体两侧型表面(不计船体外板的厚度)之间垂直于中线面的最大水平距离,一般指船长中央处的宽度。

最大宽度是指包括外板厚度和伸出两舷的永久性固定凸出物(如护舷板、舷伸甲板等)在内的垂直于中线面的最大水平距离。

(3)型深(D):在甲板边线最低处(通常在船长中央处)的横剖面上,自龙骨板上表面即基线处至甲板边线之间的垂直距离。

(4)吃水(T、d):基线至设计水线间的垂直距离。有些船,设计的艏艉正常吃水不同,则有艏吃水、艉吃水及平均吃水,当不指明时,是指平均吃水,即

$$d = \frac{1}{2}(d_F + d_A) \tag{4-1}$$

（5）干舷（F）：在船舯中横剖面处，自设计水线至上甲板边板上表面的垂直距离。因此，干舷（F）等于型深（D）与吃水（d）之差再加上甲板及其敷料厚度（t），即 $F=D-d+t$。

4.1.2 浮性

浮性是船舶在一定装载情况下浮于水面一定位置的能力，它是船舶的基本性能之一。质量高达 46 000 t 的钢铁巨兽泰坦尼克号可以安然漂浮于大洋之中，凭借的就是这一船舶基本性能。

4.1.2.1 船舶平衡条件

船舶在任意装载情况下，漂浮于水面（或浸没于水中）一定位置时，是一个处于平衡状态的浮体。这时，作用在船上的力，有船舶本身的重量以及静水压力所形成的浮力。

作用在船上的重力由船舶本身各部分的重力组成，如船体结构、机电设备、货物、人员及行李等。这些重力形成一个垂直向下的合力，即船舶的重力 W，合力的作用点 G 称为船舶的重心。

当船舶漂浮于水面一定位置时，船体浸水表面的每一点都受到水的静压力，这些静压力都是垂直于船体表面的，其大小与浸水深度成正比。从图 4-3 可以看出，船舶水下部分的静水压力的水平分力互相抵消，垂直分力则形成一个垂直向上的合力，此合力就是支持船舶漂浮于一定位置的浮力 $\omega\,\nabla$，合力的作用点 B 称为船舶的浮心。

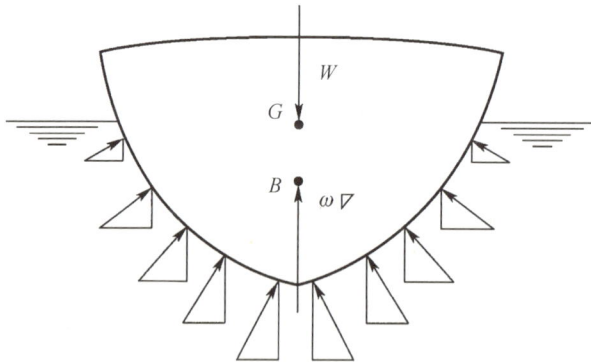

图 4-3　重心和浮心

根据阿基米德原理，物体在水中所受的浮力等于船体所排开水的重力（称为排水量，用 Δ 来表示）。显然，$\Delta=\omega\,\nabla$，这里 ω 为水的密度（淡水密度 $\omega=1$ t/m³，海水密度 $\omega=1.025$ t/m³）。浮心 B 也就是船舶排水体积 ∇ 的形心。

综上所述，船舶静止漂浮于一定位置时只受到两个作用力，即作用于重心 G 点并垂直向下的重力 W 和作用于浮心 B 点并垂直向上的浮力 Δ。因此船舶的平衡条件必然是：

（1）重力与浮力的大小相等而方向相反，即 $W=\omega\,\nabla=\Delta$；

（2）重心 G 和浮心 B 在同一铅垂线上。

由此可知,在讨论船舶平衡条件问题时,要考虑重力和浮力的大小,同时还要注意这些力的作用点位置。

4.1.2.2 船舶浮态

实际上运营中的船舶的总重力和重心是经常变化的,这在货物装卸时最为明显。当船舶载重减少时,重力小于浮力,船舶上浮一些,以减少排水体积,调整浮力减小到与重力相等,调整船体的倾斜状态使浮心与移动后的重心在同一铅垂线上,达到新的平衡。船舶浮于静水的平衡状态称浮态,可分为正浮、横倾、纵倾、任意浮态(横倾与纵倾)。

正浮:船舶中纵剖面和中横剖面均垂直于静止水面时的浮态;

横倾:船舶中横剖面垂直于静止水面,但中纵剖面与铅垂平面成一横倾角 ϕ 时的浮态,横倾角 ϕ 通常以向右舷倾斜(右倾)为正,向左舷倾斜(左倾)为负;

纵倾:船舶中纵剖面垂直于静止水面,但中横剖面与铅垂平面成一纵倾角 θ 时的浮态,纵倾角 θ 通常以向艏部倾斜(艏倾)为正,向艉部倾斜(艉倾)为负;

任意浮态:船舶既有横倾又有纵倾时的浮态,即船舶的中纵剖面与铅垂平面有一横倾角 ϕ,同时中横剖面与铅垂平面也有一纵倾角 ϕ。

4.1.2.3 储备浮力及载重线标志

船舶浮力的提供依靠船体水密的外壳。为了保护航行安全,船舶除在设计水线以下有足够的排水体积提供浮力以平衡全船的重力外,在设计水线以上的船体还保留有一定的水密体积。这一部分水密体积可以保证船舶吃水增加时(载重量增加或局部浮力丧失时)可以提供补充的浮力,使船能够继续漂浮于水面。这部分水密体积所具有的浮力称为储备浮力。

船舶的储备浮力通常用干舷表示,干舷大储备浮力就大。船舶必须具备最低限度的干舷值以确保航行安全。航行于不同水域的各类船舶必须具备的最小干舷值,国际和我国都在有关规范中做了明确规定。图4-4为我国船舶检验局所规定的国际航行船舶的载重线标志,它是根据不同季节和不同海域,海上风浪大小和航行危险程度不同确定的。由于淡水的密度小于海水,船舶由海水水域进入淡水水域时,吃水自然增加,所以允许干舷相应减少。载重线标志勘绘在船中舷侧位置。如果船舶的实际吃水超过规定的载重线,表明船舶已经超载,其结果是储备浮力减少,危害航行安全。超载的船舶是不允许出港航行的。

载重线标志中各符号代表意义如下:

(1)WNA——冬季北大西洋载重线;

(2)W——冬季载重线;

(3)S——夏季载重线;

(4)T——热带载重线;

(5)F——夏季淡水载重线;

(6)TF——热带带水载重线。

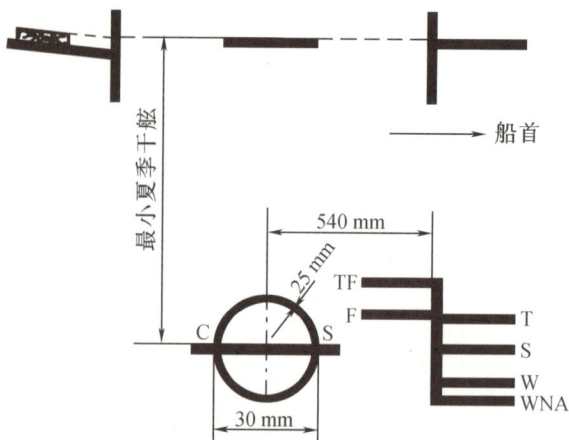

图 4-4　船舶载重线标志

4.1.3　稳性

海洋中经常风急浪高,航行中的船舶是如何乘风破浪而不会倾覆翻沉的呢？这就是船舶稳性所要讨论的问题。

4.1.3.1　船舶在水中的稳性

船舶是漂浮于水中的物体。风平浪静时,它处于正浮的平衡位置。当船舶在风浪等外力作用下偏离正浮位置发生倾斜;当外力消失后,就可能出现几种不同的情况,如图 4-5 所示。船舶倾斜后排水体积的形状就会改变,排水体积的几何中心——浮心也随之变化,由正浮时的 B 点向倾斜一侧移动至 B_1 点,这时重力 W 和浮力 F 方向相反,而各自的作用点 G、B_1 却不在同一垂线上。两个大小相等、方向相反而作用点不在同一垂线上的力就形成一个力矩。图 4-5(a)中,这个力矩的方向(图中为逆时针方向)和造成船舶倾斜的外力矩的方向(图中为顺时针方向)相反,起着抵抗外力矩,使船回复到原来正浮位置的作用,这个力矩称为船舶的回复力矩或扶正力矩,船舶处于稳定状态。图 4-5(b)中,船舶倾斜后浮心虽移动至 B_1 点,但由于船舶重心较高,而浮心移动距离又较小,重力和浮力产生的力矩和船舶倾斜的方向相同,不仅不能将船舶扶正,反而使之继续倾斜以致倾覆,我们称之为倾覆力矩,船舶处于不稳定状态。

在图 4-5 中,我们把倾斜前后浮力作用线的交点 M 称为稳心,而把稳心和重心之间的距离 GM 称为稳性高度,该值是船舶稳性的衡量标准。

船舶质量的分布影响重心的位置,而船舶排水体积的形状影响浮心 B_1 的位置,两者都是决定稳心位置的主要因素,由此可能出现以下三种情况:

(1)稳心在重心之上,回复力矩为正值,船舶倾斜后将被扶正;

(2)稳性在重心之下,回复力矩为负值,船舶将继续倾斜直至倾覆;

(3)稳心和重心重合,回复力矩为零,船舶停留在倾斜位置,但在外力作用下可能继续倾斜直至倾覆。

船舶在设计时和营运中,后两种情况是不允许出现的。虽然正回复力矩和稳性高

船舶稳性

度越大船舶稳性越好,但稳性高度值过大时,稳性虽好而船舶摇摆严重,也会带来不利影响。海洋客船的稳性高度一般取 0.6~1.2 m,海洋货船则为 0.3~1.0 m。

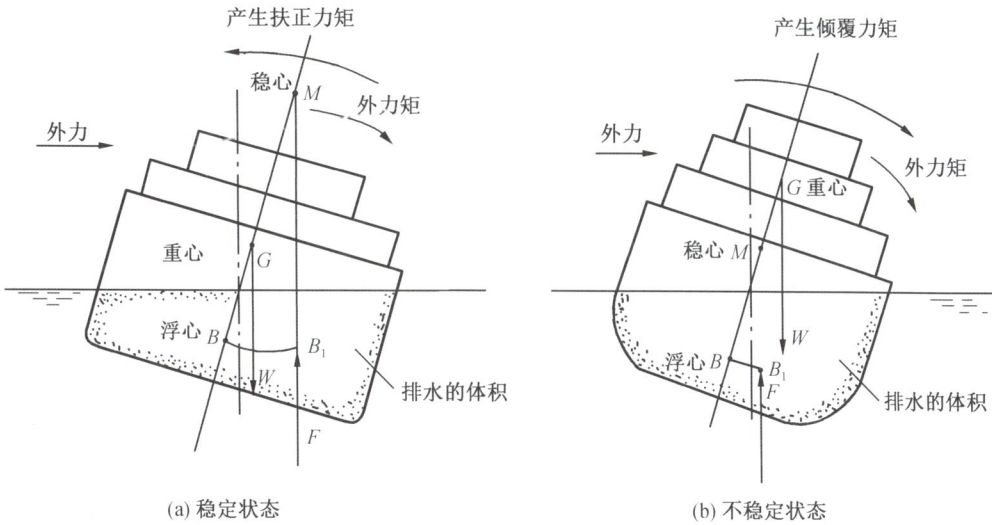

图 4-5　船舶的稳性

4.1.3.2　保证船舶稳性的措施

(1)降低船舶重心。使船上设备和负载尽可能布置在较低的位置;上层建筑不过于庞大;压载则是经常采用的方法,尤其在船舶空载航行时。

(2)提高稳心。稳心与船舶横倾后浮心水平移动的距离有密切关系;稳心高度决定于船体的形状,尤其是水下部分的形状。

4.1.4　抗沉性

泰坦尼克号在首航过程中撞击冰山,造成 5 个水密舱室破损,海水进入船体,最终导致船体断裂沉没。这种海损事故虽是偶然性事件,但会造成严重后果,使生命、财产遭到重大损失。因此,在船舶设计阶段,就需要考虑这一问题,即抗沉性。

所谓抗沉性,是指船舶在一舱或数舱破损进水后仍能保持一定浮性和稳性的能力,各类船舶对于抗沉性的要求是不同的;军舰在战斗中受损伤的机会较多,同时又要求它在遭到某种程度损伤后仍能保持一定的作战能力或返回基地的能力。所以对军舰的抗沉性要求要比民用船舶高得多。在民用船舶中,对客船的要求又要比货船高些。

4.1.4.1　抗沉性要求

为了保证安全航行,在国际有关公约及我国船舶检验局颁发的《船舶与海上设施法定检验规则》中,对提高船舶抗沉能力和保障海上人命安全提出了具体要求。对船舶水密舱壁的设置、船体结构的形式、开孔的封闭以及排水设备、救生设备、无线电通信设备、助航设备等与安全有关的内容都做出了明确的规定。相关的主要规定有以下几点。

（1）设定安全限界线

船体破损造成船舱浸水后，由于丧失部分浮力，船身下沉、吃水增加、干舷减小，储备浮力减少。在船舶侧视图上，舱壁甲板边线以下 76 mm 处的一条与甲板边线平行的曲线，称为安全限界线，简称限界线。在限界线上各点处作的切线，表示所允许的破舱浸水后的最高吃水水线，称为极限海损水线。

（2）对船舱长度的限制

为了确保船舶在破舱后的水线不超过限界线，就必须对各个船舱的长度加以限制。船舱的最大允许长度为可浸长度。它表示等于该长度的船舱淹水后，船舶的海损水线恰好与限界线相切，这就是船舱的极限长度。不同位置的船舱极限长度是不同的。

（3）对破舱后船舶稳性的要求

船舶的局部破损后产生的严重后果：一是导致浮力不足而沉没；二是导致稳性不足而倾覆，而后者的发生常常更具突然性因而更加危险。所以，有关规范对破舱后船舶的初稳性也有具体的要求，以避免发生翻沉事故。

当船舶一舱进水后且满足上述要求时，称为一舱不沉制；两舱进水后满足上述要求的称为两舱不沉制，以此类推。海上客船至少应满足一舱不沉制要求。前面讲述的泰坦尼克号设计为四舱不沉制，即 4 个舱室同时进水后仍能满足上述要求，不幸的是泰坦尼克号与冰山相撞后，船壳被撕开 100 多米长的破洞，造成艏部 5 个舱室进水而沉没。

4.1.4.2　提高船舶抗沉性的其他措施

除按照规范要合理分舱外，在船舶设计时还采取一些其他措施以提高抗沉性。

（1）增加干舷。加大型深，或在多层甲板船上将水密舱壁通到更高一层甲板以增加水线以上水密空间的容积。

（2）减少吃水。当型深一定时，这和增加干舷有相同的效果。

（3）加大舷弧和使横剖线上端外倾，或使水线下船体适当瘦削都可以起到相对增加储备浮力的作用。

上述措施有时会同船舶使用要求或其他性能相矛盾，需要加以综合考虑。

议一议

康友平：广船国际双高船建造领域的技术大牛

收集相关资料，了解"泰坦尼克号"撞击冰山后沉没事件的始末，分析并讨论造成"泰坦尼克号"断裂沉没、1 517 名乘客及船员丧生这一重大事故的原因有哪些？这些技术问题在如今的船舶设计中是否得到合理解决？

做一做

分组利用纸板制作不同类型的船舶模型，并在水池中比一比，哪种船舶的稳性最好，哪种不容易沉没。

4.2　船舶动力性能

小身躯,大能量

22 型导弹艇是中国海军近海防御战略指导下,发展出的近岸导弹快艇的里程碑式的舰艇,如图4-6 所示。与其前辈相比,22 型导弹艇的低可探测性为使用者提供了更多的战术选择。同时每艇 8 枚远程反舰导弹的配置,使得其攻击力十分出众。与高速性、隐身性配合,使得其先敌攻击的可能性大为增加。

图 4-6　22 型导弹艇

在实际使用时,除了单艇或小编队的"打了就跑"的偷袭战术外,大编队的 22 型导弹艇还可对侵入中国近海的敌方主力战舰,或战舰编队,实施多方位的饱和攻击。即便只集结 20 艘导弹艇,也可一次性发射 160 枚超音速反舰导弹,这对任何现役舰队反导系统都可构成致命威胁。同时由于其在海上,使得敌反导防御方向不再能仅朝向大陆一面,而必须 360°顾及全部方向。在敌溃退后,22 型导弹舰凭借其高速能力,可对敌进行追击,扩大战果。

在岸基防御的配合下,大量列装的 22 型导弹艇,将使中国近海成为真正意义上的海上禁区,因为中国海军的其余主力舰艇将无须顾及近海防御,腾出手来执行远海任务,成为真正意义上的蓝水海军。

全长仅为 42.6 m 的 22 型导弹艇却可有效打击敌方入侵主力战舰,助力中国海军,筑牢近海防线,凭借的是哪些性能优势?

22 型导弹艇的最大航速可达到 50 kn,正是充分发挥了 22 型导弹艇的快速性优势,构建中国海军360°全方向防御。22型导弹艇船体作为导弹发射的载体,要求其具有一定的耐波型。良好的操纵性能无疑也是22型导弹艇以小胜大、以弱搏强的制胜法宝。本节将讲述船舶主要的动力性能,即船舶耐波性、船舶快速性及船舶操纵性。

4.2.1 耐波性

船舶漂浮在静水中或在波浪中航行时,常常会受到风浪等外力作用,在外力的作用下,将使船产生一种复杂的周期性摆动,这种摆动称为船舶摇摆。与晕车相似,人员也会晕船,当船舶摇摆程度过大会引起船上人员恶心、呕吐等不适,严重者甚至出现心律不齐、虚脱、休克等症状。

船舶在波浪上不过分摇摆的性能,我们称它为船舶的耐波性,它与船舶的稳性、快速性一样重要。

俗话说,无风不起浪,是由于风对海面的压力和摩擦形成了海面的风浪。为了表示风和浪的大小,国际上一般将风的速度用蒲福风级(国际通用的风力等级,由英国人弗朗西斯·蒲福(Francis Beaufort)于1805年拟定)表示,共分为0~12共13个等级(表4-1),而将浪分为0~9共10个等级(表4-2),风级与浪级有一定的对应关系。风和浪同时作用于船舶,会对航行安全造成一定威胁。

表4-1 蒲福风级

风级	名称	风速		海面状态	参考浪高/m
		n mile/h	m/s		
0	无风	1以下	0.0~0.2	海面如镜	—
1	软风	1~3	0.3~1.5	鱼鳞状涟漪,没有浪花	0.1(0.1)
2	轻风	1~3	1.6~3.3	小波,尚短,但波形显著,波峰呈玻璃色,未破碎	0.2(0.3)
3	微风	7~10	3.4~5.4	较大的小波,波峰开始破碎,出现玻璃色浪花,间或有稀疏白浪	0.6(1.0)
4	和风	11~16	5.5~7.9	小浪,波长变化,白浪成群出现	1.0(1.5)
5	清劲风	17~21	3.0~10.7	中浪,具有较显著的长波形状,许多白浪形成(偶有飞沫)	2.0(2.5)
6	强风	22~27	10.8~13.8	大浪开始形成,带有白色浪花的波峰触目皆是(可能有些飞沫)	3.0(4.0)
7	疾风	28~33	13.9~17.1	大浪,碎浪的白色浪花开始沿风向被吹成带状	4.0(5.5)
8	大风	34~40	17.2~20.7	较长的中长浪,浪峰边缘开始破碎成浪花,沿风向形成很显著的带状	5.5(7.5)
9	烈风	41~47	20.8~24.4	狂浪,沿风向出现密集的白浪花带,波峰开始摇动翻滚,飞沫可影响能见度	7.0(10.0)

表 4-1(续)

风级	名称	风速		海面状态	参考浪高/m
		n mile/h	m/s		
10	狂风	48~55	24.5~28.4	狂涛,波峰长而翻转,白色浪花大片地被风削去,沿风向形成条密集的白带,整个海面呈白色,海面翻滚动荡更加猛烈,影响可见度	9.0(12.5)
11	暴风	56~63	28.5~32.6	异常狂涛,沿风向伸展的大片白浪花完全覆盖着海面,视线所及浪峰边缘被吹到空中,影响能见度	11.5(16.0)
12	飓风	64 以上	>32.6	空中充满了白色的浪花和飞沫,被风驱赶的飞沫使海面完全成白色,严重影响能见度	14.0

注:括号内是浪高极值。

表 4-2 波浪等级表

浪级	名称	浪高/m
0	无浪	0
1	微浪	<0.1
2	小浪	0.1~0.5
3	轻浪	0.5~1.25
4	中浪	1.25~2.5
5	大浪	2.5~4.0
6	巨浪	4.0~6.0
7	狂浪	6.0~9.0
8	狂涛	9.0~14.0
9	怒涛	≥14.0

在风浪中航行的船舶受到风和浪周期性干扰力的作用,其运动状态比较复杂。如果将船的运动加以分解,船舶的摇荡主要有以下六种形式,如图4-7所示。

(1)横摇:船舶绕纵轴(X轴)的转动往复运动;

(2)纵摇:船舶绕横轴(Y轴)的转动往复运动;

(3)艏摇:船舶绕垂直轴(Z轴)的转动往复运动;

(4)纵荡:船舶沿纵轴(X轴)的平动往复运动;

(5)横荡:船舶沿横轴(Y轴)的平动往复运动;

(6)垂荡:船舶沿垂直轴(Z轴)的平动往复运动;

在这六种形式的运动中,以横摇、纵摇和垂荡(升沉)三种运动最为明显,对船舶造成的影响最大。研究耐波性的目的,就在于了解船在风浪中的运动规律,提高船舶抵抗摇摆的能力。

图 4-7　船在水中的六个运动自由度

4.2.1.2　船舶摇荡引起的不良后果

（1）剧烈的横摇会使船舶横倾过大而丧失稳性，以致倾覆；

（2）使船体结构的负荷增加，造成结构和设备的损坏，并使固定不良的或散装货物移动而危及船舶安全；

（3）由于波浪引起水阻力增加，推进器工作条件变坏，使航行速度降低，从而增加燃料的消耗；

（4）使甲板淹水造成工作困难，影响机器设备的正常运转；

（5）使船上的居住条件变坏，影响船舶工作人员操作，且引起旅客呕吐、晕船；

（6）影响军舰上武器的正常使用。

4.2.1.3　耐波性的改善

船舶摇摆对船舶的使用和航行性能有较大的影响，在船上安装减摇装置，可以大大地改善船舶的摇摆性能。下面介绍几种常用的减摇装置。

（1）舭龙骨

这是一种最简单有效的减摇装置。它装在船中舭部外侧，是与舭部外板垂直的长条形板材结构。舭龙骨长度约为船长的 20%～60%，宽度约为船宽的 3%～5%。当船舶横摇时，舭龙骨将产生同横摇相反的阻力，形成减摇力矩，从而减小船的横摇幅值，见图 4-8。舭龙骨结构简单、造价低、效能高，且不需要经常维修，损坏后易更换，因此在船舶上得到广泛的应用。

（2）减摇水舱

减摇水舱的减摇原理是当船舶侧倾时，使水舱内的水柱振荡滞后于波浪振荡 180°相位角，水舱内水柱所造成的减摇力矩与波浪倾斜力矩总是相反的，如图 4-9 所示，这就对船舶的继续摇荡起到了减弱的作用。减摇效果与水舱形状、水量、位置有关。缺点是

迟登亮——
满腔热情传
承工匠作风

舭龙骨
工作原理

减摇水舱
工作原理

占用的容积较大,并增大了船舶排水量。

（3）减摇鳍

减摇鳍是减摇效果最好的减摇装置,装载船中两舷舯部,剖面为机翼形,又称侧舵。使用时,通过船内的操作机构将它转动,以调整角度,使水流在鳍上产生作用力,从而形成减摇力矩,减小摇摆幅值,见图4-10。这种设备的减摇效果取决于航速,即航速越高,效果越好。其结构复杂,造价高,多用于高速船舶上,中低速船很少采用。减摇鳍不用时可收入船内。

图 4-8　舭龙骨减摇

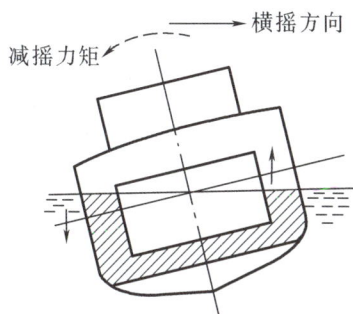

减摇鳍
工作原理

船舶系列科普短视频——船舶是如何在大海上稳定航行的?

图 4-9　减摇水舱减摇

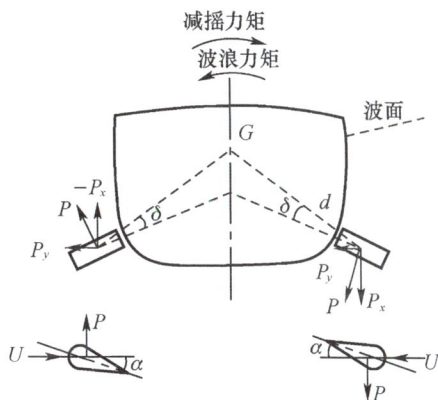

图 4-10　减摇鳍减摇

4.2.2　快速性

快速性即船舶快速行驶的性能,是船舶重要性能之一,其直接影响船舶的营运效率。这一性能的优劣主要决定于影响船舶行驶阻力的船型和船舶推进装置的效率。

改善船舶快速性可以通过两种渠道。一条是减小船舶的阻力,另一条是提高推进效率。在相同主机功率、相同推进效率和相同推力作用下,船舶阻力越大则航速越低。而在船舶阻力一定的情况下,主机功率越大、推进效率越高和推力越大时航速也越大。

4.2.2.1　船舶航行阻力

船舶在水面上航行时,水上部分受到的是空气阻力,水下部分受到的是水阻力。由于空气的密度仅为水的密度的1/800,所以空气阻力只占总阻力的很小一部分,对于一般排水型船,约为2%～4%。水下的船体表面畅游突出的附属结构,如舵、轴支架、舭龙骨、减摇鳍等,航行时也产生阻力,我们把这部分阻力从主船体阻力中分出来,称为附体阻力,约占总阻力的3%～10%。而剩下的主船体水阻力称为裸船体阻力(也称船体阻力)。对于一般船舶都只计算裸船体阻力,然后根据附体的设置情况增加一

个百分数(10%～25%)作为附加阻力。所以,船舶在水面航行时的总阻力可以归纳为如下所示:

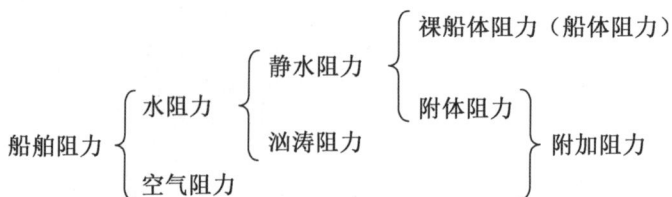

$$
船舶阻力
\begin{cases}
水阻力
\begin{cases}
静水阻力
\begin{cases}
裸船体阻力（船体阻力）\\
附体阻力
\end{cases}
\\
汹涛阻力
\end{cases}
\;附加阻力
\\
空气阻力
\end{cases}
$$

此外,水面的浪和流,附着于水下船体表面上的水生物都会增加船舶的阻力。前者称为汹涛阻力,后者称为污底阻力。

以上是航行时总阻力的构成。以阻力的性质分类则分为黏性阻力和兴波阻力两种。黏性阻力只在黏性流体中存在,兴波阻力在理想流体中仍然存在。

(1)黏性阻力

黏性阻力包括摩擦阻力和形状阻力两部分。水是有一定黏性的,船在水中运动,将因黏性而产生阻力,黏性越大阻力越大。船舶在水中以一定的速度运动时,由于水分子的黏性,在船体表面附有一层薄薄的被船带动前进的水层,我们称之为边界层(如图4-11所示,为便于说明,图中边界层的厚度被夸大了)。在靠近船首部分,边界层中的水流比较有规则,称为层流。向着船尾方向,边界层中的水流产生紊乱,称为紊流。在边界层以外,水流不受船体影响。我们可以设想船体静止不动,而水以船的航速 V 流向船体。进入边界层,流速因摩擦而逐渐减小,到船体表面处,水流速度为零,如同此处的水被船体"黏住"而静止。这样,在船体表面和水流之间就因存在相对运动而产生摩擦阻力。摩擦阻力的方向就是该处船体表面的切线方向。这种切向摩擦阻力在船长方向分力的总合力就是船舶航行中的总摩擦阻力。由上述分析可知,摩擦阻力的大小与水的黏度、船体浸水面积以及船的航速有关,是可以比较准确地计算出来的。

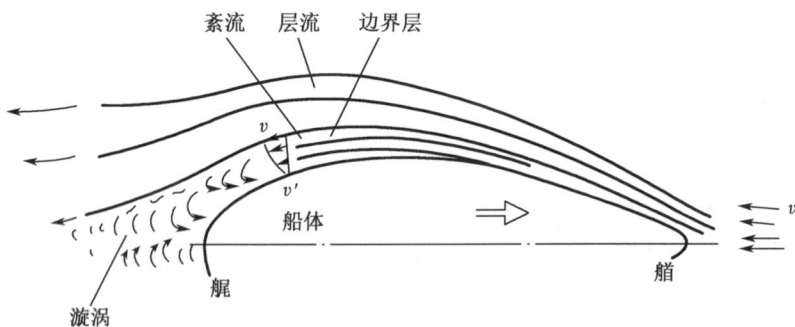

图4-11 船体周围水流的变化

由图4-11中还可以看到,在边界层紊流区的后部,在船体形状急剧变化的部分,会产生水流分离现象。在分离点以后,船体周围产生漩涡,漩涡处的压力比水流为分离式的压力低,就好像对船体产生一种向后的"吸力"。实际上正是这种压力差在船长方向分力的总合力,造成了航行中的漩涡阻力。水流的分离情况或漩涡阻力的大小主要与水中运动物体的形状有关,所以漩涡阻力也称为形状阻力。形状细长成流线型的物体比起粗短且形状急剧变化的物体产生的漩涡阻力要小,如图 4-12 所示。所以,船体的水下部分都尽可能使其具有缓和变化的流线型表面以减小形状阻力。

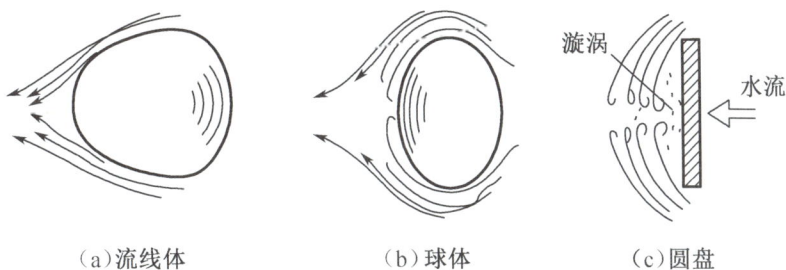

（a）流线体　　　　　（b）球体　　　　　（c）圆盘

图 4-12　不同形状物体的形状阻力

（2）兴波阻力

船在水中航行时,船体使周围的水压力发生变化。原本平静的水面有的地方升高,有的地方下陷,不同的水面在重力和惯性力的作用下形成波浪并向外扩散传播。这种由航行船舶引起的波浪称为船行波。不同于海洋上由风兴起的海浪,船行波的形成需要外界供给能量,这个能量就是由行驶中的船舶提供的,相当于船舶对周围的海水做功使其产生波浪,这就是船舶航行中的兴波阻力。航速是影响兴波阻力的最主要因素,它要消耗主机相当大的功率。

4.2.2.2　降低阻力的措施

总的来说,船舶的航行阻力是随航速增加而增加的。但在不同航速时各阻力所占总阻力的比例变化是很大的。兴波阻力是船舶高速航行时的主要阻力,而低速航行时黏性阻力为主要阻力。

针对不同类型的船舶,降低阻力的措施有所不同：

对于低速船来说,主要是设法降低摩擦阻力和形状阻力。降低摩擦阻力的主要途径是减少船体水下湿表面积和减小船体表面的粗糙度;对于高速船来说,主要是降低兴波阻力。减小兴波阻力的一个途径是从型线设计上用理论方法进行优化;另一个途径就是在主船体上加设附属体,如球鼻艏等。

4.2.2.3　船舶推进

推进是指船舶依靠动力装置产生的推力,克服运动中的阻力,使船舶以一定的速度连续航行。除了利用风力的帆船和利用人力的划艇外,一切自航船舶都装有提供动力的主机和产生推力的推进器。凡是能利用各种动力源并把它转换成推力推动船舶前进的设备,都称为推进器。当主机功率一定时,采用高效率的推进器能够获得较高航速的主要途径。

常见的船舶推进器有以下几种：

（1）普通螺旋桨

螺旋桨是由 2~6 片表面为螺旋面的桨叶固定在桨毂上。当它由推进轴带动旋转时,使一部分水流向后运动,从而传递给船体一个向前的反作用力,这就是船舶的推力。

螺旋桨于 1837 年第一次被用于船上,可以说是船舶推进器发展的一次飞跃。时至今日,虽然出现了多种形式的船舶推进器,但螺旋桨因其具有质量小、结构简单、效率高和易于保护的优点,仍为绝大多数水面水下船舶所使用,可谓"独领风骚百余年"。

(2)导管螺旋桨

它是在普通螺旋桨的外围加装一个圆形套筒。套筒壁的纵向剖面为机翼形或类似机翼剖面的折角线形。导管螺旋桨可以提高重负荷螺旋桨的推进效率。导管的存在减轻了桨后水流的收缩,同时还可减小桨叶叶尖部分的效率损失。导管螺旋桨主要用于拖船推船和拖网渔船。

(3)全回转推进器

这种推进器通常都带有导管,螺旋桨和导管一起可绕垂直轴作 360° 旋转,如图 4-13,它不但具备导管螺旋桨的优点,还因其能在水平面任何方向发出推力,在水中运动十分灵活。尤为突出的是船舶后退和前进时的推力几乎相等。这种推进器很适用于拖船和港口工作船,它将船舶的推进和操纵功能合二而一。其缺点是机构复杂,因主机轴与推进器轴不在同一直线上,必须经过两个 90° 转向呈 Z 形联结,故又称 Z 型推进器。

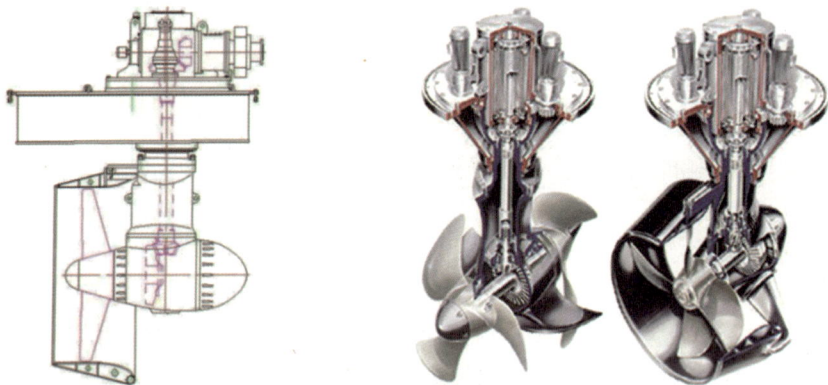

图 4-13　全回转推进器

(4)吊舱式推进器

吊舱式推进器是一种集推进和操舵装置于一体的新型船舶推进装置。吊舱式推进器将推进电机置于船舱外部,直接与螺旋桨相连,一般由内置驱动电机模块、螺旋桨模块、水平转动机构以及冷却装置组成,如图 4-14 所示。其中,驱动电机以永磁交流电机为主,螺旋桨由电机直接驱动。与全回转推进器相似,吊舱推进器也可以在 360° 内水平转动以实现矢量推进。

(5)喷水推进器

喷水推进器是依靠向后喷水产生的反作用力推船前进。它由布置在船内的水泵,吸水口和喷射管组成,如图 4-15 所示。喷水推进器结构简单、工作可靠,船尾震动小,目前喷水推进主要用在水翼船和侧壁式气垫船上。

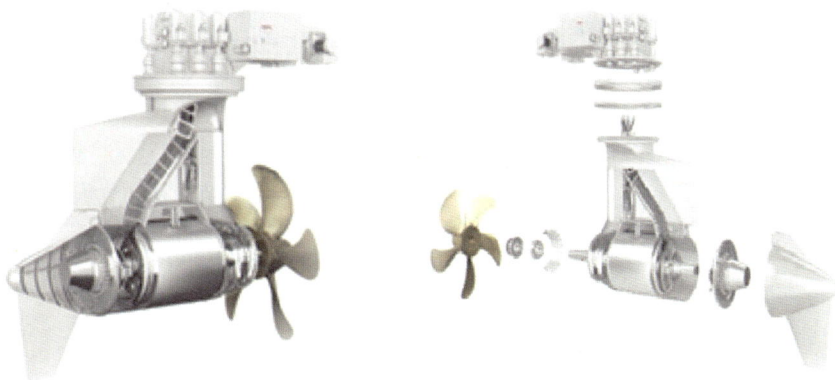

图 4-14　吊舱式推进器

图 4-15　喷水推进器

（6）现代风帆

这种辅助推进装置被装于风帆助航节能船，如图 4-16 所示，它能自动调节风帆迎风角度，以获得最大推力，可节省 10%～20% 的主机功率。

图 4-16　现代风帆船舶

4.2.3　操纵性

船舶在航行时能按照驾驶员的意图，保持或改变航速、航向和位置的性能称为船舶操纵性。船舶操纵性主要反映在以下三个方面。

4.2.3.1 航向稳定性

航向稳定性是指船舶保持既定航向直线运动的性能,即要求船舶在直线航行中,不易出现偏离航线的现象。众所周知,船舶航向偏离后,如果不予操舵是不可能再回到原来的航向的,所以要保持既定的航向,驾驶者就要不断地操舵。通常,如果平均操舵频率不大于 4~6 次/分,平均转舵角不超过 3°~5°,可认为这艘船的航向稳定性是符合要求的。

4.2.3.2 回转性

回转性是指船舶改变原航向作圆弧运动的性能。船舶作回转运动大致可分为三个阶段,即转舵阶段、过渡阶段和稳定回转阶段。船舶回转时会产生横倾角,它是由于舵力、离心力及水动力不是作用在船上同一高度而造成的,横倾角过大,甚至会使船倾覆。我国海船稳性规范要求计算客船全速回转时的外倾角。

图 4-17 中的稳定回转时直径 D,称为船舶的回转直径,一般用以表示船舶回转性的好坏,通常为船长的 4~7 倍,D 小则回转性能好。

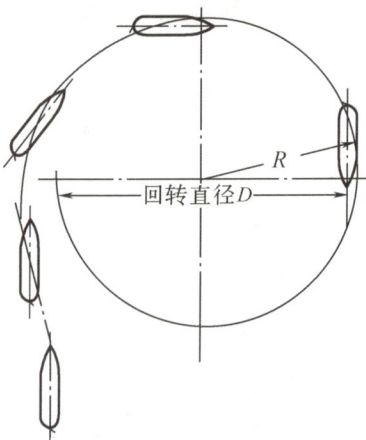

图 4-17 船舶的回转

4.2.3.3 转艏性

转艏性是指船舶回转初期对舵的反应能力。转艏性好,则船在驾驶者操舵后能较快地进入新的航向,或者船偏离航向经操舵后能很快回到原来航向上来。转艏性和回转性是有区别的,有的船转艏快,回转直径小,但有的船转艏快,回转直径不一定小。而我们要求船舶既要转艏快,又要回转直径小,这对于在狭小河港内调头及紧急避让都有重要意义。

航向稳定性可减少船舶航线偏离从而减少不必要的功率消耗和时间损失。转艏性、回转性,则是避免碰撞、防止触礁、航行安全的保障。由于航向稳定性和回转性是相互矛盾的,所以对不同类型船舶操纵性的要求应做具体分析:例如对海上和远洋运输船舶的要求是希望它能做长期的(几小时甚至若干天)不变航向的运动,因此,要求它们具有良好的航向稳定性,但对海上渔业船舶而言,除要求它具备航向稳定性外,又要求它在捕鱼作业时具有良好的转艏性和回转性;对军舰而言,为了保证炮火、鱼雷和火箭的发射精度,要求它具备航向稳定性,但为防止被敌方炮火所击中,又要求它具备良好的转艏性、回转性和快速性。

内河船舶和船队在狭的弯道水域内行驶时,最重要的航行性能是回转性。内河船舶和船队前方单行航道已为其他船舶所占据时需要调头;在狭窄航道中避让船只时要求安全错开,这些作业都对回转性提出了较高的要求。因此,提高和改善船舶操纵性是设计和用船部门不可忽视的问题。

行业工匠王
亚男:船舶
重工的能工
巧匠

很多船舶的艏部都会设置一个巨大的"鼻子",叫作球鼻艏。结合本节课程所学知识,讨论一下船舶球鼻艏的作用是什么?

船舶螺旋桨

观看船舶系列科普短视频——船舶螺旋桨的那些事,了解船舶螺旋桨的发展历史。

4.3　船体强度与结构

失之毫厘,谬以千里

2004 年 5 月 23 日早上 7 点左右,巴黎戴高乐机场发生屋顶坍塌事故,造成 4 人死亡。事故发生在机场 2E 候机室的登机通道,当时在场人员首先听到"嘎吱嘎吱"的奇怪声响,瞬间数吨混凝土和钢架如同暴雨般从候机厅的屋顶落下,砸向登机栈桥,散布在大约 50 m 长、30 m 宽的区域,登机栈桥应声断裂。

初步调查表明,巴黎戴高乐机场 2E 候机厅顶棚坍塌事故是由于候机厅混凝土顶棚与圆柱形支柱连接处的一个穿孔所致。穿孔导致了拱形顶棚中的一个弧形结构出现了折痕,最终导致拱形顶棚坍塌,如图 4-18 所示。

图 4-18　戴高乐机场顶棚坍塌

想一想

只有每个构件都坚守自己的职责,才能保证整体结构安全运行,戴高乐机场候机厅因为顶棚与圆形支柱连接处的一个穿孔导致整个顶棚坍塌。

想一想,船舶都是由哪些结构组成的呢?每部分结构又发挥什么作用?本章第1节所讲泰坦尼克号撞击冰山后发生断裂,最终导致沉没,其断裂的主要原因是什么?

学一学

在船舶发展过程中,船体结构在其所用的材料、构件的连接方法等方面,曾有几次重大的变革。最早的船是独木舟结构,后来发展为用木板和梁材组合的结构。18世纪,由于冶金工业、机械制造业迅速发展,开始出现铁质和铁木混合结构的船舶。19世纪后半期,船舶建造开始采用低碳钢,钢质结构的船舶便逐渐替代了木船和铁木混合结构船,而钢材便成为造船的主要材料。近几十年来,随着船舶尺度的增大,高强度钢造船,使结构构件尺寸减小,从而减轻了结构质量,被广泛使用。钢材的应用使造船技术发生了一次飞跃。

从20世纪30年代开始,焊接造船代替了铆接造船。焊接技术使船体结构更完整、更紧密、质量更小。目前钢船都采用焊接方式建造。

船体结构形式依据船舶的类型而定,与所用材料和连接方式有关,也与船体受力情况有很大关系,本章以船舶受力及船体强度为出发点,主要介绍钢质船舶的主要结构形式及各部分结构的特点。

4.3.1 船体受力与船体强度

船舶从建造到报废,要经历建造、下水、航行、进坞修理等工作状态,其中,航行状态是经常性的工作状态。当船舶在波浪上航行时,作用在船体上的外力是非常复杂的,但主要集中体现在两个力上,即重力和浮力。

由于船舶总是处于平衡状态,因此其所受到的力也总是平衡的,即作用在船体上的总重力和浮力是大小相等、方向相反,并且作用在同一条铅垂线上的。但由于船体结构复杂,船舶重力分布并不均匀,同样因船体外形的不规则使浮力在船长的不同区段也不均匀,如图4-19所示。重力和浮力的这种不均匀,是造成船体总纵弯曲的主要原因。

4.3.2 船体的基本组成

船体结构形式与船舶的类型有关,通常船体大致可分为主船体和上层建筑两部分。主船体部分有船首、船中、船尾;上层建筑部分有艏楼、桥楼、艉楼及甲板室,如图4-20。

主船体是船体结构的主要部分,由船底、舷侧、上甲板围成的水密的空心结构。其内部空间又由水平布置的下甲板、沿船宽方向垂直布置的横舱壁和沿船长方向垂直布

置的纵舱壁分隔成许多舱室。货船上通常有货舱、机舱、艏尖舱和艉尖舱等舱室。艏、艉端的横舱壁也叫作艏尖舱舱壁和艉尖舱舱壁。

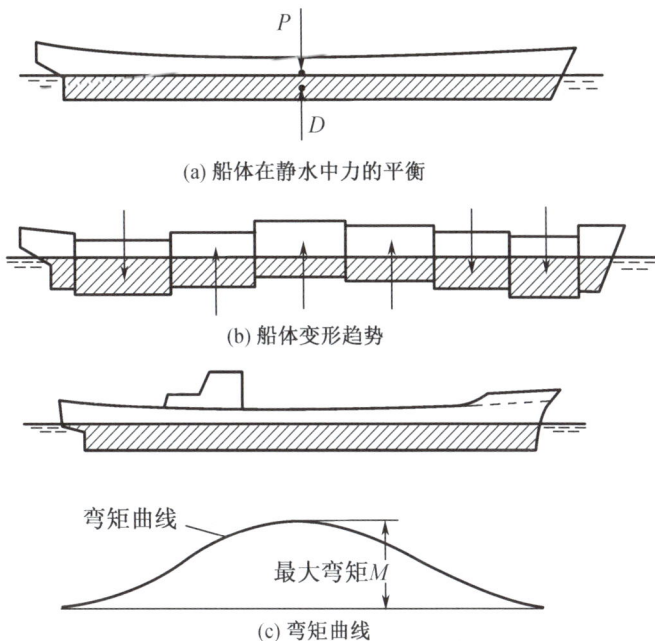

(a) 船体在静水中力的平衡

(b) 船体变形趋势

(c) 弯矩曲线

图 4-19　船体静水总纵弯曲

4.3.2.1　组成主船体的板架

主船体是由若干个板架结构组成的长箱形结构,如甲板板架、舷侧板架、船底板架和舱壁板架等。各个板架相互连接、相互支持,使整个主船体构成为坚固的空心水密建筑物。

板架结构通常是由板和纵横交叉的骨材和桁材组成。较小的骨材间距小,数量多;较大的桁材间距大,数量少,如图 4-21 所示。

4.3.2.2　板架结构的骨架形式

板架结构根据骨材布置的方向,可分为纵骨架式、横骨架式和混合骨架式三种类型。

(1)纵骨架式。数目多而间距小的骨材沿船长方向(纵向)布置。其优点是多数骨材纵向布置,纵向骨材提供船体梁抵抗纵向弯曲的有效面积,提高了船体梁的纵向抗弯能力,增加了船体梁的总纵强度;并且由于纵向骨材布置较密,可以提高板对总纵弯曲压缩力作用时的稳定性,因而相应地减小板的厚度、减小结构质量。其缺点是施工比较麻烦。

(2)横骨架式。数目多而间距小的骨材沿船宽方向(横向)布置。其优点是多数骨材横向布置,横向强度较好,施工比较方便,建造成本低。其缺点是在同样受力情况下,外板和甲板的板厚比纵骨架时的大,结构质量较大。

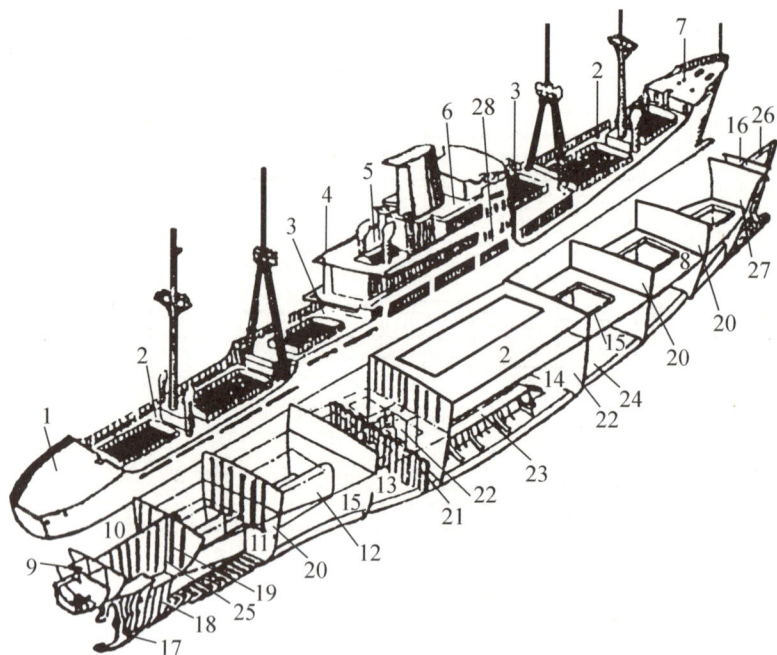

1—艉楼甲板;2—上甲板;3—桥楼甲板;4—游步甲板;5—艇甲板;6—驾驶甲板;7—艏楼甲板;
8—下甲板;9—舵杆筒;10—船尾水舱;11—船侧水舱;12—轴隧;13—深舱;14—机舱;
15—货舱;16—锚链舱;17—艉柱;18—升高肋板;19—艉尖舱舱壁;20—水密舱壁;
21—槽型舱壁;22—舱壁凳;23—机座;24—双层底;25—中纵舱壁;26—甲板纵桁;
27—艏尖舱舱壁;28—上层建筑。

图 4-20　船体的构成

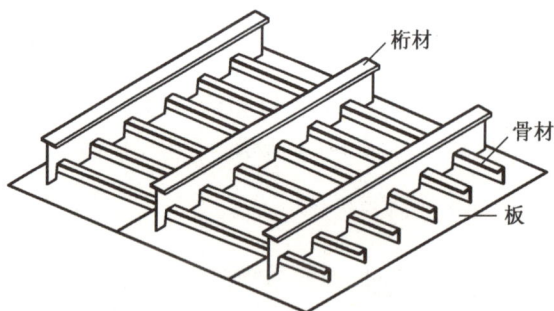

图 4-21　板架结构

（3）混合骨架式。纵横方向的骨材相差不多,间距接近相同。这种骨架式结构除了在特殊场合,一般很少用到。

4.3.3　船体结构形式

根据强度和使用要求,船体结构可采用纵骨架式板架和横骨架式板架的单一或组合形式。因此,船体结构的形式分为三种：

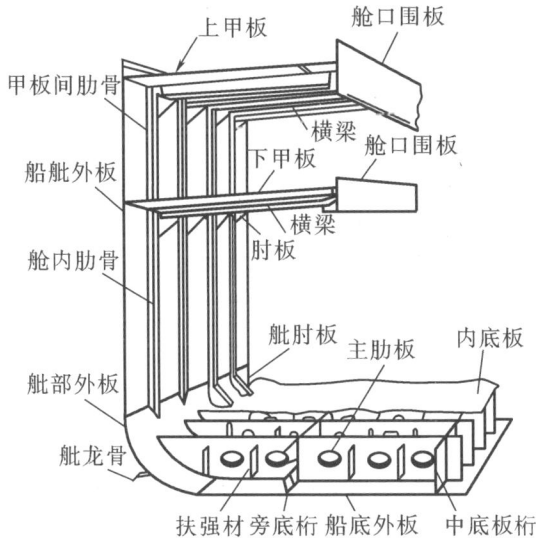

图4-22 横骨架式船体结构

（1）单一横骨架式船体结构是指上甲板、船底和舷侧均为横骨架式板架结构的船体结构形式，如图4-22所示。对总纵强度要求不高的一些小型船舶和内河船舶多为此种结构形式。

（2）单一纵骨架式船体结构是指上甲板、船底和舷侧均为纵骨架式板架结构的船体结构形式，如图4-23所示。对总纵强度要求较高的军舰、大型油船及其他大型远洋货船等均采用这种结构形式。

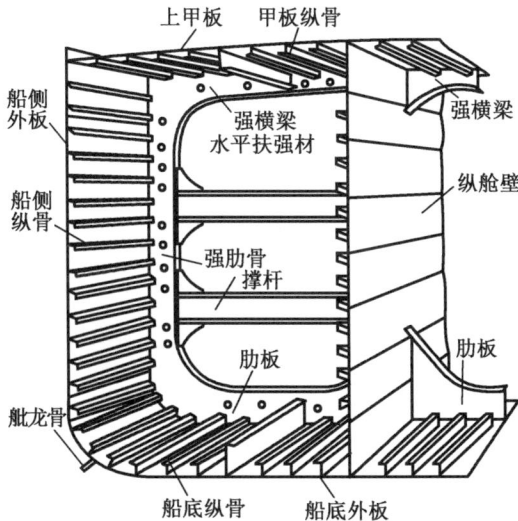

图4-23 纵骨架式甲板结构

（3）混合骨架式船体结构是指上甲板和船底采用纵骨架式甲板结构，而舷侧和下层甲板采用横骨架式板架结构的船体结构形式，如图4-24所示。杂货船、散货船等均大中型船上采用这种结构形式。

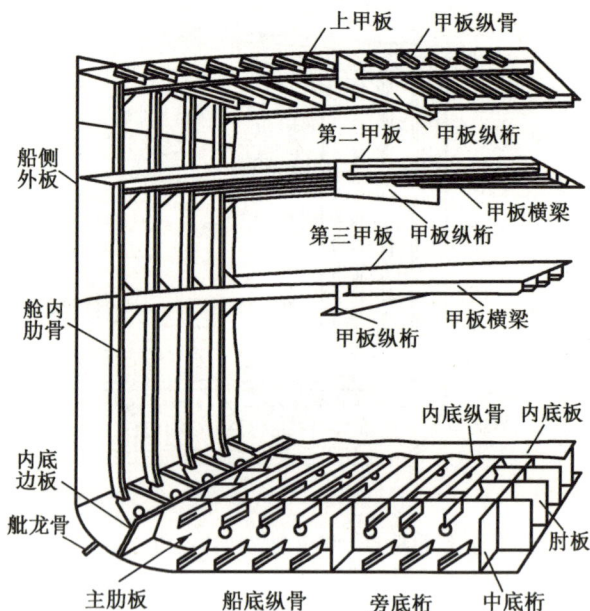

图 4-24　混合骨架式船体结构

看一看

观看《大国重器(第二季)第五集:布局海洋》,看看海上"钢铁巨兽们"如何凭借他们的钢筋铁骨完成一项项举世瞩目的壮举。

做一做

同学们,我们在第三章学习了各种典型的船舶,本章我们学习了船舶主要性能,想必各位同学已经跃跃欲试,想要深入地了解船舶并感受船舶工业的魅力。此次活动中,根据大家的兴趣,选择几艘经典船舶,分组亲手制作该船型的缩比模型,深入理解船舶各部分结构特点,感受船舶人"敬业、精益、专注、创新"的工匠精神,并分享讨论模型制作过程中的体会。

第5章 船舶设备与系统

船小舶有话说：

大型船舶在海上航行的航速能达到 15 kn 以上，大约相当于陆地速度的 28 km/h。别看这速度不快，可推进功率需要数千千瓦，甚至上万千瓦，因为船舶质量大。这么大的功率是怎么来的呢？船舶作为一座"流动的城市"在海上航行，耗时长达数月甚至数年，那么船员和旅客的生活所需，比如电、热水等，是怎么供应的呢？还有船舶的转向、抛锚、装卸货物等又是如何实现的？这些都需要依靠船舶动力装置及相配套的各类设备与系统才能完成。

船小舶带你学：

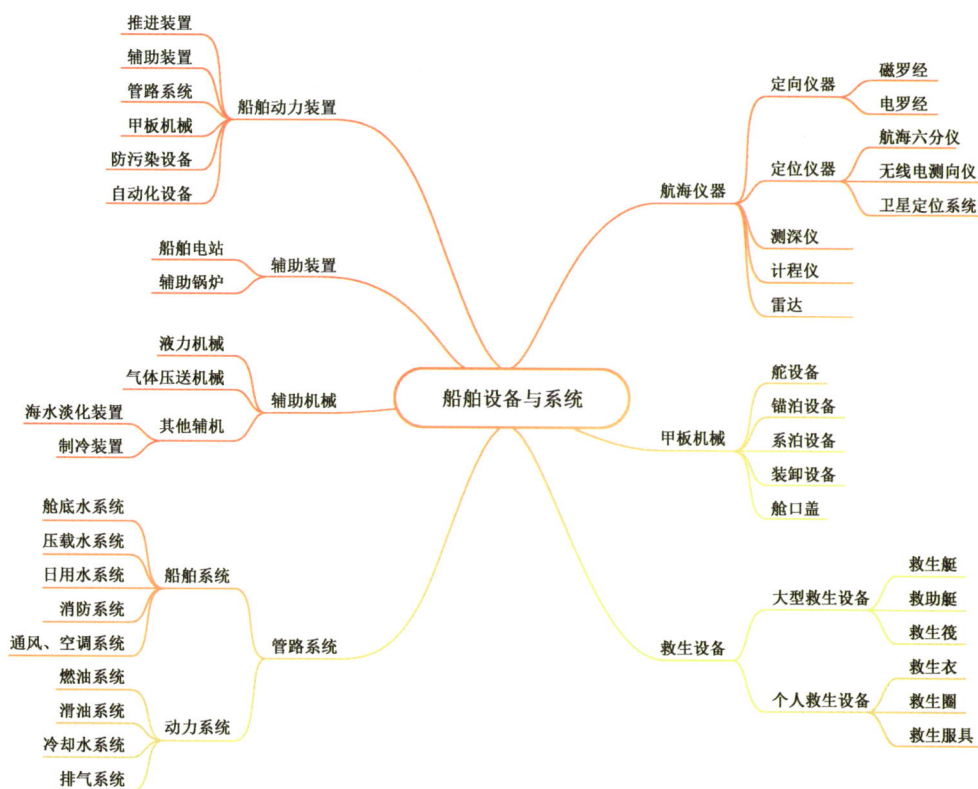

5.1 船舶动力装置

柴油机之父——鲁道夫·狄赛尔

你知道吗,柴油的英语是 diesel oil,柴油机的英语是 diesel engine,这是用柴油机之父鲁道夫·狄赛尔(Rudolf Diesel)的名字命名的。鲁道夫·狄赛尔,德国人,1858 年 3 月 18 日出生在法国巴黎。1879 年,21 岁的他,在工作中深感当时的蒸汽机效率低下,萌生出设计新型发动机的念头。在自己辞职研发期间,由于花费巨大,他不得不回到制冷机厂工作以谋生。但是他没有向困难屈服,利用业余时间继续实验,完善改进自己的机器。1892 年,狄赛尔终于实验成功,设计出柴油动力压燃式发动机。柴油机成为目前应用最为广泛的发动机,世界上绝大多数船用发动机都是柴油机。1913 年 9 月 29 日,狄赛尔在一艘英吉利海峡的渡轮上神秘失踪,这位举世闻名的发明家的失踪是悲惨和神秘的,但是他的发明直到今天仍然随处可见,鲁道夫·狄赛尔作为柴油发动机的发明者已被载入史册,他将永远得到人们的尊敬。

图 5-1 柴油机之父——鲁道夫·狄赛尔

一艘 10 万吨级远洋船舶的航速大概是 15 kn(约 27 km/h),需要超过 10 000 kW 推进功率,这样大的推进功率是怎样产生的呢?

5.1.1 船舶动力装置的含义及组成

船舶动力装置

现代船舶的动力装置,广义上说,是指保证船舶正常航行、作业、作战、停泊以及乘员正常工作和生活所需的各类机械和设备,它的主要功能是提供机械能、电能、热能、液体和气体的压力能。除保证船舶推进外,还需满足整个船舶能量消耗的需求,所以船舶动力装置中大部分是能量转换装置。

船舶动力装置通常包括:推进装置、辅助装置、管路系统、甲板机械、防污染设备和机舱自动化设备六个部分。

5.1.1.1 推进装置

推进装置是指能发出一定功率,经传动设备和轴系带动螺旋桨,推动船舶并保证

一定航速航行的设备。它是船舶动力装置中最重要的组成部分,如图 5-2 所示:

（1）主机。主机是指提供推动船舶航行动力的机械,如柴油机、汽轮机、燃气轮机等。

（2）传动设备。传动设备的功用是隔开或接通主机传递给传动轴和推进器的功率;同时还可使后者达到减速、反向或减震的目的。传动设备包括离合器、减速齿轮箱和联轴器等。

（3）轴系。轴系的作用是将主机的功率传递给推进器。它包括传动轴、轴承和密封件等。

（4）推进器。推进器是能量转换设备,它是将主机发出的能量转换成船舶推力的设备。它包括螺旋桨、喷水推进器、电磁推进器等。

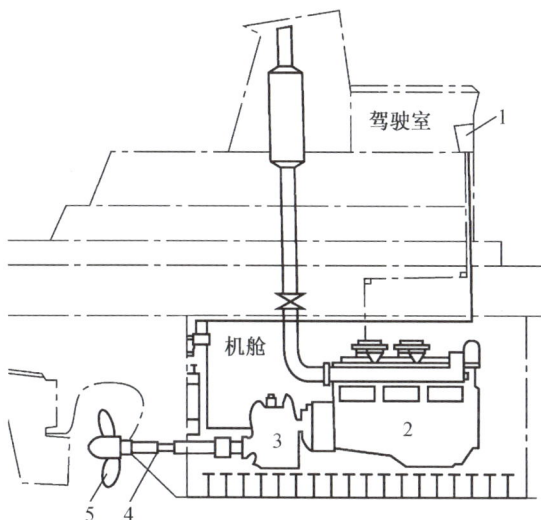

黄永仲:逐梦重型机器制造大舞台

1—遥控操纵台;2—主机;3—传动设备;4—轴系;5—螺旋桨。

图 5-2　船舶推进装置示意图

5.1.1.2　辅助装置

辅助装置是指提供除推进船舶运动所需能量以外的,用以保证船舶航行和生活需要的其他各种能量的设备。主要包括船舶电站、辅锅炉装置、压缩空气系统等。

5.1.1.3　管路系统

管路系统是用来连接各种机械设备,并输送相关流体的管系。由各种阀件、管路、泵、滤器、热交换器等组成,它包括如下装置系统。

（1）动力系统。为推进装置和辅助装置服务的管路系统。它主要包括燃油系统、滑油系统、海淡水冷却系统、蒸汽系统和压缩空气系统等。

（2）船舶系统。为船舶平衡、稳性、人员生活和安全服务的管路系统。它主要包括压载系统、舱底水系统、消防系统、日用海/淡水系统、通风系统、空调系统和冷藏系统等。

黄斌:船舶管系领军者上海工匠

5.1.1.4 甲板机械

为保证船舶航向、停泊、装卸货物所设置的机械设备。它主要包括舵机、锚机、绞缆机、起货机、开/关舱盖机械、吊艇机及舷梯升降机等。

5.1.1.5 防污染设备

防污染设备是用来处理船上的含油污水、生活污水、油泥及各种垃圾的设备。它包括油水分离装置(附设有排油监控设备)、生活污水处理装置及焚烧炉等。

5.1.1.6 自动化设备

为改善船员工作条件、减轻劳动强度和维护工作量、提高工作效率以及减少人为操作失误所设置的设备。它主要包括遥控、自动调节、监控、报警和参数自动打印等设备。

5.1.2 船舶动力装置的类型

船舶动力装置中的主机和辅机都有多种不同形式,不论何种形式,其初始能量都来自燃料的燃烧。燃烧产生的热能通过各种动力装置转换为其他形式的能量,如机械能、电能、液体和气体的压力能等。

船舶主机的功率通常远远大于辅机功率,所以船舶动力装置一般以主机的形式来分类和定名。根据主机采用燃料的性质、燃烧的场所(原动机的内部或外部)、使用的工质及其工作方式的不同,船舶动力装置可分为内燃、蒸汽和核动力三大类。

5.1.2.1 内燃动力装置

以内燃机作为船舶主机的推进装置,称为内燃动力装置。燃料直接在发动机气缸内或燃烧室中燃烧将高温高压燃气的热能转化为机械能做功。

内燃机作为船舶主机,在现代船舶中应用极为广泛(图5-3)。以每年完成的造船量看,目前内燃机船占造船总量的98%,而内燃机总功率则占船机总功率的95%,可见营运中的大部分船舶均以内燃机为主机。

根据内燃机的工作方式和特点分类,可分为往复式柴油机和回转式燃气轮机两种,也有少数用汽油机做主机的船舶。

(1)往复式船舶柴油机

往复式柴油机作为船舶主机具有如下特点:

①有较高的经济性。

②机型多、功率范围广,适应船舶种类甚多。

③具有良好的机动性,操纵简便,启动迅速。

④单机组的功率受到一定的限制。

⑤工作时有较大的振动和噪声。

⑥低速运转时工作不稳定,其过载能力也较差。

(2)燃气轮机

燃气轮机又称燃气透平。燃气轮机是利用燃料在燃烧室内燃烧,所产生的高温燃气进入燃气轮机推动叶轮旋转做功。图5-4为燃气轮机动力装置示意图。

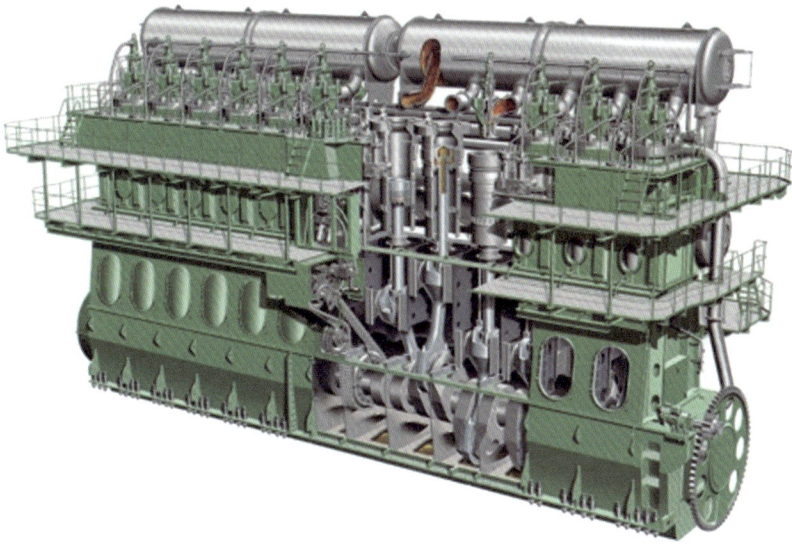

图5-3 船用大型柴油机

在船舶动力装置中,燃气轮机加速性能极好,是单机功率大、单位重量小和尺寸最小的一种。

燃气轮机也存在缺点:对燃油品质要求高,耗油率较高,热效率较低,所以经济性较差;同时,由于燃气轮机的叶片及燃烧室均在高温下工作,因此使用寿命不长;此外,该装置不能直接倒车,需增设换向设备,致使整个装置复杂。

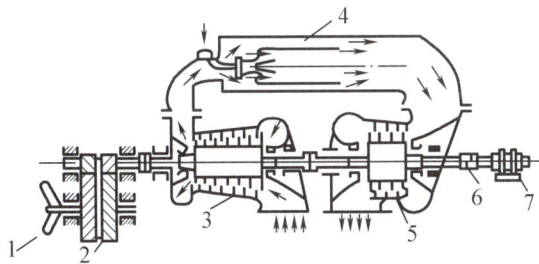

1—螺旋桨;2—减速齿轮;3—压气机;4—燃烧室;
5—燃气涡轮;6—联轴器;7—启动电动机。

图5-4 燃气轮机动力装置示意图

目前,燃气轮机装置在军用舰艇和气垫船上应用较为广泛。

5.1.2.2 蒸汽动力装置

蒸汽动力装置由锅炉、蒸汽轮机轴系、管系及冷凝器等设备组成。燃料的燃烧是在发动机的外部即锅炉中完成的,是外燃式动力装置,其基本工作原理如图5-5所示。

5.1.2.3 核动力装置

核动力装置系统组成如图5-6所示,核动力装置的主要特点是:

①消耗极少量的核燃料就能释放出巨大的能量,并产生极大的功率,从而使船舶获得足够高的航速和续航力,核动力船舶实际上续航力几乎是无限的;

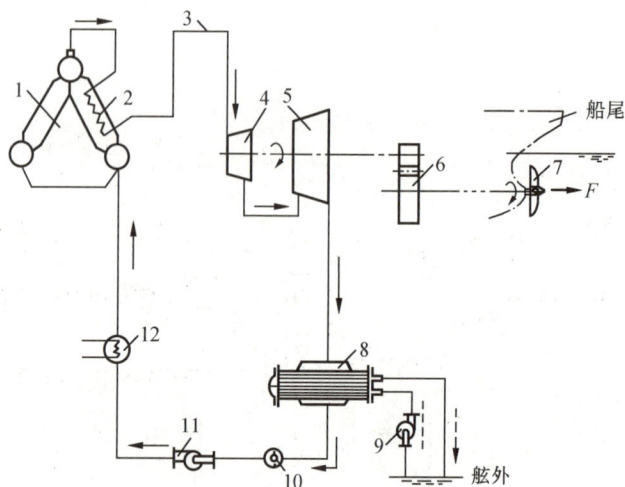

1—锅炉；2—过热器；3—主蒸汽管路；4—高压汽轮机；5—低压汽轮机；6—减速齿轮；
7—螺旋桨；8—冷凝器；9—冷却水循环泵；10—凝水泵；11—给水泵；12—给水预热器。

图 5-5　蒸汽动力装置原理图

②在核裂变过程中不消耗空气，这对于潜艇是有极重要意义的；

③核反应堆由于要设置厚实的防护层，整个装置的质量和尺寸都比较大。

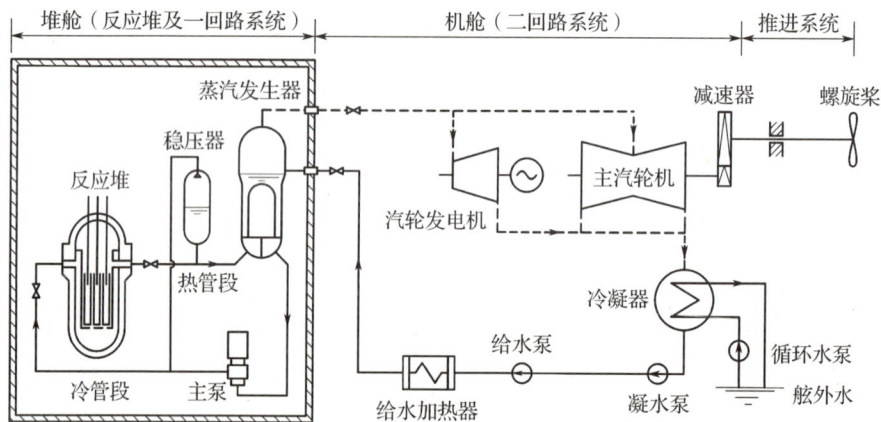

图 5-6　核动力装置系统组成示意图

由于核动力装置造价昂贵，而且操纵管理检测系统比较复杂，因此还只能在军舰上使用。

做一做

(1)到学校轮机实训中心，进行柴油机拆装与轴系对中实验。

(2)观看中国人民解放军海军亚丁湾护航编队相关纪录片。

5.2　船舶辅助装置和辅助机械

读一读

世界海员日

2010 年,国际海事组织在菲律宾马尼拉召开的"海员培训、发证和值班标准国际公约"缔约国外交大会,决定将每年的 6 月 25 日命名为"世界海员日",鼓励各国政府及航运组织向海员致敬,感谢他们对人类和世界的贡献。

"相隔万里水茫茫,思情切切望眼穿。前程事,难思量,愿君来共话绵长。"这是一首年轻海员写给恋人的诗,写出了一份真挚的情感,也映射出这一职业的特点,远离陆地和家人,生活单调,海员一次上船就需要几个月甚至一年以上,经常跨越四季。现代船舶在设备配置上充分考虑了船员的生活和发展,营造了舒适的工作和生活条件。

2021 年国际海事组织(IMO)将世界海员日的主题确定为"Fair Future for Seafarers"(为海员创造公平的未来),这一主题与当年世界海事日主题"Seafarers:at the core of shipping's future"(海员:航运未来的核心)密切相关。

想一想

船舶配备了足够大的舱室用来装运货物和足够多的客舱供旅客住宿,以及足够功率的推进系统。除此之外,还需要哪些配备呢? 船员在航行的生活中,如何用水、用电呢?

学一学

现代船舶除了主机及其推进装置外,还配备有各种不同类型、不同用途的辅助装置和辅助机械,满足全船对电能、热能和机械能的需求,以保证主机和管路系统的正常工作,并满足船员、旅客工作和生活的需要。

船舶辅助装置主要是指辅助动力装置,包括提供电能的船舶电站和提供热能的船用锅炉。

辅助机械简称辅机,包括将电能或其他形式的能量转变为流体势能的各种泵及空气压缩机。实际上其也可看作是一种能源装置。此外,还有通风机、制冷机、制淡机、净油机和空调机等。

5.2.1　船舶辅助装置

5.2.1.1　船舶电站

现代船舶的主电站一般均是以柴油机为原动机的发电机组(图5-7),称为柴油发电机组。其优点是耗油低、轻便、启动快。为了减小设备质量和体积,常用中、高速柴

船舶电网
组成

油机作为电站原动机。大中型船舶的应急电站,大多采用柴油发电机组,或柴油发电机组和蓄电池组兼用,而小型船舶的应急电站都为蓄电池组。考虑到应急电站的安全和在紧急情况下方便使用,常将其安装在主甲板上。

图 5-7　柴油机发电机组

5.2.1.2　船用锅炉

(1)船用锅炉的功用

锅炉是供应蒸汽的设备。以柴油机为主机的船上,蒸汽的主要作用是加热燃油和某些设备,以及满足船上人员生活用气需要。这种锅炉被称为辅助锅炉,以区别于主要供给蒸汽轮机推进船舶的主锅炉。

在小型柴油机主机船上,蒸汽主要用于加热生活用水、舱室取暖和厨房用气;在大、中型柴油机主机船上,除上述用途外,蒸汽也用于柴油机启动前的暖缸及燃油、滑油的加热;蒸汽也用于驱动蒸汽轮机发电机、泵及各种蒸汽动力甲板机械;此外,蒸汽还用于船上消防系统、冲洗海底阀及油船上油舱的扫舱等,使用极为广泛。

(2)船用锅炉的种类

按热源区分,船舶辅助锅炉可分两种。一种是直接利用燃油燃烧产生蒸汽的锅炉,称为燃油辅助锅炉(图 5-8);另一种是利用柴油机工作时燃烧后的废气能量(约 300~400 ℃)来产生蒸汽的锅炉称为废气锅炉。此外,还有兼有上述两种

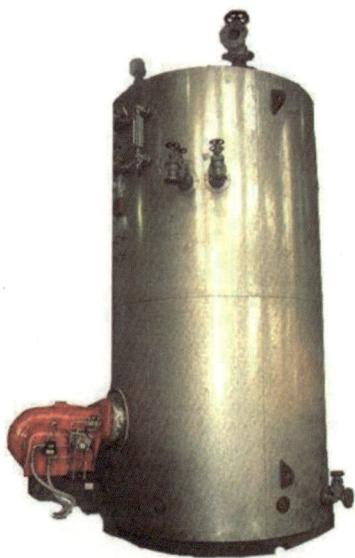

船用锅炉

图 5-8　船用燃油锅炉

功能的混合式辅助锅炉。

5.2.2 船舶辅助机械

5.2.2.1 液力机械

液力机械输出的工质是液体,它主要指在船舶上应用的各种泵。泵的工作原理是将原动机(一般是电机)的机械能转化为液体的势能(主要是压力能)。泵的基本功用是输送所需的各种液体,如供给柴油机和锅炉的燃油、供给锅炉的淡水、供给主机的润滑油和冷却水、调驳压载水、排除积存于舱底的污水等。从这个意义来说,泵是一种输送液体的机械,为船舶系统中液体的流动提供动力。

此外,具有压力能的液体也是一种动力源,它被广泛应用于各种液力机械,如电动液压舵机、液压锚机、液压调距螺旋桨、液压舱口盖,等等。

船上常用的泵按其结构和工作特点,分为以下几种。

(1)往复泵

往复泵是活塞泵的一种,它是利用活塞在泵缸内做往复运动,造成泵缸容积变化,从而吸入(排出)液体,并提高液体的压力。应用于船舶的有蒸汽往复泵和电动往复泵。后者虽经济性较差,但在内燃机作为主机的船上被普遍采用。往复泵的工作原理见图5-9。单作用活塞泵活塞往复运动一次,吸排液体一次。双作用泵活塞往复一次吸排液体两次,连续排液,效率较高。

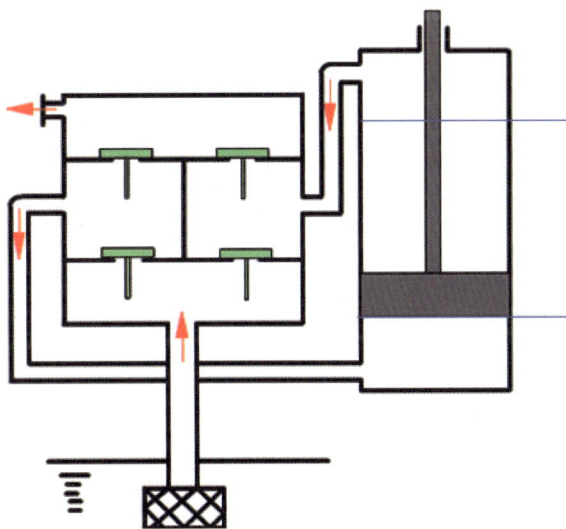

图5-9 往复泵工作原理示意图

(2)回转泵

回转泵是利用回转部件的转动,造成封闭工作空间容积的变化,以达到吸排液体的目的,如齿轮泵、螺杆泵等。如图5-10、5-11所示为外啮合齿轮泵的工作原理图以及常用螺杆泵结构图。

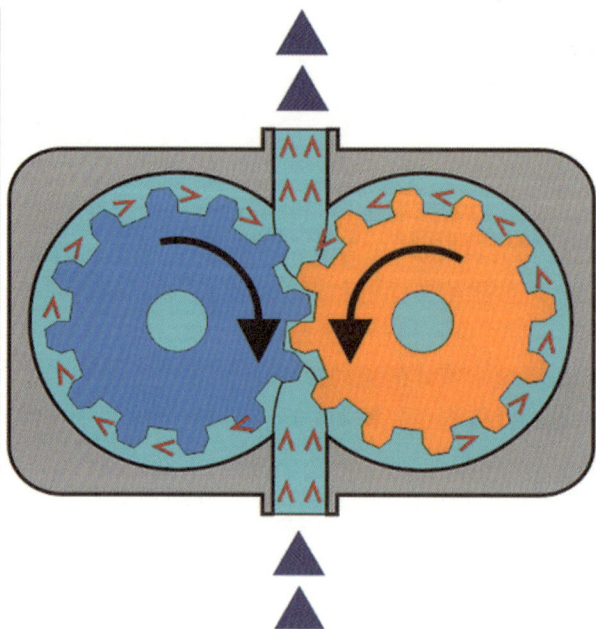

图 5-10　外啮合齿轮泵工作原理图

图 5-11　螺杆泵结构图

　　螺杆泵是利用螺杆回转时,使齿间液体产生轴向位移,达到吸排液体的目的。回转泵与活塞泵相比,具有结构紧凑、外形尺寸小、易磨损件少、排量比较均匀和转速较高等优点。螺杆泵由两根或三根互相啮合的螺杆组成,在船上多用来作为燃油、滑油输送泵、货油泵以及液压系统的动力油泵和油马达泵等。

　　(3)离心泵

　　离心泵的主要部件是泵壳和带有叶片的叶轮。它的工作原理是:当叶轮由原动机带动作高速旋转时,充满在叶片槽道之间的液体由于离心力的作用,沿着叶片槽道之间的空间从叶轮中心流向叶轮四周,从而产生吸排液体的作用。图 5-12 为一单级单侧进水的离心泵的结构图。

因为离心泵不具备"自吸"能力,所以在启动之前必须先用液体灌满泵腔和吸入管路,然后开动泵,才能连续而均匀地吸排液体。

（4）喷射泵

喷射泵利用喷嘴使通入的工作液体产生高速流动,压力降低,从而形成一定的真空来吸排液体,其工作原理如图5-13所示。喷射泵结构简单、体积小、质量小、无运动部件,使用、维护、修理方便,并能输送含有一定杂质的液体,吸入力强。船上常用作锅炉给水泵、冷凝装置和真空造水装置的真空泵,特别适合作舱底排污泵。

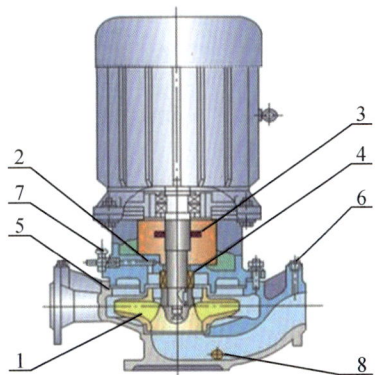

1—叶轮;2—泵盖;3—挡水圈;4—机械密封;
5—泵体;6—取压塞;7—放气阀;8—防水塞。

图5-12　离心泵结构图

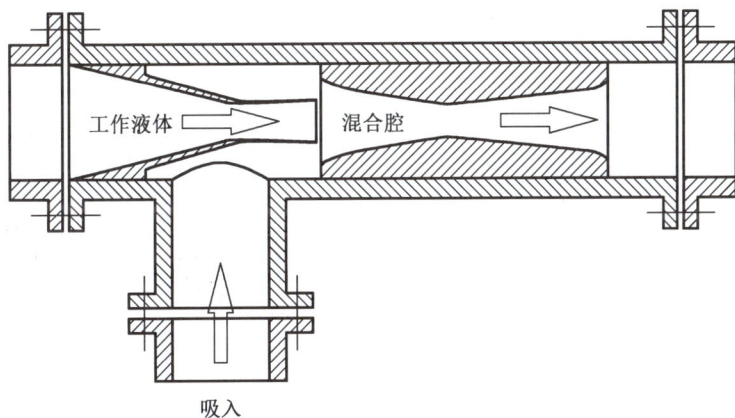

图5-13　喷射泵示意图

5.2.2.2　气体压送机械

船舶上的气体压送机械是指空气压缩机和通风机。

（1）空气压缩机（空压机）

空气压缩机用来将空气进行压缩而获得高压空气,简称空压机。压缩空气是现代船舶上一种不可缺少的动力源,以压缩空气作动力源,用管道输送,使用安全。在船舶上广泛应用于主、辅机的启动,倒顺车及离合器的操纵,自动控制和调节,汽笛的鸣响,海底阀、油渣柜和过滤器内杂物的吹除,压力水柜的充气,以及潜艇和深潜器压载水舱的排水等。由此可见,压缩空气在现代舰船上应用之广泛。如图5-14所示为多级空气压缩与中间冷却。

（2）通风机

用于输送气体（主要是空气）的机械称为通风机（图5-15）。通风机分离心式和轴流式两种。离心式通风机应用极为广泛,其作用原理与离心泵相同。

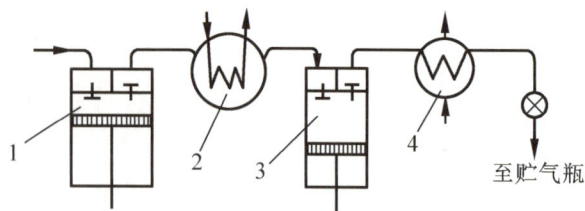

1——级压缩缸;2—级间冷却器;3—二级压缩缸;4—压后冷却。

图5-14　多级空气压缩与中间冷却

船上的大部分舱室均处于封闭或半封闭状态,空气流动性很小。所以,客舱、船员起居室、货舱及机炉舱等场所,都需要人为地不断进行强制通风,输入新鲜空气,抽排污浊气体,并维持各舱室所需要的空气温度和湿度,以保证乘员健康和船舶营运安全。某些特殊舱室,如滚装船的车辆舱,因容易积聚可燃性气体,必须按一定要求通风换气,以确保安全。

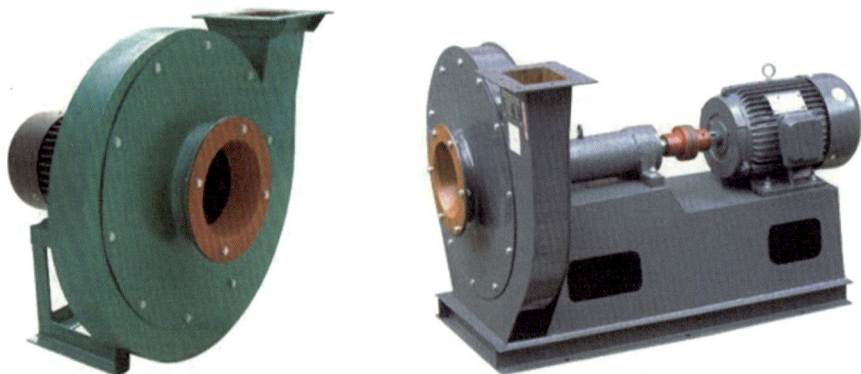

图5-15　船用通风机

5.2.2.3　其他辅机

(1)海水淡化装置

海水淡化装置也称造水机(图5-16)。航行在海洋上的船舶要储备足够的淡水,除供应船上人员日常生活需要外,同时又要满足主、辅机冷却用淡水和锅炉用淡水的补给。船上所需淡水通常用淡水舱储备。近海航行的船舶,航程较短,所需淡水量较少,依靠水舱储备是合适而经济的。对于远洋船舶,如全部航程所需淡水完全依靠水舱储备,因水量过大会影响载货能力。此外,船舶航行在海上,常会因风浪而不能按期抵港,或因其他原因而致淡水耗尽,这将影响船舶的正常安全航行。所以,远洋船舶一般都设有一台制淡装置,既可适当减少淡水储备,又可应付意外情况。

(2)制冷装置

船上食品的储存、鱼品加工运输船需要对渔品较长时期的保存,某些运输特殊制剂的货船,都必须在船上某些舱室创造低温条件,所以船上常设有制冷装置。制冷装置通常分为直接冷却式和间接冷却式两种。图5-17、图5-18所示分别为直接冷却式制冷装置原理示意图、船舶制冷装置系统示意图。

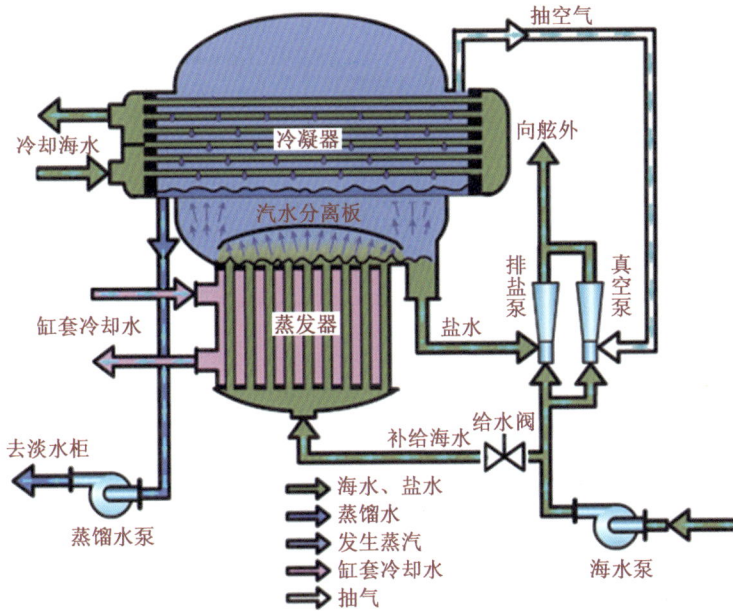

图 5-16　船用蒸馏式海水淡化装置

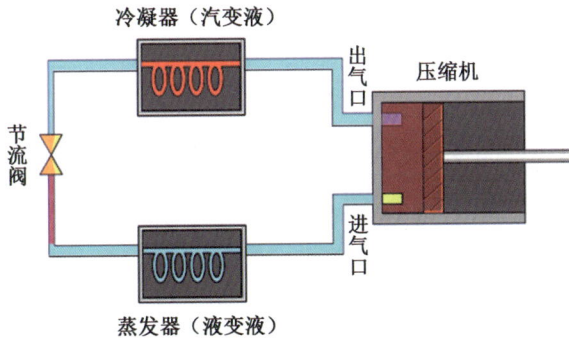

图 5-17　直接制冷装置原理

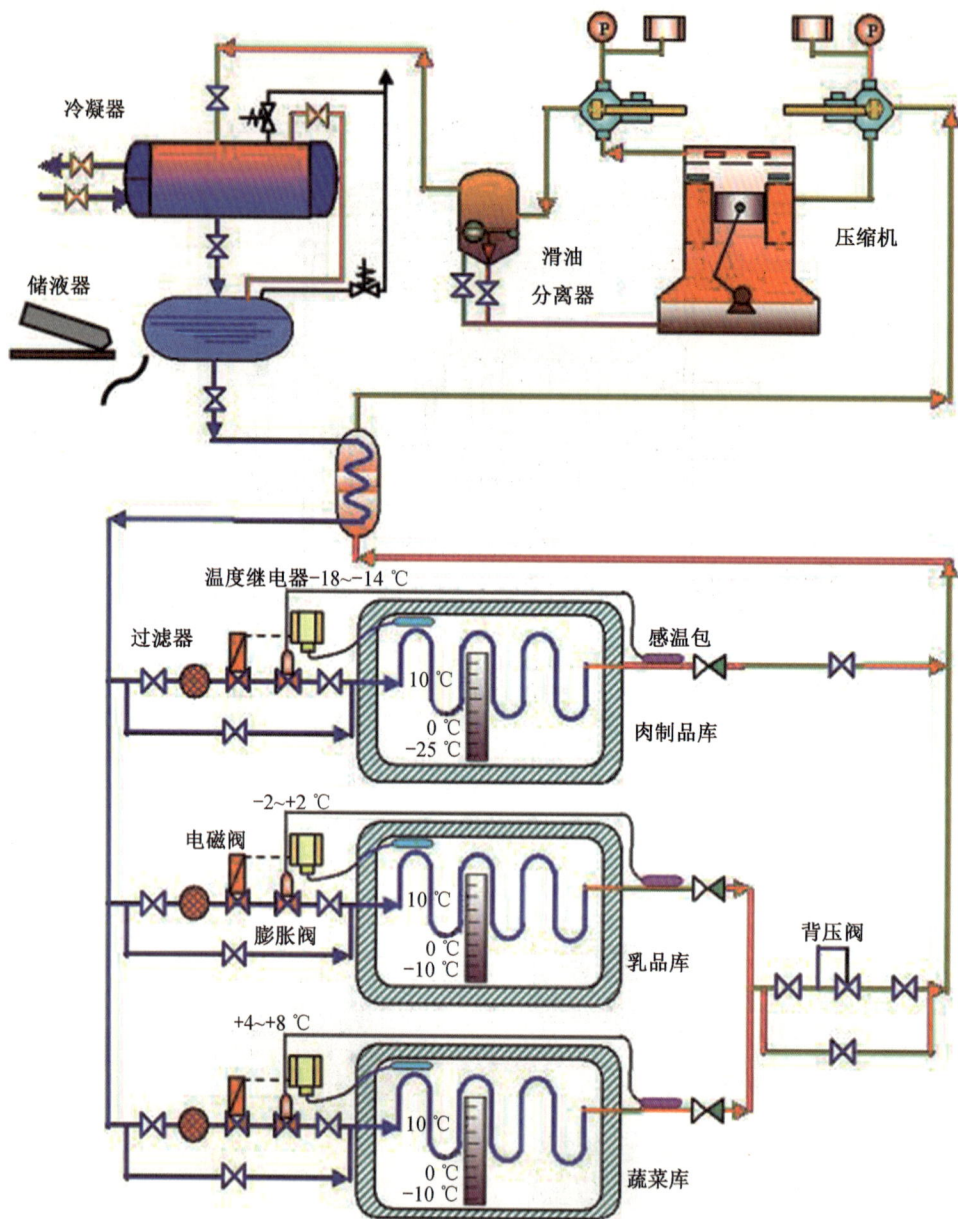

冷凝器

储液器

滑油
分离器

压缩机

温度继电器-18～-14 ℃

过滤器

感温包

10 ℃
0 ℃
-25 ℃

肉制品库

-2～+2 ℃

电磁阀

膨胀阀

10 ℃
0 ℃
-10 ℃

乳品库

背压阀

+4～+8 ℃

10 ℃
0 ℃
-10 ℃

蔬菜库

图 5-18　船舶制冷装置系统示意图

做一做

到学校轮机实训中心，开展辅机拆装实训。

5.3 甲板机械

"有灵魂、会思考"的码头

2017年12月10日,中国开港运行了全球规模最大、自动化程度最高的——上海洋山深水四期码头。这是历史性的一刻! 巨大的集装箱迅速被吊起放下,车流不息,然而繁忙的港口内却不见一个人。这座由上海国际港务(集团)股份有限公司、上海振华重工(集团)股份有限公司联合打造的码头被称为"魔鬼码头",共建设7个集装箱泊位。洋山深水港码头岸线全长近5.6 km,洋山港四期总用地面积223万 m²,设计年通过能力初期为400万标准箱,远期为630万标准箱。几个工人坐在电脑前即可完成操作,生产作业便有条不紊地进行。洋山港港区空无一人,到处奔跑着自动导引车。全现场无人、全系统智能,24 h全天候工作,无人码头却照样车来车往,忙碌异常,这也难怪被人称为"魔鬼码头"。放眼全球,规模如此之大的自动化码头一次性建成投运是史无前例的,它不是一座传统意义上的码头,也不是局部意义上的自动化。这是一个有灵魂、会思考的码头,智能决策,系统管理,正在变革集装箱装卸生产模式、管理模式,正在世界航运舞台上开创新的中国奇迹。

船舶在航行中如何控制航向? 需要停航时如何将船身固定? 靠港作业又要用什么设备来装卸货物?

5.3.1 舵设备

5.3.1.1 舵设备的组成

舵设备是应用最为广泛的船舶操纵设备,它由操纵装置、传动机构、舵机、转舵机构和舵等部分组成,见图5-19。操纵装置设于船舶驾驶室,它包括舵轮和舵角指示器。传动机构的作用是控制舵机的运转,它介于操纵装置和舵机之间。舵机提供转舵的原动力,现在常见液压舵机,也有少数船舶用电动舵机。转舵机构是将舵机的原动力转化为作用在舵柄上的转能力矩。舵是依靠转舵后其上产生的水压力使船回转。

此外,舵设备中还包括:当舵转到给定舵角时使舵机自动停止的自停装置,防止转舵超过最大允许舵角而导致设备损坏的限角装置——舵角限制器,以及通常作为备用的由人力操作的太平舵装置。

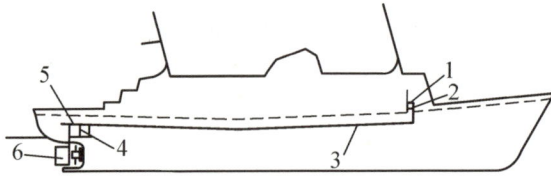

1—操舵器;2—舵角指示器;3—传动装置;4—舵机;5—转舵机构;6—舵。

图5-19　舵设备的组成示意图

5.3.1.2　舵的各种形式

舵是舵设备中的关键部件。舵上产生的使船回转的舵力大小(水压力),主要取决于舵的面积和它的结构形式。

舵的形式很多,并按不同标准有多种分类方法,见图5-20。

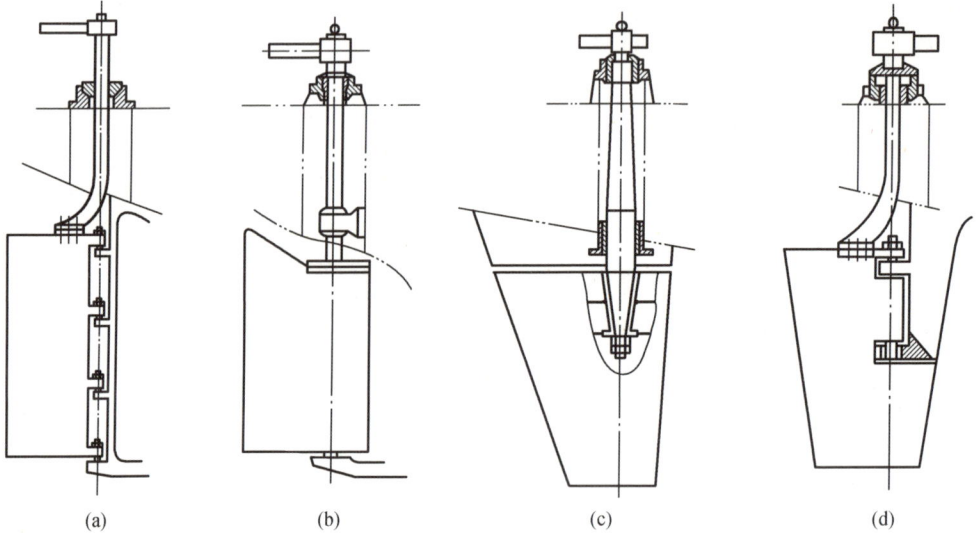

(a)　　　　(b)　　　　(c)　　　　(d)

图5-20　舵的各种形式示意图

(1)按舵杆轴线分类

非平衡舵:舵叶面积全部分布在舵杆轴线的后方,见图5-20(a),这种舵有多个作为支点的舵钮,舵杆的强度易于保证。但因舵上的水压力中心点离转动轴线较远,即力臂较大,需要大功率的舵机提供较大的转舵力矩。

平衡舵:部分舵叶面积在舵杆轴线的前方,且沿着整个舵的高度分布,见图5-20(b)(c)。其优点是舵上水压力中心点离舵的转动轴线较近,可减小转舵力矩,节省舵机功率。

半平衡舵:分布在舵杆轴线前方的舵叶面积不占舵的全部高度。其特点介于上述两种之间,见图5-20(d)。

所以,舵杆轴线的位置主要影响舵机所需提供的转舵力矩的大小。

（2）按舵的支承形式分类

支承舵：艉柱上有舵的下支承点，如图5-20（a）（b）。

悬柱舵：舵只有上端（在船内）支承而无船外支承点，如同一悬臂梁，见图5-20（c）。

半悬柱舵：船体提供舵的中间支承点。现代大型船舶常采用这种形式，见图5-20（d）。它既方便于船舶艉部形状的设计艉部结构，不必提供舵叶下的支承点，又可在一定程度上减小舵杆所受的弯矩。

所以，舵的支承形式主要影响舵杆在水压力作用下所受弯矩的大小，舵杆所受弯矩和扭矩都对其直径有影响。

（3）按舵叶剖面形状分类

平板舵：舵的主要构件为一块平板，结构简单，容易制造，见图5-21（a），一般只用于小船。

流线型舵：舵的水平剖面呈流线型，见图5-21（b），其结构较平板舵复杂，但水动力特性好，航行中水阻力较小。相同舵角时舵上水压力比平板舵大，具有较高舵效，目前广泛应用于各类船舶。所以，舵剖面形状主要影响舵上水压力和舵的结构强度。

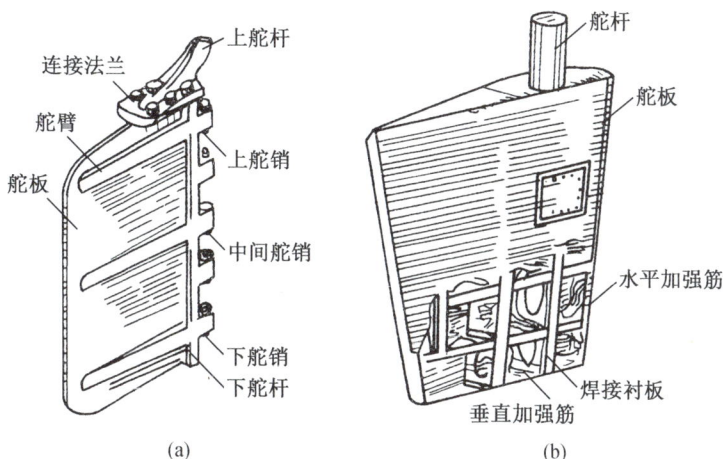

虞成安：大港船舶工匠

图 5-21　舵的结构示意图

5.3.2　锚泊设备

船舶的营运时间是由航行和停泊两部分组成的。船舶停泊的方式有两种：利用锚的抓力使船泊于水面一定位置的叫作锚泊；用缆索使船可靠系结于码头、岸边、浮筒或相邻船的叫作系泊。停泊设备的作用是保证船舶在水流、风和波浪等外力作用下仍能安全停泊而不产生严重的漂移。

5.3.2.1　锚泊设备的组成

锚泊设备由锚、锚链、锚链筒、制链器锚机、锚链管和锚链舱等组成。起锚时，开动锚机，在链轮的作用下，锚链便通过锚链筒和制链器，经锚机由锚链管进入锚链舱。锚则随着锚链的收起而先出土，上升离开水面，直至将锚杆拉入锚链筒内，锚爪紧贴锚链筒口，而后关闭制（止）链器；抛锚时的动作相反。在船首部，一般在艏楼甲板上，都同时布置有锚泊和系泊设备，如图5-22所示。

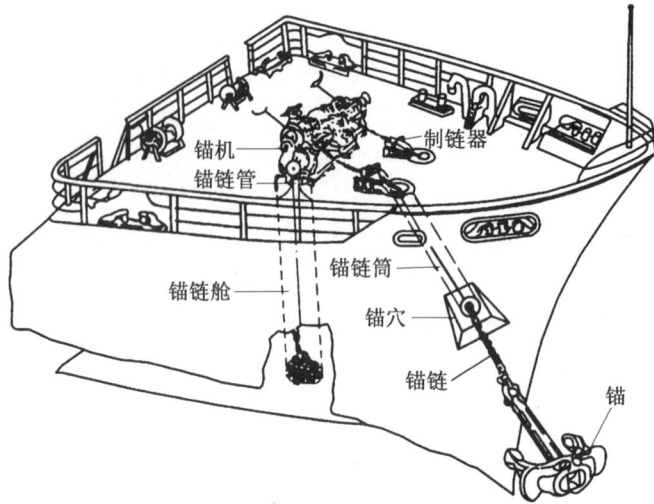

图 5-22 艏部锚设备布置情况示意

　　船舶抛锚停泊的方式有多种,如图 5-23 所示。通常应用较多的是船首抛锚;这种锚泊方式可使船舶所受的风力和水流力最小。船首可抛单锚,也可抛双锚。后者不仅可承受较大的外力,还可限制船舶的活动范围。舷侧抛锚有利于舱室的自然通风和在舷侧进行装卸作业。船尾抛锚常用于船舶在江河中顺水航行的时候。

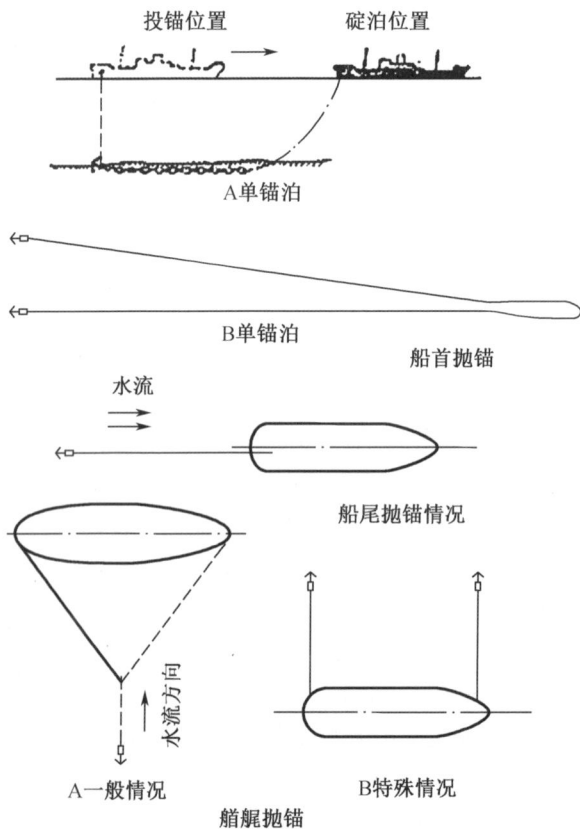

图 5-23　抛锚停泊方式示意图

5.3.2.2　锚

锚是锚泊设备中的主要部件。锚应满足抓力大、入土性能好、能适应多种底质以及便于收藏等要求。在各类船舶上使用的锚，有多种不同的形式，如图5-24所示。

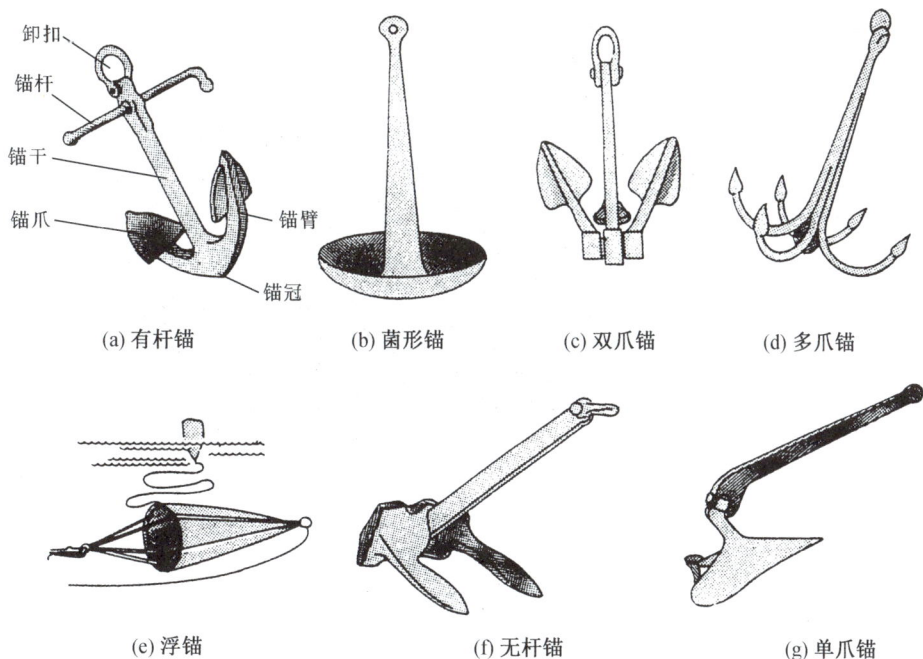

卸扣
锚杆
锚干
锚爪
锚臂
锚冠

(a) 有杆锚　　(b) 菌形锚　　(c) 双爪锚　　(d) 多爪锚

(e) 浮锚　　(f) 无杆锚　　(g) 单爪锚

图5-24　锚的各种形式

5.3.2.3　锚链

锚链是连接锚和船体，具有足够长度和强度的链条(图5-25)。它由链环、转环、卸扣和连接链环等组成，主要作用是传递锚的抓力以平衡停泊船舶所受的外力。当抛出锚链的悬垂状态变化时还可以吸收作用在船体上的动载荷，使船可靠停泊。锚泊时放出锚链的长度决定于水深，作用在船体上的风、流等外力以及锚链单位长度的重力。在深水锚泊时，也使用由链条和钢索组合成的锚链以减小过长锚链自重造成的巨大拉力。

5.3.3　系泊设备

5.3.3.1　系泊设备的组成

船舶系泊设备包括系船索带缆桩、导缆装置、缆索卷车和绞缆机械。因为系缆作业总是在舷侧进行的，所以系缆设备多数布置在甲板的两侧，左右对称。大部分系泊设备分布在船舶的艏艉部。图5-26为大型船舶系泊设备的布置情况。

系泊设备

图 5-25　锚与锚链

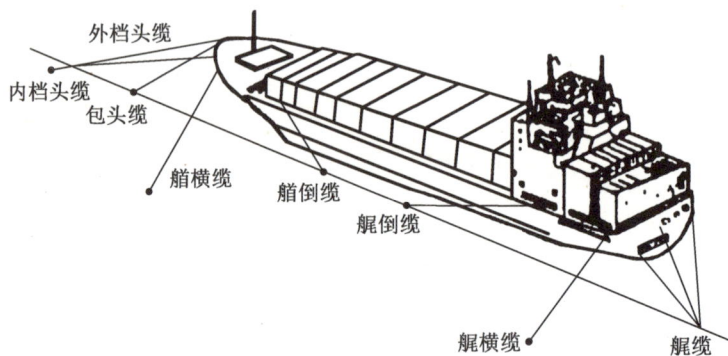

外档头缆
内档头缆
包头缆
艏横缆
艏倒缆
艉倒缆
艉横缆
艉缆

图 5-26　船舶系泊设备

5.3.3.2　系船索

　　系船索将船舶可靠地系结于码头、浮筒、船坞或相邻的船舶。系船索的强度、单位长度质量、粗细、柔性和耐腐蚀性都影响其使用性能,要根据船舶的类型和大小合理选用。常用的有钢丝索、植物纤维索和化学纤维索三种。钢丝索强度高、直径小、不易腐烂,使用寿命长,常被选作大、中型船舶的主要系船索。化学纤维索或称尼龙索具有质量小、耐腐蚀、强度高、柔软的优点,但在相同强度时比钢丝索粗,受摩擦时容易产生静电,除油船外,目前不少船舶都以尼龙索作主要系船索。植物纤维索以麻索为主,价格便宜,柔软,但较易腐蚀,多用于小船,也作为大中型船的备用索。

5.3.4　装卸设备

　　各类船舶的甲板上配置装卸设备以满足货物和各种物品装卸的需要。货船的装卸设备也可视为专用设备。

图5-27 船舶系船索

货船装卸设备的类型主要取决于所运载的货物或货物的装运单元,如液货船的泵和管路,滚装船的跳板、升降机和船内坡道,载驳船的吊驳机等。一般货船上应用较多的是吊杆式起货设备和回转式甲板起重机。

5.3.4.1 吊杆式起货设备

普通货船上起货吊杆的布置如图5-28所示。轻型吊杆一般装在起重柱或桅上,它在钢索的牵引下可以改变吊杆的仰角,也可在水平方向回转。货物则由起货绞车通过吊货索作升降运动。单杆操作时,吊杆在舱口上方和舷外之间来回摆动装卸货物。

吊杆式起货机

图5-28 货船吊杆设备

5.3.4.2 甲板起重机

现代船舶上广泛使用回转式甲板起重机,一般都为电动液压式,布置在舱口两端。回转式甲板起重吊臂的回转、俯仰和货物的升降都很灵活,操作方便,装卸效率较高。

在钻井平台,海洋打捞救生船等海洋开发和工程船舶上,也被广泛使用。图 5-29 为回转式甲板起重机。

图 5-29　甲板起重机

5.3.4.3　滚装船的通道系统

滚装船是发展迅速的新型货船,它常用于运输轿车、装有集装箱的拖车和各种工程车辆。一般货船的货物装卸都是垂直装卸,滚装船则属于水平装卸,使各类车辆直接上、下船。它的装卸设备主要是通道系统,和普通货船差别很大。

滚装船的通道系统包括:以各种方式打开和关闭的艏门、艉门和侧门。连接船舶和码头的折叠式的跳板,有一定的长度和宽度,可承受一定质量的车辆安全通过。在船舶内部设有固定或活动的坡道,作为上下层甲板或平台间车辆的过渡通道。坡道盖板则将坡道口封闭,以满足船舶的密性和抗沉性要求。车辆的上下也可依靠舱内设置的升降机。

5.3.5　舱口盖

加大货船舱口的尺寸有利于提高货物装卸速度,所以现代货船甲板上多开设较大的舱口。舱口盖属于船舶的关闭设备,舱口盖不仅应保证波浪、雨水不会漫入货舱,具有良好的密封装置;同时,舱口盖还应开闭迅速,操作简便能确保航行安全,尽可能缩短船舶停港时间。

舱口盖的形式有多种,机械化的舱口盖有滚翻式、滚移式、滚卷式和铰链式等几种。如图 5-30 所示为大型油轮上的滚移式舱口盖。

图 5-30　滚移式舱口盖

5.4　船舶救生设备

读一读

中国鲁滨孙

　　还记得著名的小说《鲁滨孙漂流记》吗？主人公鲁滨孙·克鲁索,一生志在遨游四海。一次海难后在荒岛上顽强地生存下来,经过 28 年 2 个月零 19 天后得以返回故乡。事实上,在真实历史上有这样一位传奇的中国人独自在海上漂流 133 天！绝对称得上是"中国版鲁滨孙",他的故事充满传奇性,令人惊叹他的生存能力(图 5-31)。

　　二战期间,24 岁中国海南男子潘濂在英国船舰"贝洛蒙号"上工作。1942 年 11 月,他与"贝洛蒙号"上的 52 名船员一起,准备从南非开普敦到南美苏里南。途径亚马孙河时,被德军的鱼雷炸毁了,船迅速下沉,潘濂抓了一件救生衣跳船逃生。除了潘濂,其他船员都遇难了。潘濂找到一艘大约 0.74 m² 的紧急逃生木筏,上面的金属箱子里装着饼干、巧克力、一袋方糖、40 L 淡水、几发照明弹,还有一支手电筒。靠着这些食物和水度过开始的几天,之后他靠接雨水和钓鱼生存,一共在海上漂流 133 天,最后被 3 名巴西渔夫救援。英国国王乔治六世听说了他的故事,给他颁发奖章,他的求生

图 5-31　中国版鲁滨孙——潘濂

经验还被编写成了《海上求生指南》。1991年1月4日,潘濂在家中去世,享年72岁。

他是史上在海上漂流最久的人,被人们称为"中国的鲁滨孙"。但去世之前他却说:"我希望没有人去打破这个世界纪录。"因为他知道,独自一人在大海上漂流,不知道什么时候才能看到陆地的感觉太绝望了!

想一想

船舶在复杂的海洋环境航行,难免会出现危急时刻,为此船舶应该做哪些准备呢?

学一学

5.4.1　对救生设备的要求

救生设备是保障船上乘员生命安全的重要设备,它可供救助落水人员使用或本船遇难时乘员自救。当发生海难事故时,除依靠通信设施及时呼救外,船上应配备足够数量的、能单独在海上漂浮或行驶的各种救生工具,使乘员及时脱离遇难船舶。

常用的救生设备有救生艇、救助艇、救生筏、救生浮、个人救生用具以及救生辅助设备。《国际海上人命安全公约》对救生设备有明确规定,主要有:

(1)对国际航行的客船,要求其配备能自动扶正的部分封闭救生艇或全封闭救生艇;

(2)对运载易燃货物的油船、化学品货船,要求其配备能防火至少8分钟的耐火救生艇;

(3)对2万总吨以上的大型货船,要求其救生船能在船舶以5 kn航速航行时降落水面;

(4)要求救生艇、救生筏在船舶横倾20°时能安全降落水面;

(5)要求救生衣能保温;

(6)要求救生圈配备自亮灯和自发烟雾信号。

5.4.2　救生艇与救助艇组

5.4.2.1　救生艇

当船舶发生海难事故时,载满乘员的救生艇能迅速、安全地降落到海面,等待救援或驶向附近海岸。救生艇应有足够的强度、干舷和良好的稳性。艇内设有水密的空气箱或泡沫塑料浮体,提供一定的储备浮力,以保证艇在载满额定乘员、属具并灌满水时也不会沉没。艇内备有一定量的干粮、淡水、药品、帆、桨等物品。

救生艇艇体材料主要为钢质或玻璃钢。玻璃钢救生艇质量小、强度高、耐腐蚀且便于维修,应用十分广泛。按推进方式分为机动艇和非机动艇两类,机动艇装有发动机,航速可达4~6 kn。按结构形式分为敞开式和封闭式,前者为传统型,结构简单,登艇方便,但目前一般只用于内河船舶和某些近海航行船舶;封闭式能有效保护乘员免

救生装置
下水(1)

救生装置
下水(2)

受风浪、雨水、严寒和酷热的侵袭。图 5-32 为全封闭玻璃钢救生艇及其放艇装置。

图 5-32   封闭式救生艇及其放艇装置

救生艇放置在离水面较高的艇甲板两舷,但艇体不许超出舷外。客船的艇甲板应留有充分的空余面积以便旅客集合登艇。通向艇甲板的梯道和通道应有足够的宽度并有鲜明醒目的标识。

5.4.2.2 救助艇

某些大型客船或特殊用途的船舶配备有救助艇,如图 5-33 所示,它主要用于救助落水人员和集结脱险的救生艇、救生筏。救助艇可以是刚性艇体,也可以是充气艇体,或者是两者混合结构。艇长不大于 8.5 m,艇内应能容纳 5 名乘员和 1 名躺卧的乘员;航速至少 6 kn,连续航行时间不少于 4 h;在 6 级海况中应能以 2 kn 航速至少拖带 25 人;救助艇必须安置在吊艇架上处于随时可用状态,船舶航行中应能够随时紧急降落。有的救助艇兼作救生艇。

图 5-33   救助艇

5.4.2.3　救生筏

传统的刚性救生筏周边有空气箱或硬质泡沫塑料浮力块提供浮力,现只用于内河船舶,现代海船上多采用气胀式救生筏,如图5-34所示。

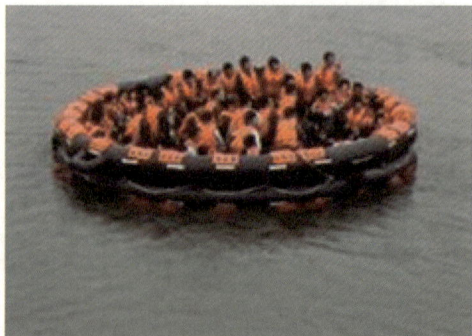

5.4.2.4　救生浮具

救生浮具是以泡沫塑料为芯材,外壳用玻璃钢或帆布制成。浮具的中间设置绳网和术格踏板,外围装有救生索并设浮子把手,供人攀握。此外还备有桨和自亮浮灯,但不备食物和淡水。浮体只提供部分浮力,人员仍浸泡于水中,只用在沿海和内河船舶上。

图5-34　救生筏

5.4.2.5　救生圈

救生圈为一环状浮体,由软木或泡沫塑料制成。其作用是提供定浮力支持落水人员,并以某种信号显示所在位置,便于他人发现施救。有的救生圈配备自亮浮灯,这种灯不会被海水扑灭;有的带有烟雾信号,能释放出橙黄色的浓烟,能见度不小于2 n mile,持续时间不少于15分钟。部分救生圈配有一根救生索,长度一般要求30 m以上,漂浮于水面便于落水者接触。救生圈通常悬挂在上层建筑围壁外面或舷侧栏杆的支架上,要求固定可靠而取用方便。

5.4.2.6　救生衣

救生衣以木棉或闭孔软质泡沫塑料作为浮力材料,外包帆布或尼龙布,有背心式和带领背心式等多种(图5-35)。救生衣提供一定的浮力,能使落水者的身体呈安全漂浮状态,身体略后倾仰卧,脸部露出水面。在客船上还按规范要求配备一定数量的儿童救生服和充气救生衣。有的海洋船舶要求配备保暖救生衣。在某些海域和寒冷季节,低温对落水人员造成极大的威胁。在不隔水的情况下,落水人员在不同水温下生存的时间大体如表5-1所示。

图5-35　救生衣

表5-1　落水人员在不同水温下生存的时间表

水温/℃	<2	2~4	4~10	10~15	15~20	>20
生存时间/h	<0.75	<1.5	<3	<6	<12	视疲劳程度

地球上绝大多数地区的水温都可能低于21 ℃,所以都必须考虑低温保护,使落水人员不致因体温降低而丧生。封闭式救生艇、气胀式救生筏、保暖救生衣等救生用具,可以不同程度地起到防寒保暖和避免风浪侵袭的作用。

为了方便海上搜索救援,救生设备多为橙黄色,有的表面上贴有定向反光带,能强烈反射日光和灯光,使其易于被发现。

一般船舶只配备水面救生设备;潜艇上应配备救生浮标、信号浮标和呼吸器等水下救生器具;而海军打捞救生船则需配置一定数量的专用水下救生设备。

做一做

开展消防救生演习。

5.5　船舶管路系统

读一读

2019 年 3 月 8 日,交通运输部海事局向各省、自治区、直辖市地方海事局,新疆生产建设兵团海事局,各直属海事局通报了几起近期发生的船舶火灾事故:

2019 年 3 月 8 日约 10 时 56 分,浙江台州籍高速客船"海钜"轮在台州大陈岛客运码头靠泊期间失火。船上 9 名船员遇险后得救。事故初步原因为客舱空调线路短路,火星引起下方坐垫起火。

2019 年 3 月 6 日约 20 时 20 分,江苏南通籍多用途船"瀚星 16"轮,空载由珠海三一重工码头开往深圳途中,在珠海高栏港 K14 锚地东北角外正东约 4 n mile 处,船舶机舱发生火灾。船上 13 名船员遇险后得救。事故初步原因为机舱右主机进油管爆裂,柴油沾到排烟管后起火。

2019 年 3 月 6 日约 11 时 20 分,海南三亚籍游艇"嘉翔号"由三亚半山半岛附近海域开往三亚内港途中,船舶机舱发生火灾。船上共 11 人遇险后得救。事故初步原因为游艇发动机持续通电导致温度不断升高引起火灾。

想一想

每一艘船都是一座"流动的城市",船上人员全天候在船上生活和工作,那么船上有自来水吗? 船舶航行到了热带水域,太热了有空调吗? 在寒冷水域有暖气吗? 像上面通报的船舶火灾事故也时有发生,船上有灭火的消防水吗?

学一学

5.5.1　船舶系统概述

5.5.1.1　船舶系统的功用

现代大型船舶有如海上的浮动城镇。陆地上的建筑物都有上水、下水、煤气、取暖通风、空调和消防等系统,以满足正常生活和工作的需要,创造良好的居住环境。航行于海洋上的船舶也与此相似。

船舶系统的功用就是为满足船舶营运的需要,输送各种液体和气体。根据船舶的用途和航区合理地设置各种系统,不仅关系到船舶的航行性能、营运效率和安全,也影响到全船旅客和船员的工作、生活。

5.5.1.2　船舶系统的分类

船舶系统按用途分为两类,即各类船舶所共有的基本系统和特殊船舶配备的特殊系统。基本系统如舱底水系统、压载系统、日用水系统、消防系统和通风系统等。特殊系统如油船的货油系统、破冰船的纵横倾系统和潜艇的沉浮系统等。按输送流体的种类分为水、空气、蒸汽和油等系统。

5.5.2　舱底水、压载及日用水系统

5.5.2.1　舱底水系统

船舶在营运过程中,外板渗漏、舱口盖水密不够、管路滴冒、艉轴套筒和舵杆套筒填料箱的渗漏以及舱内外温差形成的湿气冷凝,都会在舱底形成积水,称为舱底水。

舱底水必须及时排出以避免货物受潮变质,船体结构锈蚀,甚至危及航行安全。排除积水的方法是在各舱舱底设置集水井以聚集舱底水。在集水井中装吸水过速器,并与吸水管路接通。当舱底水泵开动时,就将舱底水抽出排至船外。图5-36为各舱独立的舱底水系统示意图。此外,还有分组和集中式的舱底水系统。船底水系统同时还担负着海损事故时紧急排除进水的任务。

5.5.2.2　压载系统

船上的货物燃料、水等载荷在营运过程中是变化的。船舶总重力的变化必然影响船的浮态。此时,船舶重心位置及稳性也发生相应的变化。为了使船舶在载荷变动的情况下仍具有良好的性能,必须对船舶的浮态、重心随时进行调整。这就要依靠船上的压载系统,通过各压载舱中舷外水的排出或吸入,以及压载水在各压载舱之间的调拨来实现。专门容纳压载水的船舱称为压载水舱,通常分布在双层底舱、艏艉尖舱、顶边水舱、舷侧边水舱或深水舱内。

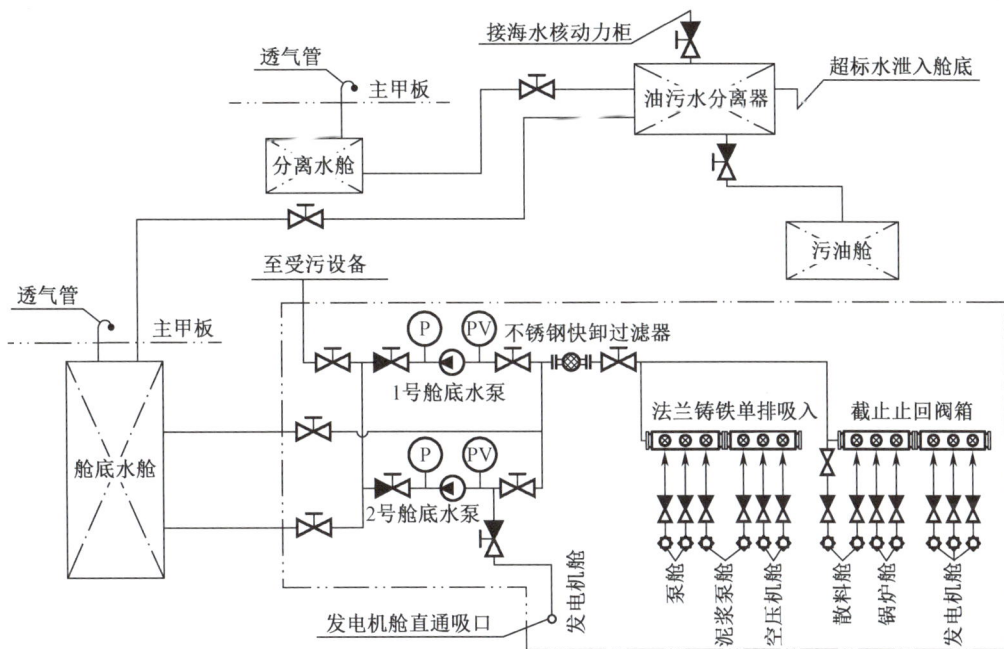

图 5-36 舱底水系统示意图

5.5.2.3 日用水系统

日用水系统是指为保证船舶管理和船上人员生活必需而设置的上、下水道系统。

（1）上水道系统

上水道系统即船上的供水系统。它供应船上的饮用水、洗涤水、冲洗用的清水和舷外水。供水方式有重力水柜、循环水泵和压力水柜等几种。重力水柜因其体积大、重心高、管径粗，多用于内河水船。循环水泵多用于大型船舶，它不论用水量多少，都必须不停地工作，多余的水经溢流阀返回水舱，会造成电力浪费。

压力水柜供水目前为大多数现代中小型客船和货船所采用。图 5-37 为其工作原理图。

（2）下水道系统

下水道系统即船上的排泄系统。一是将甲板的冲洗水和雨水排出舷外；二是将浴室、洗脸室、厨房等处的洗涤水排出舷外；三是将厕所的粪便水处理后合理排放。粪便污水管路应单独设置，不允许与其他下水管路连通，这种管路不能通过厨房、食堂、配膳室、粮食及副食品舱库及居住舱室，且粪便污水只有经处理后才允许排至舷外。

5.5.3 消防系统

5.5.3.1 船舶消防概述

船舶建筑封闭、设备复杂、人员密集，一旦发生火灾，危险性更大，故各类船舶都必须按有关要求配备消防设备和系统，以便有能力在无外援的情况下及时扑灭火灾进行自救（图 5-38）。

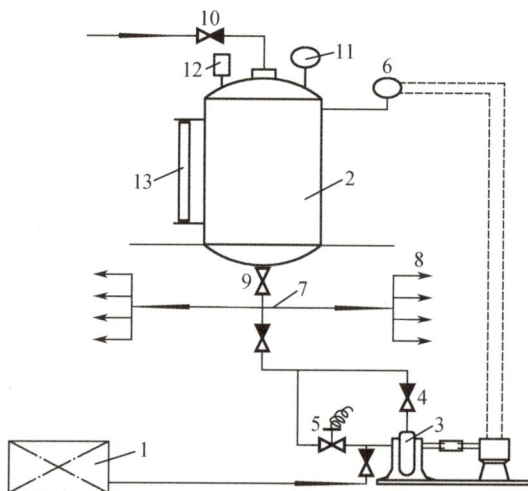

1—淡水仓;2—压力水柜;3—离心泵;4—截止止回阀;5—安全阀;
6—压力继电器;7—供水总管;8—供水支管;9—截止阀;10—充气阀;
11—压力计;12—安全阀;13—液位计。

图5-37 压力式水柜供水系统工作原理图

图5-38 船舶火灾

5.5.3.2 水灭火系统

水灭火系统以舷外水为工作介质。它由消防泵、消防总管、消防支管、消防栓、消防水带和水枪、喷嘴等组成,结构简单,取水容易。几乎所有船舶都装有水灭火系统。在客船上的某些舱室,顶部装有自动洒水器,当舱内起火时,通过传感器自动洒水灭火。

图5-39为船上水消防管系的布置图。在现代大型船舶上还以消防水冲洗从海里拉上的锚链,以免将大量泥沙带入锚链舱。

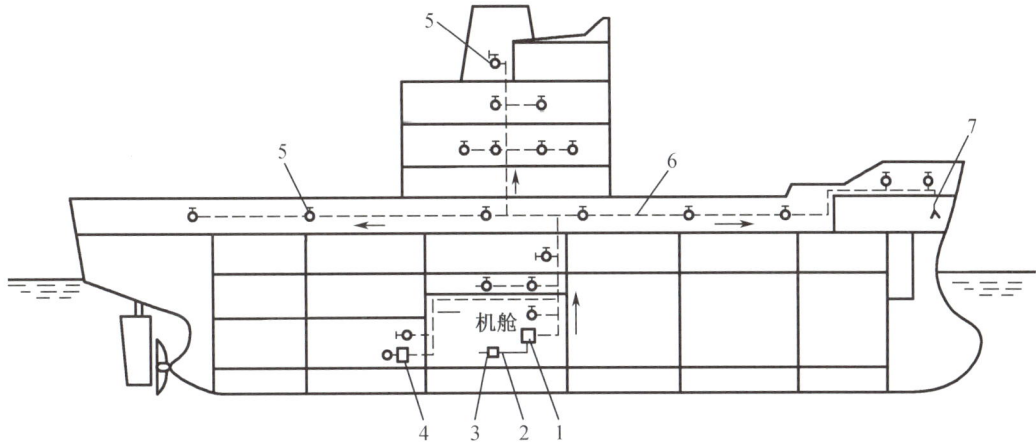

1—消防水泵;2—海水总管;3—海底阀;4—应急消防水泵;

5—消防栓;6—消防水管;7—锚链冲洗头。

图5-39 船上水消防管系布置图

5.5.3.3 泡沫灭火系统

水灭火系统不能用来扑灭油类火灾,因为油比水轻,着火的油会浮在水面上流开,反而会使火势蔓延。泡沫灭火是将比重较小、不会着火的泡沫覆盖在燃烧物上,使其与空气隔绝,因窒息而达到灭火的目的。高膨胀泡沫体积比泡沫液(泡沫剂和水的混合物)大几百甚至上千倍,含有黏附剂的泡沫强韧、黏稠、细密、有较长时间的稳定性,可黏附于液体和固体的表面,泡沫内的水分又能起冷却的作用。泡沫灭火不仅适用于油类火灾,也可用于固体物灭火。但由于泡沫内含有水分,不能用于扑灭电气火灾,也不能用于扑灭酒精、乙醚着火,因它们挥发性强会破坏泡沫使其失去隔离窒息的作用。泡沫灭火最适用于扑灭机舱锅炉舱、货油泵舱及货油舱等处的火灾。船上除设固定的泡沫灭火系统外,还备有机动的泡沫灭火器。

5.5.3.4 蒸汽或二氧化碳灭火系统

蒸汽灭火的原理是:利用低压饱和的蒸汽充满燃烧的空间,使舱内的含氧量下降至不能支持燃烧的比例,限制外界空气进入舱内而使火焰窒息。

蒸汽灭火系统装置简单,使用经济,操作方便,对一般火灾均有效,尤其适用于如货舱、燃油舱隔离空舱等封闭舱室。在油船上还可兼作蒸汽熏舱与驱赶油气使用。

二氧化碳灭火站要远离居住舱室,应设在上层建筑或上甲板上容易到达的处所,门窗要直接通向露天甲板。

5.5.3.5 卤化物灭火系统

化合物中有氟溴等卤族元素存在时,可以增加其惰性、稳定性和抗燃性。卤化物的灭火原理是溴离子破坏了物质通过燃烧产生氢离子的反应,从而使燃烧的连锁反应停止。同时,它还有一定的冷却和隔离空气的作用,破坏燃烧条件,达到灭火的目的。船上使用的卤化物有一溴二氟一氯甲烷(简称1211),一溴三氟甲烷(1301)等,它主要用来扑灭油类火灾。卤化物灭火系统是由灭火剂容器、灭火管路、驱动设备、操纵阀件、喷嘴等组成。

除了上述几种常见的灭火系统外,近年来船上还采用了新型灭火器,如干粉灭火器,7150灭火器等。

5.5.4 通风、空调系统

5.5.4.1 通风系统

通风系统供给舱室新鲜空气,排除污浊气体,使室内空气维持一定的纯度、温度、湿度和流通速度,从而保障人员的健康,避免货物的腐败,防止有害可燃气体的积聚,保障各种机械器材、仪表的正常工作。

5.5.4.2 空调系统

空调的任务是对外界空气进行滤尘、加热或冷却、加湿或去湿,并把经过处理的空气送到各舱室,在船舶内部制造适宜的"人工气候"。在温度、湿度适宜时则只进行通风、换气。

目前在船上应用的空调装置可分为三类:

(1)集中式空调装置货船上船员舱室比较集中,可设 1~3 个中央空调装置为各舱室送气;

(2)分组集中式空调装置客船舱室很多,不同等级客舱空气调节要求也不同,通常按区域调节,按要求相同或相近的舱室进行分组,用多个中央空调器分组处理后送入对应的舱室;

(3)独立式空调装置应用于单个舱室的小型空调装置。

图 5-40 为空调装置示意图。空气的加热可用蒸汽或电热器;降温则依靠制冷系统;加湿通过水管喷洒雾状水珠;降湿则用化学干燥方法。

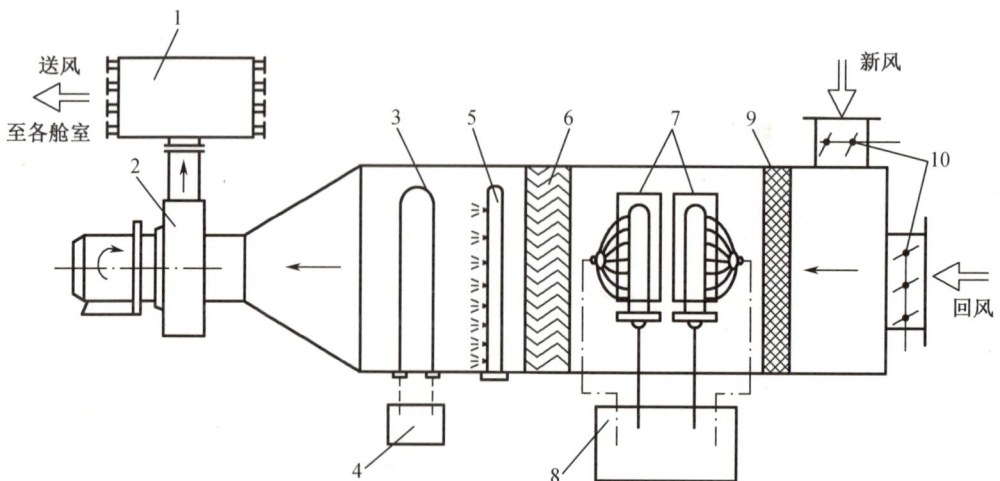

1—空气分配箱;2—风机;3—加热器;4—热源;5—加湿器;
6—挡水板;7—冷却装置;8—制冷系统;9—滤器;10—风门。

图 5-40 空调装置示意图

5.6　航海仪器

哈里森航海钟:人类工匠精神的典范

1707 年,一支英国舰队在胜利返航途中迷失了方向,造成 4 艘战舰撞上了海岛沉没,1 500 多名水手丧命的惨重损失。1714 年,英国国会通过了《经度法案》(*Longitude Act*),规定任何人只要能找出在海上测量经度的方法,便可以拿到 2 万英镑(折合现今人民币约 2 500 万元)的奖金。荷兰、西班牙、法国也已悬赏出类似的巨额奖金。

一个英国木匠出身的钟表匠——约翰·哈里森(John Harrison,1693—1776)揭榜了,目的是为得到这笔 2 万英镑奖金,通过自己掌握的制造钟表的原理和技能,充满信心地开始研究制造航海钟。从 1728 年到 1736 年,他终于制造出了第一台航海钟,后人把它定义为 H1。1741 年造出 H2,1957 年造出 H3,前三代准确度还是比较高的,就是体积太大,过于笨重。1759 年,哈里森终于造出了一块直径为 13 cm,重 1.45 kg 的比怀表大一点的 H4 航海表。哈里森一直从 35 岁干到 72 岁,大半辈子他就干了这一件事。几十年里,为了赏金干活的哈德森有趣的故事一箩筐。最后,在国王的支持下打了几年"官司",哈里森终于在 80 岁的时候拿到了国会全额奖金。

哈里森倾其一生钻研的工匠精神,让英国成为人类大航海时代世界的霸主。如果要列出对英国贡献巨大的人物,约翰·哈里森绝对可记上一笔,没有他在航海钟研发的突破,英国在 18 世纪海上霸权的争夺要推迟许多年。

船舶在浩瀚的海洋上航行,会不会迷失方向呢,船身位置是怎么确定的? 在没有参照物而且有水流影响的情况下是如何知道自己航速的?

5.6.1　航海仪器的作用

航海仪器又称导航仪器,它的作用是引导船舶按既定航线,安全、经济地航行至目的地,并用各种方法和手段随时确定本船所处的位置,以及海面和航道的情况。

对于军舰,导航仪器不仅用于航海,还要向舰艇各项设备武备和指挥系统提供本舰位置姿态、航向、航速等实时信息。现代船舶的导航过程可用图 5-41 的模型图描述。

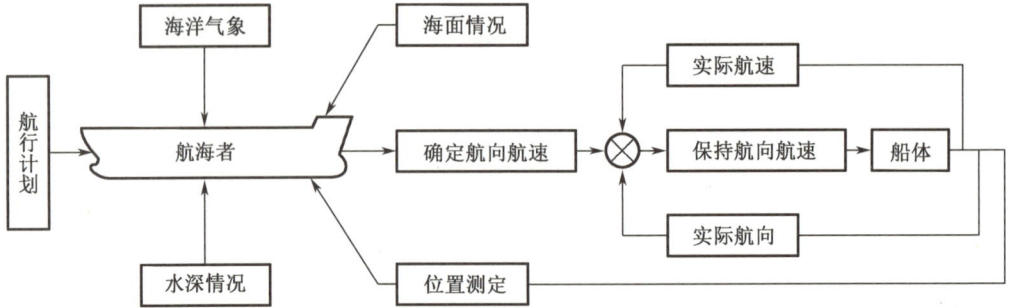

图 5-41　船舶导航过程模型示意图

导航设备的作用简单地说是以下两个方面：一是随时确定本船所处的准确位置、航行方向和实际航速；二是识别外界情况，包括航道水深、海面、海下、空中和海岸目标，掌握海洋气象情况。其目的是引导船舶安全地完成预定的航行计划。

5.6.2　船舶定向仪器

罗经是指示航向的重要仪器，分磁罗经和电罗经两种。

5.6.2.1　磁罗经

磁罗经是利用地球磁场作为基准测定航向的一种仪器，见图 5-42。若干根平行装置的磁棒与一个罗经卡即航向标线盘连成一体，罗经卡的盘面上刻有 0°～360°的方向刻度。磁棒安装方向与 0°～180°的直径连线相平行。罗经卡和磁棒都安装在液缸即浮室上，浮室中央凹处顶部是镶有宝石的管座。整个浮室由罗盘中央镶有铱金尖的轴针支撑，可绕轴针自由旋转，在地磁作用下始终维持指北方向。浮室提供的浮力可减小宝石管座与轴针的摩擦力而提高罗经指向的灵敏性。航向标线代表船体中心线，反映出舰船当时的实际航向。

图 5-42　磁罗经

磁罗经具有构造简单、不依赖电源、不易损坏和价格低廉等优点,至今仍是不可缺少的航海仪器。但使用磁罗经时必须对测得的方向数据进行修正,以消除地球磁场和船体磁场所造成的偏差。

新近出现的一种稳定型磁罗经,其独特的结构增加了磁罗经的指向准确性、传递速度和回转速率。在恶劣的海况下,这种新型的磁罗经能连续测量并校正船只运动的影响,准确度很高。

5.6.2.2　陀螺罗经

陀螺罗经即电罗经,它的工作原理与磁罗经完全不同。它是陀螺仪在导航方面的一种应用,它不受地磁和船体磁场的影响,定向准确,见图5-43。

陀螺罗经是应用陀螺仪的定轴性和进动性,使其旋转轴线在运动的船舶上仍能精确跟踪地球子午面自动指北,从而成为一种指向仪器。

陀螺不旋转时,其轴线可任意改变。当其高速旋转而又没有受到外力的影响时,它就不会改变轴线的方向,维持空间一定的指向,这种特性称为陀螺的定轴性。当旋转的陀螺受到某种外力的作用时,它又按一定的规律不断地改变其轴线的空间

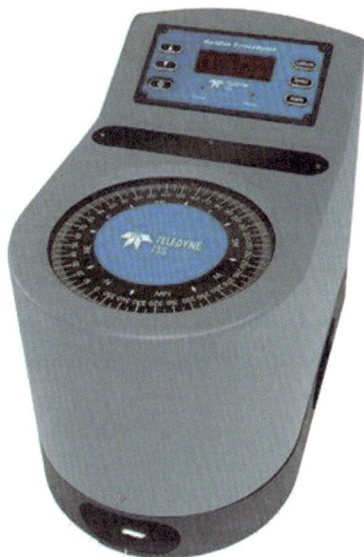

图5-43　陀螺罗经

指向,这叫作陀螺的进动性。陀螺罗经就是利用陀螺的定轴性和进动性,使其旋转轴线始终准确地指向地理的北极。这样,当船舶航行到海面上任何位置时,都可依此确定船舶的实际航向。

5.6.3　船舶定位仪器

5.6.3.1　航海六分仪

航海六分仪是一种天文导航仪器,用它能够测定某天体与水线间的夹角。由于仪器上的刻度弧长为圆周的六分之一,所以称为六分仪。六分仪分光学六分仪和无线电六分仪两种,前者依靠可见光,后者依靠天体发射出来的无线电波来测定天体的高度和方位角。图5-44为光学六分仪,其定位原理见图5-45。天文导航是一种可靠而又常用的导航方法。所以,几乎所有的海船都备有六分仪、天文钟算表和航海天文历。

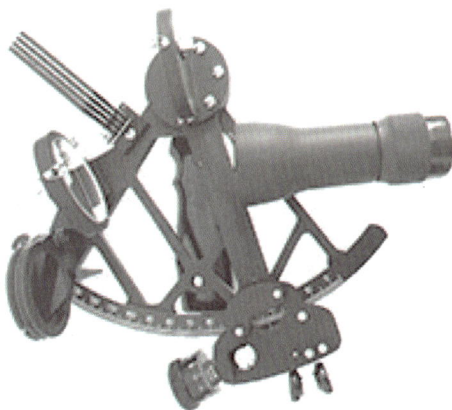

图5-44　光学六分仪

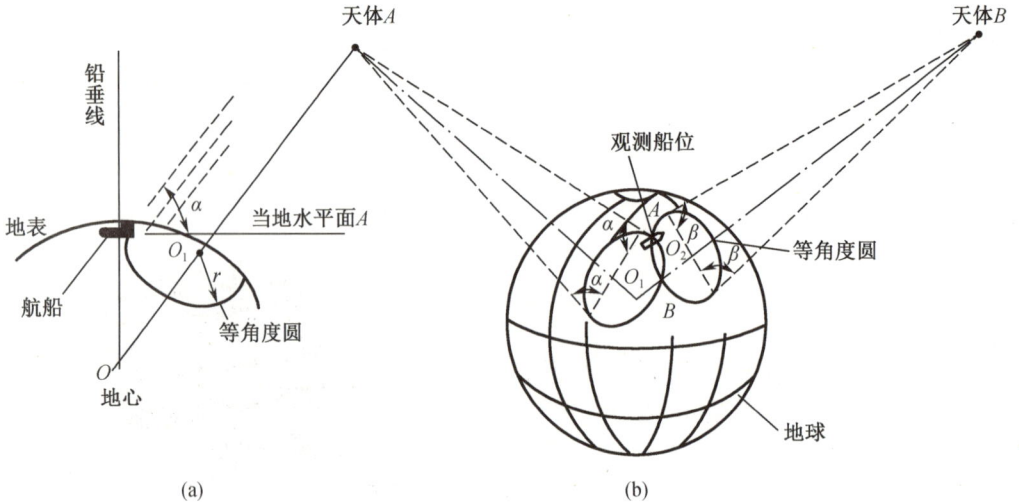

图 5-45　天文定位原理图

5.6.3.2　无线电测向仪

无线电测向仪是用来测定由岸上发射台发射的电波方向,并由两个电波方向的交点确定本船的位置。

无线电测向系统由船上的无线电测向仪(带有环状天线的接收机)和岸上的发射台组成。当环状天线平面旋转至与电波传播方向平行时,接收到的电波信号最强,接收机中声音也就最大。无线电测向仪就是利用环状天线的这一接收信号的方向性,用接收机接收岸上两个发射站的信号,并确定其方位,这样就可以在海图上通过已知两发射站所在地点作出直线,两条直线的交点即本船所在的位置。

无线电测向仪由于其作用距离短,定位精度较低,在航海中已退居辅助地位,但其测定无线电发射台方位的能力仍然是独一无二的,它能在出事海域搜寻遇难船只的无线电呼救信号。因此,《国际海上人命安全公约(SOLAS)》规定,凡 1 600 总吨以上的国际航行船舶,必须装备无线电测向仪。

5.6.3.3　船舶自动识别系统

船舶自动识别系统(automatic identification system,AIS),是指一种应用于船和岸、船和船之间的海事安全与通信的新型助航系统,如图 5-46 所示。常由 VHF 通信机、GPS 定位仪和与船载显示器及传感器等相连接的通信控制器组成,能自动交换船位、航速、航向、船名、呼号等重要信息。装在船上的 AIS 在向外发送这些信息的同时,同样接收 VHF 覆盖范围内其他船舶的信息,从而实现了自动应答。此外,作为一种开放式数据传输系统,它可与雷达、ARPA、ECDIS、VTS 等终端设备和 INTERNET 实现连接,构成海上交管和监视网络,它是不用雷达探测也能获得交通信息的有效手段,可以有效减少船舶碰撞事故的发生。

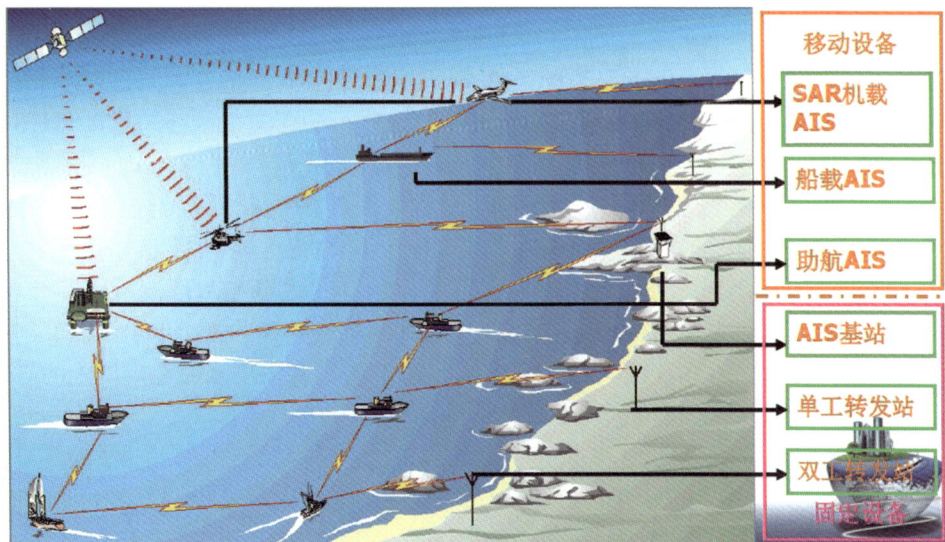

图 5-46　AIS 系统组成

5.6.3.4　卫星定位系统

利用人造地球卫星进行导航的技术已有了飞速的发展,它在船舶导航中占有重要的地位,这不仅因其全球性、全天候覆盖,而且有其较高的定位精度。当采用先进技术时,其水平面位置误差可达到 5 m 以内。

船舶卫星导航接收机接收来自卫星的信号。通过测量导航参数求出船舶相对于卫星的位置,然后就能由计算机计算出自己的船位,并由显示器显示出来。

目前,确定船舶相对于卫星的位置的方法已有很多种,"多普勒频移"法即为其中一种。所谓"多普勒频移"是指发射某一频率声波或电磁波的物体运动时,在运动物件前方测得的频率会比发射频率高,在运动物体后方测得的频率会比发射频率低,这种频率改变的现象称为"多普勒频移"。航行中的船舶由于相对于卫星所处位置的不同,收到由高速运动的卫星发射的一定频率的电波时,就会产生这种频移现象,所得到的数据自动输入到计算机进行计算,最后由显示器自动输出船舶位置的坐标。

图 5-47 为导航卫星网示意图。在各成一定夹角的轨道面上都有多颗导航卫星覆盖全球。卫星绕地球运转周期一般为 12 h。观测者任何时候在任何地点都可以收到 4 颗以上的卫星信号,定位准确度可达 30~100 m,我国的北斗卫星系统定位精度可达 5 m 以内。

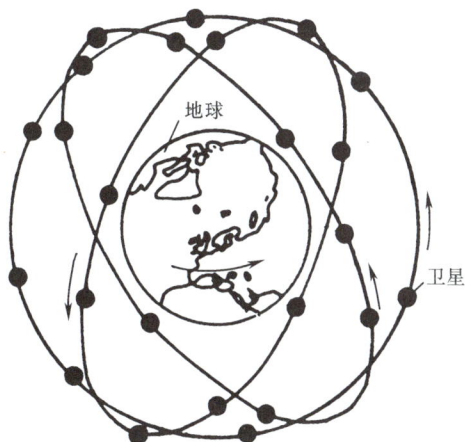

卫星定位系统

图 5-47　导航卫星分布示意图

5.6.4 回声测深仪

回声测深仪在航行中用于测量水深,发现水下障碍物,保证安全航行。

超声波在海水中以 1 500 m/s,在淡水中以 1 400 m/s 的速度传播。所以,只要测出超声波往返于船底到水底的时间,即可知道该处的水深。

回声测深仪装置见图 5-48。它由深度显示器、发射器接收器、换能器和电源等部分组成。回声测深仪的工作频率选在 14~200 kHz 左右。高频最小作用深度为 0.3 m,低频最大作用深度可达万米。换能器的作用是实现电能和声波的相互转换。显示器则以指针式数字式、图像式、记录式、闪光式等种或数种方式显示水深。

回声测深仪除助航外,也是航道测绘、海图测绘、海洋探测中水底地形调查的必备测量仪器。

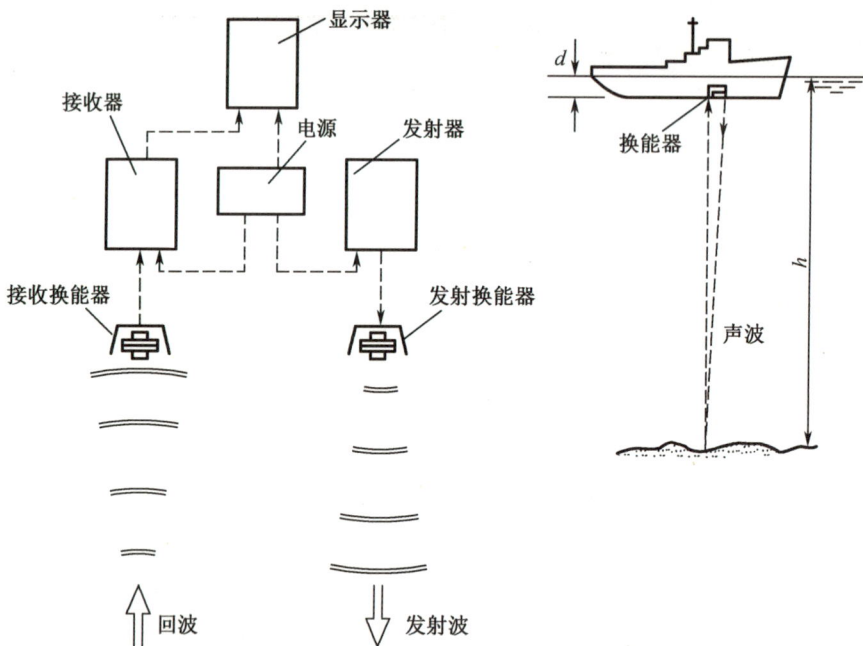

图 5-48 回声测深仪示意图

5.6.5 船用计程仪

船用计程仪是用来测量船舶航程和航速的重要航海仪器。它所输出的航速、航程、漂流角等信息对导航和军舰的武备和其他电子设备都有重要作用。

最初在船上曾广泛应用的拖曳式、转轮式和水压式计程仪,现在基本上都已被电磁计程仪所取代。电磁计程仪是根据水流切割装在船底的电磁传感器的磁场,将船舶航行相对于水的运动速度转换为感应电势,再由仪器换算为航速和航程。其优点是灵敏度高,尤其是能提高在低速航行时的测速精度,它还可以测量船舶后退时的速度。

近年还出现了声多普勒计程仪和声相关计程仪。声多普勒计程仪利用发射的声波和接收的水底反射波之间的多普勒频移,测量船舶相对于水底的速度及累计的航程,其准确性、灵敏度都较好。

5.6.6　雷达

雷达是利用目标对电磁波的反射来发现空中地面或水面的目标并测定其位置。雷达能够发现人造卫星、飞机、导弹、飞行中的炮弹、舰船、车辆、地面武器、铁路桥梁、建筑物、山川、云雨等各种各样的目标。雷达具有突出的远距离探测和对目标特性进行识别的能力。图 5-49 为雷达工作示意图。

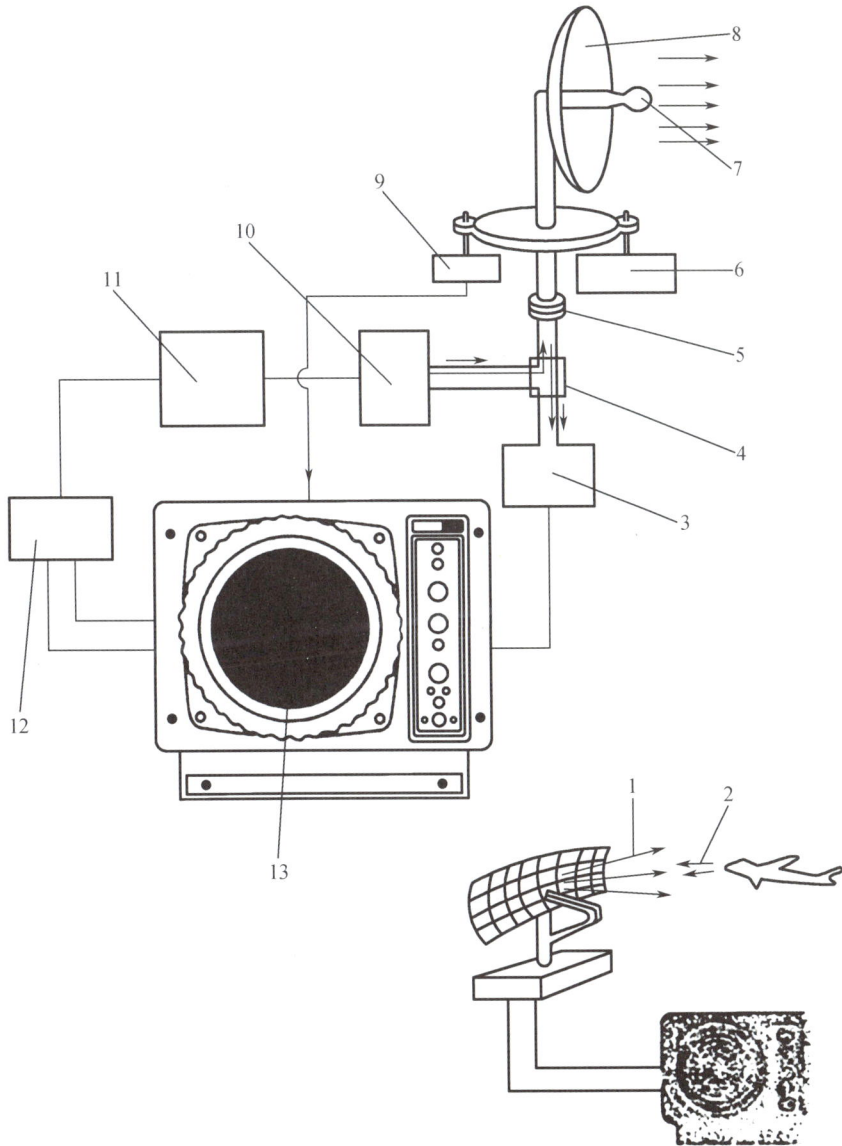

1—发射脉冲;2—回波;3—接收器;4—天线收发转换开关;5—旋转接头;6—驱动电机;

7—发射原件;8—抛物面发射器;9—方位自动同步机;10—发射机;

11—调制器;12—同步器;13—显示屏。

图 5-49　雷达工作原理示意图

雷达探测目标的基本原理与回声测距相似。雷达发射的是电磁波,其能量以光速传播。雷达的天线向空间定向辐射电磁波。在电磁波的照射下,目标将大部分电磁波散射到四周空间,其中一小部分能量(即回波信号)被雷达所接收,借此获得与目标相关的信息。

天线接收到回收信息,就表示已经发现了目标的存在。此时天线的方向也就是目标所在的方向。测定回波信号对发射信号的时间差,可以知道目标的距离。测出回波信号对发射信号的频移,就可以确定目标的相对速度。此外,某些精密的雷达还可以根据回波提供的其他信息识别目标的外形、大小和运动姿态。

船舶导航雷达则主要保障船舶在江河海洋航行时的安全,防止碰撞,并可根据地物目标测定船位,进行导航,以及在能见度不良的情况下进出港口时观测航道。

5.6.7 其他航行仪器与设备

除以上介绍的航行仪器外,船上还备有一些航海必需的其他设备与仪器,如准确度很高的天文钟、观测天体的索星卡、航海天文历和算表、优良的望远镜、海图作业器具。

海图是按一定比例绘制的地球上局部海区图,它分区域将江海沿岸、港湾、岛屿、水深、暗礁、底质以及沉船等障碍物、助航灯塔、灯标等绘制在平面图上,供航海使用。船舶在起航前都要根据海图设计一条既安全又经济的航线,制订航行计划,在航行中及时获得船位并修正航向,避让障碍物,检查航行计划的执行情况。

船上还设置有能对外界发出,并能使外界凭借视觉或听觉感受到的信号设备,这就是各种号灯、通信闪光灯、号型、号笛、号钟和国际信号旗等。

做一做

到学校船舶模拟驾驶室,开展船舶驾驶模拟实训。

第6章 造船模式与流程

船小舶有话说：

　　一艘大型船舶,不仅有动力、发电、通信、供水以及废弃物无害化过程处理等装置,还有雷达导航系统和完善的生活设施,无异于一座在海洋上流动的"中、小城市"。船舶建造是一项复杂的系统工程,是现代工业的集大成者,被称为"综合工业之冠"。恩格斯也说过,现代舰船"不仅是现代大工业的产物,而且同时还是现代大工业的缩影"。中国近现代造船业,起步于岌岌可危的清末,兴盛于蒸蒸日上的21世纪,作为新时代造船人,我们理应志存高远,兴船报国,把建设世界造船强国看作奋斗终生的大梦想。

船小舶带你学：

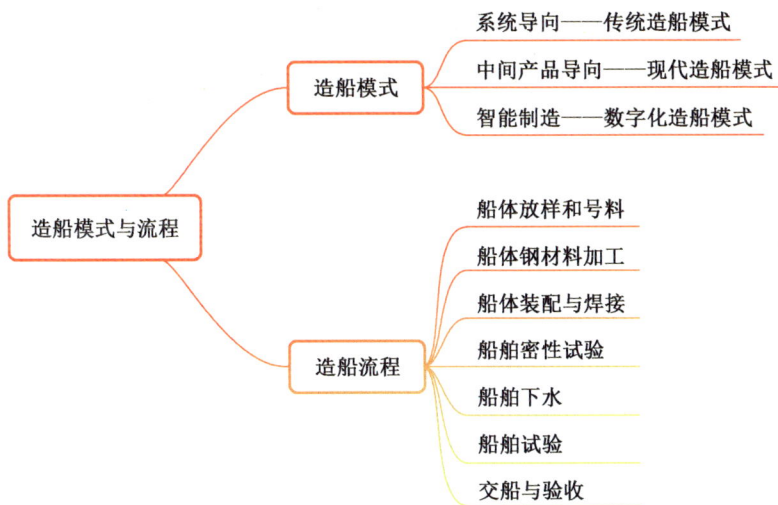

6.1　造 船 模 式

读一读

我国首条船舶工业智能无人生产线试运行

　　我国首条船舶工业智能无人生产线在武昌船舶重工集团有限公司开始试运行,这是船舶行业第一条全自动中小径直管生产线,这条生产线可年产3万根被称为"船舶血管"的特种管件,为中国船舶行业打造"智能船厂"提供了示范。

该条生产线是中船重工利用厂所合作新模式打造的中国船舶行业智能化无人管加车间。中船重工武船重工与七一六研究所充分发挥各自在信息化系统、智能制造装备领域、船舶制造信息化和工艺方面的优势,打造了中国智能船厂。

此智能船厂是如何运转的呢? 据工程师介绍,在生产的过程中,生产人员借助计算机对自动仓储物流单元、自动切割下料单元、自动打磨单元、自动贴标单元、自动组对焊接单元和主控单元组成的自动化柔性生产线进行全程无人智能操控。一根原始状态的管子毛坯的自动出库、自动切割定长、自动修整打磨、自动标识移植、法兰和管子自动装配焊接全部由计算机控制。短短的几分钟,生产线上就可以诞生一根直接上船安装的特种成品管件。按这个速度,这条生产线每天可自动生产百余根特种管件。

图6-1　武船集团智能无人生产线

船舶制造是非常复杂的工业流程,不仅需要速度,更加需要精准。该生产线依托管加智能生产线集控中心和视觉测量技术等先进智能制造技术,"指挥"焊接机器人在短时间内将分处不同位置的半成品管子和法兰零件准确地组合在一起,并实施了高效自动组对焊接,管子和法兰组合精度达到亚毫米级,焊接质量全面达到优良标准。

为了保障这样的精准加工,该生产线应用激光视觉系统,在数秒时间内测量结果的精度可达到微米级别,且基本不受现场光源光线的影响,达到相关生产制造的要求。而且视觉系统可以连续稳定地在恶劣环境条件下长时间工作,大大降低了工人的工作强度。

此智能无人生产线试运行后,武船加工制造现有产线产能将提高15%,新建产线将实现无人全自动化直管柔性制造。

想一想

在众多的工业产品中,船舶无疑是建造复杂程度最高的产品之一。造船也是一项系统工程,环节多、链条长、作业面广、设计制造周期长、劳动力成本高。近年来,以信息技术和制造业深度融合为重要特征的新科技革命和产业变革正在孕育兴起,数字化、网络化、智能化日益成为未来制造业发展的主要趋势,我国船舶制造企业主动加快智能化转型,积极开展数字造船探索,取得了长足的进步。

大家想一想,对于一艘由成千上万零件组成的船舶来说,它是怎么建成的呢？一般需要多长的时间呢？新技术、新工艺的发展对于造船模式、造船流程、生产效率等方面又有哪些改变呢？

学一学

按造船技术的发展水平,造船模式经历了系统导向、区域导向、中间产品导向三个有代表性的发展阶段,这三个阶段又可以分为传统造船和现代造船两种模式。如图6-2所示。

6.1.1 系统导向——传统造船模式

在铆接时代,船体建造采用的是零件一个一个地直接上船台装配的"整体造船"。数量众多的船体零件经放样号料并加工成形后,直接送往船台装配。待整个船体装配完成并下水后,才在码头上进行舾装作业,安装全船的各类机械、电气、管路及其他设备。这一时期船舶设计提供的图纸资料,也只反映所要建造的船舶的结构样式,设备类型及其布置情况,基本上不涉及现场的施工方法和生产的组织管理。通俗地讲,当时的设计只解决"造什么样的船"的问题。至于"怎样造船"和"怎样组织造船生产"在设计阶段是不予或很少考虑的。施工作业则基本依赖于工人的技艺和现场管理人员的指挥。这是典型的船舶建造旧模式。

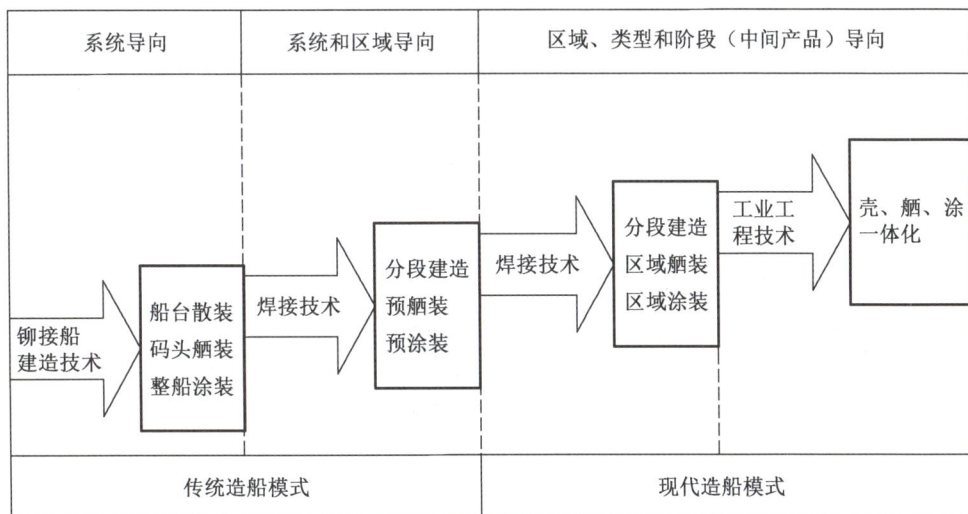

图6-2 从传统造船到现代造船的演变

在焊接时代,随着焊接技术的发展,船厂起重运输能力的提高,以及新材料、新设备、新工艺的逐步采用,船体结构从铆接过渡到焊接,船体建造也从"整体建造法"发展为"分段建造法"。就是将整个船体划分为若干个分段,在上船台之前各分段单独制造,完成后再运往船台进行总装;随后将分段划分为更小的部件、组合件进行装配。

这种在船台总装之前的部件、组合件和分段的装配称为船体的预装配。与此同时,大部分舾装工作,如管路和部分机械设备的安装也被提前到船台装配和分段装配阶段进行,这个阶段的舾装被称为船舶预舾装,但初始阶段,预舾装的程度还是比较低的,码头舾装仍占有相当的比例。

这种传统造船模式也可称为系统导向型造船模式,其实质是按功能(系统)对产品作业任务进行分解和组合,并按船、机、电等专业划分的工艺阶段,再细分为各个工艺项目作为船舶建造过程中的一个工艺环节,以工艺过程形式组织生产的一种造船模式。

6.1.2 中间产品导向——现代造船模式

统筹法是以工序所需时间为参数,用工序之间相互联系的网络图和较为简单的计算方法,反映出所研究系统的全貌,求出对全局有影响的关键路线及关键路线上的工序,从而对工程的所有工序做出符合实际的安排,如图 6-3 所示。

万事万物是相互联系、相互依存的。党的二十大报告指出"只有用普遍联系的、全面系统的、发展变化的观点观察事物,才能把握事物发展规律。"现代造船模式是在船舶生产建造过程中充分利用统筹优化方法,以中间产品为指导进行组织生产,同时加强成组技术在各阶段建造过程中的使用。船舶生产范围大、人员多、事项杂,因此需要合理的区域划分来组织生产活动,并且根据施工项目的专业特点进行项目细分,以实现时间上有序、空间上分道以及各专业在壳、舾、涂一体化生产模式下的均衡连续的生产作业。

根据现代造船模式的要求,在生产过程中,需要依照壳、舾、涂同步协调的作业要求开展生产。船体结构建造部分是"壳",它在建造过程中的主要任务是分段建造;"舾"是指在建造过程中的各种舾装件安装施工,包括分段建造中的总组、搭载和码头舾装,安装的预舾装件包括各类电舾零件、管路铁舾装件、各种设备的基座和系泊附件等;"涂"是指船舶建造过程中的各种涂装作业,包括板材、型材的进厂涂装预处理、分段完工后的涂漆施工、船舶合拢后各个舱室的涂装施工等。

图 6-3 统筹法示例

在壳、舾、涂协调作业的船舶生产过程中，核心是把分段作为船舶结构的中间产品进行建造，重点是在结构焊接建造各个阶段完成舾装件预装工作，生产出完整合格的中间产品，本质是从船体建造、舾装、涂装一体化角度，如图6-4所示，按区域对产品作业任务进行分解和组合，并按区域划分各类作业任务，形成船体以分段、舾装以托盘作为组织生产的基本作业单元，进行船舶建造的一种造船模式。

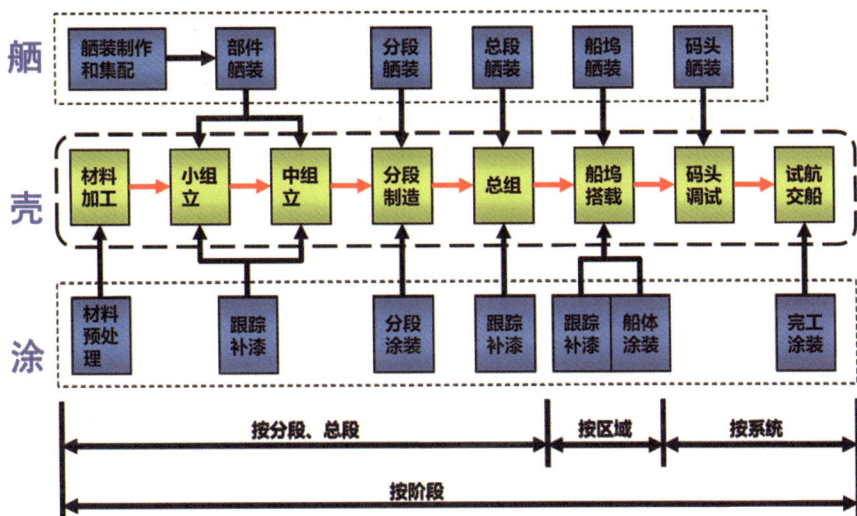

图6-4　壳、舾、涂一体化生产模式

现代造船模式形成的技术基础是成组技术和系统工程技术。

6.1.2.1　成组技术的原理

成组技术是研究事物间的相似性，并将其合理应用的一种技术。成组技术是促使现代造船模式形成的主要技术基础之一，其运用以下两种原理：

（1）中间产品导向型的作业分解原理

中间产品导向型的作业分解原理是把最终产品按其形成的制造级，以中间产品的形式对其进行作业任务的分解和组合。所谓中间产品是指生产的作业单元，是对最终产品进行作业任务分解的一个组成部分，也是逐级形成最终产品的组成部分，如图6-5为现代造船模式中的典型中间产品。

（2）相似性原理

相似性原理是对产品作业任务分解成门类繁多的中间产品，按作业的相似特性，遵循一定准则进行分类成组，以便用相同的施工处理方法扩大中间产品的成组批量，以建立批量性的流水定位，或流水定员的生产作业体系，如图6-6所示。

6.1.2.2　系统工程技术理论

系统工程是组织管理系统的一门工程技术。应用成组技术的制造原理和相似性原理建立起来的现代造船模式，是把船舶建造作为一个大系统，将其分解为壳、舾、涂三种作业系统，再按区域/阶段/类型逐一分类成组而形成了各类作业的子系统，如图6-7所示。

(a) 部件　　　　　　　　　　　　　　(b) 组件

(c) 分段　　　　　　　　　　　　　　(d) 总段

图 6-5　典型中间产品

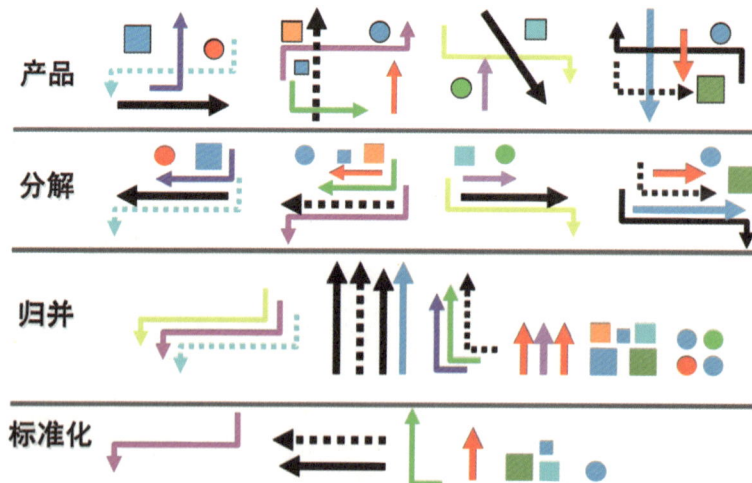

图 6-6　成组技术基本原理

　　以国内某小型船厂实船建造数据为例,在船厂船台、船坞等关键性基础设施不变的前提下,仅通过壳、舾、涂一体化的精益造船模式改革,在船体建造过程当中实施预舾装从而提前完成 50% 的舾装工作,在船体完工后完成剩余的 50%,相当于用传统模式 70% 的工期去完成 50% 的工作量,缩短了单个项目占用时间,从而提高船厂关键性基础设施的周转率,进而年产量则可以提高 1.2 倍。

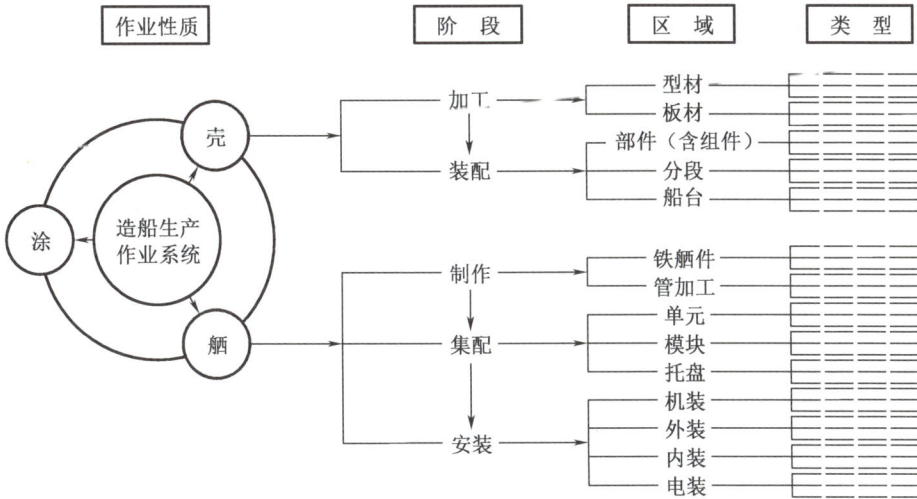

图 6-7　造船生产作业系统

现代造船模式与传统造船模式特征见表 6-1。

表 6-1　现代造船模式与传统造船模式特征的比较

特征	模式	
	传统造船模式	现代造船模式
建造特征	系统导向型(按功能/系统/专业)	产品导向型(按区域/阶段/类型)
设计方式	按施工设计,分别由工艺、计划、生产等部门分专业、按系统进行工艺性设计;设计、工艺、管理三者分离	按详细设计由生产设计部门集中进行区域性设计;设计、工艺、管理融为一体
生产方式	按工艺路线以工艺项目分专业工种组织生产,先船体后舾装	按设计编码,以区域划分的中间产品由混合工种、复合工种组织生产。壳、舾、涂作业同步、分道一体化作业
管理方式	按专业分系统管理,管理方式属于调度型	按区域综合管理、自主管理和托盘管理,管理方式属于计划型
船厂性质	全能型	总装型

6.1.3　智能制造——数字化造船模式

李克强总理曾指出,中国制造今后要包含更多的中国创造元素,依靠中国装备、依托中国品牌,推动中国制造由大变强。由此可见,发展智能化制造是我国建设海洋强国的必由之路。同时,《中国制造 2025》也明确提出把海洋工程装备和高技术船舶作为十大重点发展领域之一加快推进,这对于我国船舶工业提高生产效率、保证产品质量、降低生产成本、促进转型升级及提升国际竞争力都具有重要的战略意义。

在这百家争鸣的经略海洋浪潮中,要完成从造船大国向海洋强国的转变,意味着我国船舶行业将要面临更多的挑战。船舶智能制造旨在实现船舶制造工业各个环节的最优化、智能化和自动化,包括新型传感技术、新型网络通信技术、新型控制与优化技术、基于虚拟现实的故障诊断与维护技术等,不仅涉及新型生产模式,还涉及一种新型船舶设计制造理念,顺应我国可持续发展与绿色发展的战略要求。聚焦船舶领域智能制造,可为我国船舶海工行业带来新的机遇与发展空间,助力我国造船业实现从"量"到"质"的转变。

船舶智能制造模式主要由设计模式、生产模式、管理模式和服务模式构成。

(1)设计模式:以采用基于模型定义(model based definition,MBD)技术的船舶产品设计、工艺设计标准规范体系为基础,以厂所协同设计平台为支撑,推进全三维综合数字设计,打通总装厂与船舶所有人、设计院所、船舶检验机构、供应商的信息链条,实现以单一数据源贯穿于产品全寿命周期的全过程、面向现场智能制造的三维可视化作业指导和无纸化施工。

(2)生产模式:以数据和模型驱动为主要特征,以生产过程具备动态感知、数据自动采集、智能分析等功能的数字化、智能化生产装备、生产线、生产车间为主要载体,以制造执行系统(manufacturing execution system,MES)为重要支撑,实现壳舾涂一体化精度制造。

(3)管理模式:以工程计划为基础,以基于信息集成的一体化综合信息管理平台为支撑,以物联网、互联网和大数据等智能技术(enabling technology)为手段,对船舶制造全过程、全要素实施实时智能管控,实现"物流、信息流、价值流"合一的量化精益管理。

(4)服务模式:以优化完善造船产业链为导向,以造船产业链协同服务平台为支撑,以分布式技术、互联网技术、云存储技术、增强现实(augmented reality,AR)/虚拟现实(virtual reality,VR)技术、人工智能(artificial intelligence,AI)技术等为手段,对造船供应链管理、远程运维等业务进行优化完善,实现船舶所有人、设计院所、总装厂、船舶检验机构、供应商等整个造船产业链的多方协同服务。

数字化造船是以数字化仿真技术为基础,强调知识和信息在造船中的重要性,以数字化仿真技术为基础,开发、设计、制造、管理、决策、全过程合理化,以提升造船的生产效率。数字化造船技术的广泛应用为造船企业赢得了更广阔市场,为未来造船制造业的发展指明了方向。想要深入了解数字化造船技术,要对数字化造船的实施过程有一个详细的划分,即控制管理数字化、造船设计数字化、建设过程数字化。

CIMS是数字化造船的简称,主要用于造船工业中。虚拟船厂涵盖了计算机辅助设计、计算机辅助制造、计算机辅助规划、造船生产计划、造船质量管理等工作,另外也包括满足船舶生产的管理功能和技术功能的集成。

在产品数据管理(product data management,PDM)、计算机辅助设计(computer aided design,CAD)、计算机辅助工程(computer aided engineering,CAE)及虚拟技术的支持下我国的造船技术逐渐迈向现代化,尤其是在船舶结构设计和制图工作中,数字化技术有效避免船舶设计过程中所出现的缺陷问题,减少产品开发周期。它是一种促进船舶制造企业产品开发能力提高的数字化设计方法。

数字化造船技术融合了数据处理和智能信息处理技术,为提高船舶装配制造的精度和自动化程度,将自动控制技术应用于数字化生产设备中,提高自动化水平和产品质量,企业的生产效率显著提高,是提高船舶制造业发展水平的关键,将数字化的思想引入船舶企业的日常管理中,在信息技术和互联网技术的支持下,可实现供应链管理和客户关系管理通道的构建,而造船企业管理决策的科学决策优化公司内部资源,造船企业管理向现代化方向发展。

做一做

通过上网查询有关"江南造船厂全球首艘无纸化建造船舶"的有关信息,列出江南造船厂首次采取了哪些新的建造技术,并由此带来了哪些方面的变化?

议一议

国之重器的"焊"卫者
——陈景毅

通过本节传统造船模式、现代造船模式和数字化造船模式的学习,大家对造船模式有了初步的认识,请大家讨论一下发展智能制造——数字化造船模式的必要性?

6.2 造 船 流 程

读一读

1990年9月11日,重庆东风修造船厂建造的"长江明珠"豪华游轮发生火灾,使即将竣工的游轮几乎全部烧毁,损失惨重,影响极坏。火灾事故后,相关人员对火灾事故的原因进行了全面认真地勘查,确认这次火灾的原因是某电焊工违反操作规程,没有按照规定的流程操作,导致引燃用于船舱隔热的聚氨酯硬质发泡塑料,造成大火迅速燃烧至无法扑救。

这个故事告诉我们在船舶的建造过程中,我们应明确船舶建造流程的各个环节,应严格遵守各项操作流程,要求我们做事要一丝不苟,专心致志,全神贯注,精益求精。

想一想

船舶建造的具体的流程是怎样的,各流程中有哪些需要特别注意的?

学一学

船舶工业属于典型的资本、技术、劳动力三密集型产业。近年来,随着新一轮科技革命的迅猛发展,新一代信息通信技术与造船技术深度融合,劳动力成本因素对于造船业转移的影响力相对减弱,技术因素的重要性越发凸显。

目前,我国单项工艺装备正处于从机械化、半自动化向数字化、智能化工艺装备过渡的阶段,如数控切割设备、数控成形设备、自动化焊接设备的应用等。在自动化流水线上,我国骨干造船企业已广泛采用钢材预处理流水线、T型材流水线、平面分段流水线、管子生产流水线等工艺技术和装备。

本节课我们从造船的工艺流程出发,了解新技术给造船工业带来的巨大变革。

6.2.1 船体放样和号料

6.2.1.1 船体放样

船体放样是船体建造的第一道工序,也就是根据设计图纸将船体型线及结构按一定比例进行放大,以获得光顺的线型及构件在船体上的正确位置、形状和尺寸作为船体构件下料、加工的依据。

常用的船体放样方法有手工放样和数学放样两种,手工放样方法已被逐渐淘汰掉,现在大部分船厂都采用数学放样方法进行船体放样。船体数学放样就是用数学方程定义船体型线或船体表面而建立数学模型,然后通过电子计算机的高速运算完成船体放样工作,图6-8为船体计算机放样模型。

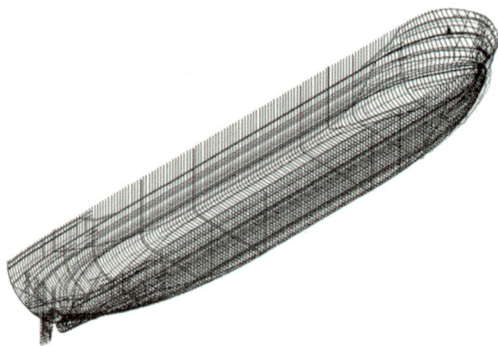

图6-8 计算机放样

6.2.1.2 船体号料

号料就是将放样展开后的船体构件的真实形状和尺寸通过样板、草图、光、电、数控等不同号料方法,实尺划(割)在钢板或型材上,为下道加工提供依据,有以下几种方法。

(1)样板号料:用样板直接在钢板或型材上描出船体构件的实际轮廓线、构件安装线、加工检验线和规定要求的余量线等,并做出必需的各种标记、符号等。

(2)草图号料:用草图上记载的基本形状和精确的形状尺寸,在钢板上通过作图的方式将其真实图形再现出来,其基本要求与样板号料相同。

(3)光学投影号料:在比列放样的基础上,将展开的各构件图形经过套料,绘制成精确的投影底图,或通过摄影制成更小比例的投影底片,然后在光学投影放大装置上放大,在钢板上投射出1:1的构件图样,最后对投影的构件各线条进行手工复描号料。

(4)电印号料:在光学投影号料的基础上,将放大成1:1的构件图形影像投射到覆盖有一层带负电的光导电粉末的号料钢板上,使其曝光,再经显影和定影处理,在钢板上留下号料的线迹,实现自动号料。

（5）数控套料：若采用数控切割号料，则在零件切割的同时，划出其上的结构位置线和基准线作为装配的依据，这时也就不存在单独的号料工序。利用电子计算机确定船体构件的图形，再将这些构件图形置于钢板边框内进行合理排列的过程，称为数控套料。

目前，我国船厂以配备数控火焰、等离子、激光和水射流等数控切割机。数控切割是自动化控制与传统切割机械的结合，通过先进的优化套料计算技术与计算机数控技术，实现数控套料，将船体号料的工作流程融入船体钢料加工的工艺流程中，大幅提高钢料加工效率。

6.2.2 船体钢料加工

船体钢料加工，是指将钢板和型材变成船体构件的工艺过程。它分为钢材预处理、构件边缘加工和构件成形加工三大类。

6.2.2.1 钢材预处理

供船厂使用的板材和型材，由于轧制后冷却收缩不均匀和运输堆放中的各种影响，会变形和锈蚀。为了保证号料和加工质量，船厂在号料前，应先对钢材进行矫正和除锈，并涂上防锈涂料，这个过程称为钢材预处理，图 6-9 为典型船厂钢材预处理流水线。

图6-9 钢材预处理流水线

（1）钢板矫平

船体结构钢材在使用前，其表面常有不平、弯曲、扭曲、波浪形等变形。应在钢材预处理之前对钢板和型材进行矫平处理。钢板的矫平工作一般在多辊矫平机上进行，一般有 5~11 个工作辊，如图 6-10 所示。

对于平直的型材构件，应先在型材矫直机上矫直，再进行号料和切割；对于弯曲的型材构件，因为加工时要留有余量，所以不必经过矫直，可直接进行号料、切割和弯曲加工，如图 6-11 表示型材矫直机的工作原理图。

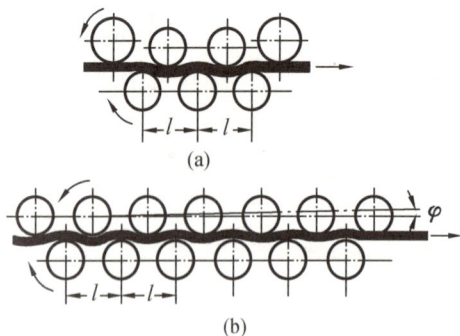

图 6-10 矫平机工作原理图

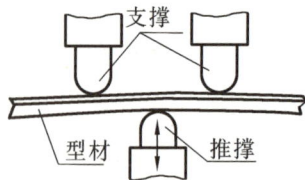

图 6-11 型材矫直机的工作原理图

（2）钢材表面清理与防护

钢材表面的清理和防护，是指将钢材表面的氧化皮和铁锈清除干净（即除锈），然后再在除锈的钢材表面涂刷一层防锈底漆。目前采用的主要除锈方法有抛丸磨料处理、喷丸磨料处理和酸洗处理。上述三种方式中，要获得高效率和自动化流水作业，目前还只有抛丸机的叶轮在高速旋转时所产生的离心力，将磨料以很高的线速度射向被处理的钢材表面，以达到除去钢材表面的氧化皮、锈蚀等目的。

（3）钢材预处理流水线

钢材预处理流水线，是指钢材输送、矫正、除锈、喷涂底漆、烘干等工序形成的自动作业流水线。通常分为钢材预处理流水线和型材预处理流水线两种，也有在同一流水线上既处理钢材又处理型材的情况。

钢材预处理流水线生产效率高，劳动条件好，全自动控制，除锈质量理想，现在越来越多的船厂采用，但各船厂并不都是完全一样的，个别工序有所差异。

钢板预处理
流水线

6.2.2.2 船体构件的边缘加工

边缘加工是指对构件进行边缘切割，将零件从钢材上分离出来，同时按要求开出焊接坡口并切割各种孔口。零件边缘全部为直边的构件称为直边构件，带有曲线边缘的构件称为曲边构件。

6.2.2.3 船体构件的成形加工

对于具有弯曲或折曲等空间形状的船体构件，边缘切割后，还需要进行成形加工。船体构件的成形加工包括单向曲度板和复杂（双向）曲度板的弯制、板的折边和型材的弯曲。

弯板机工作

6.2.2.4 船体钢料加工中的新技术应用

（1）船舶三维数控弯板机

曲面的分段制造是造船生产难度大的关键工序。曲面分段中的型材冷弯已经实现数控生产，但是曲面分段中的船体外板加工，几乎所有国内外的船厂，都还是处于手工方式之中，其生产效率低、作业环境差、劳动强度大、产品质量难以保证等问题，成为造船生产的瓶颈。

我国首创的"船舶三维数控弯板机"（图6-12），能根据数学放样的数据，使用专门的计算和控制软件，自动进行船板成形加工；系统能实时自动检测计算与控制，具有学习和智能功能；"船舶数控弯板机"实现船舶外板的自动加工，缩短造船周期、提高造船质量、改善作业条件、降低劳动强度，能综合提高船体外板加工效率达十倍之上，有助于船厂数字化造船技术的进步和提高造船生产的竞争能力。

图6-12　船舶三维数控弯板机

（2）水火弯板机器人

水火弯板是船体双曲率、大曲率板加工成形采取的热加工方法。水火弯板是根据钢板受热后冷却产生的局部热弹塑性收缩变形的原理，对钢板进行线状加热再在加热部位浇水急剧冷却，并经过测量和反复修改而形成三维曲面外板的工艺方法。这样复杂的工艺原理导致了其主要依赖人员手工加工成形的现状，并且其测量过程也普遍采用工人手工卡样板的方式，再凭经验补火修改，自动化程度相当低，费时费力，是目前船体建造流程的"短板"，制约了船舶建造工艺流程整体效率的提高。

国内外对于水火弯板自动化加工设备的研究已经开展了很多，从加工成形设备到自动化测量技术，虽然已经初见成效，但能够真正投入应用的并不多。

6.2.3　船体装配与焊接

6.2.3.1　船体装配阶段的划分

船体装配焊接工作量很大，约占船体建造总工时的60%以上，而且基本上使用手工操作。所以，采用先进的造船方法、合理的装焊工艺，对提高效率、缩短周期和改善劳动条件都有重要作用。

通常，船体的装配焊接工作可以划分为以下四个阶段。

（1）部件和组合件装焊。将若干个加工好的船体构件，经过一次装配成部件或经过两次以上装配成组合件，如桁材、肋板、强肋骨、强横梁、各种平直板等。

（2）分段装焊由零件、部件和组合件装配成各类船体分段。船体的详细设计和生产设计都是以分段为结构单元设绘图纸。船体分段按部位可分为甲板分段、舷侧分段、底部分段、舱壁分段等；按类型可分为平面分段、曲面分段和立体分段。平面分段由于较简单，有的工厂已建成了平面分段流水线，以提高生产效率。曲面分段较复杂，通常在胎架上建造，但可以通过分段翻身，使大部分电焊都在俯焊状态下进行，提高装配、焊接的质量和效率。

（3）大型分段和总段由底部、舷侧、甲板、舱壁分段和少量的零部件装配成大型分段；或在船舶长度、宽度和高度方向将同一类型的分段连接成一个大分段，称为分段的预合拢；或由分段装配成环形的总段。

船厂"女焊子"魏正梅的多面人生

(4)船台装配。在船台上或船坞内,将分段、大型分段及少量散装的零部件最后装配成完整的船体。

6.2.3.2　焊接机器人的应用

船舶焊接技术是船舶建造主要的关键工艺技术之一,焊接工作量占比很大。机器人的应用可以满足长时间高质量作业的需求。焊接机器人可以广泛应用于船体建造过程中的零部件焊接、平面分段焊接、曲面分段焊接、总段合拢焊接等各个阶段。

目前应用的大多数焊接机器人为示教再现机器人。示教再现机器人在焊接的条件稳定时,可以得到较好的焊接质量。但由于各种高温、烟尘、误差、夹具精度问题,焊接条件时常会出现各种偏差。所以,传统的示教机器人或数控技术难以满足船舶焊接的复杂性和多变性,应用了离线编程技术的柔性自动化焊接机器人是船用焊接机器人的发展趋势。这种焊接机器人具有视觉、触觉等多种感知能力,可以智能识别作业环境和焊接对象的形态,通过虚拟仿真和专家系统,智能地进行焊接程序的设定,感知变化、优化焊接路径、预测焊接缺陷等,适应能力更强,自动化程度和焊接效率更高;并且离线编程技术可以完美地与 CAD/CAM 相结合,形成设计到加工的一体化。

6.2.3.3　智能化生产管理模式

船舶生产加工装配过程零件多、工序多,涉及各种物料、设备,受场地限制严格,并且零部件采用单件流水线的并行生产方式,因此需要对造船企业的设备、物料、场地进行很好的协调,保障生产节拍的稳定。

船舶的建造过程,需要根据设计要求、标准、规范、生产计划进行生产,以保证在准确的时间制造出质量合格的产品。船厂各部门需要能够查阅到这些信息,并且实时跟踪,当信息更改时,可以及时调整生产;同时,车间现场的信息也应该实时反馈到管理层和其他部门,以便管理层和其他部门根据车间生产状况进行协调。

目前,我国已经基本建立了以精益生产理论为指导,以数字化、信息化管理系统为支撑的生产管理模式。实现造船企业信息上传下达的集成性,满足以上需求,提高建造效率。

6.2.4　船舶密性试验

船舶航行于水中,外板和甲板构成水密的船壳。主船体内部以水密舱壁分隔,有的船舱内装有水和油。甲板以上的各种开口,则由舱口盖和水密门、窗可靠关闭。在船舶营运过程中,船体的各个部位和结构都不应该发生液体渗漏现象。

密性试验的目的就是检查外板、甲板、舱壁等结构装焊后有无渗漏,并随时消除所发现的缺陷。对于个别舱室,还要通过密性试验检查其在正常工作状态下是否有足够的强度。进行密性试验是保证船舶安全航行的重要措施。

当船体某一区域的结构装配、焊接和火工矫正工作全部完成以后,就可以进行密性试验。试验的主要对象是焊缝。主甲板以下的密性试验,应当在船舶下水之前完成。凡是可能,密性试验提前在分段上进行。某些拼板自动焊接缝,在征得验船师认可后,也可免作密性检查。

密性试验的方法有水密试验、气密试验和煤油试验三种。水密试验由于灌水、放水等辅助作业大、试验时间长和影响预舾装等缺点,除了设计要求采用水密试验的船体部位外,其余均已被气密试验所代替。

6.2.5　船舶下水

　　船舶下水是指船舶建造和陆上工程完成后,将其从建造场所移到水域中的工艺过程。船舶下水的方式可分为重力式下水、漂浮下水和机械化下水三种。下水方式的选择受到船台布置、岸线长短、水域宽窄、水位变化以及船舶尺度和造船规模等诸多因素的影响。

重力式
纵向下水

6.2.5.1　重力式下水

　　重力式下水是船舶依靠自身重力在倾斜滑道上产生的下滑力,克服滑道与滑板间的摩擦力而滑入水中的一种下水方式。它只适用于在倾斜船台上建造的船舶。重力式下水分纵向下水和横向下水两种,其中以纵向重力式下水最为常见。

重力式
横向下水

6.2.5.2　漂浮下水

　　漂浮下水是一种简单而安全的下水方式。当船舶在造船坞中建造完成后,将水注入船坞,船舶就依靠自身的浮力而浮起,再将其拖曳移入水域。船舶在造船坞中建造并下水,不仅可以克服纵向倾斜滑道下水工艺复杂,水域宽度不易满足的缺点,而且降低了建造中船舶的高度且船舶处于水平位置,为施工带来些方便。

漂浮式下水

6.2.5.3　机械化下水

　　机械化下水是指不是主要依靠重力或浮力,而是借助某种机械设施,通过外力将船舶移入水中的一种下水方式。

　　机械化下水设施有很多种类型:纵向船排滑道;楔形下水车纵向滑道;变坡度横移区纵向滑道;高低轨横向滑道等。图6-13为纵向船排滑道,它是在纵向滑道基础上增设带轮的船排组成的。承载船舶的整体或分节船排的顶面与轨道面始终保持平行。船舶下水时由绞车牵引船排,船舶借滚轮在轨道上移动,将船舶送入水中,船排连同下水船舶依靠重力下滑。

纵向船排滑道

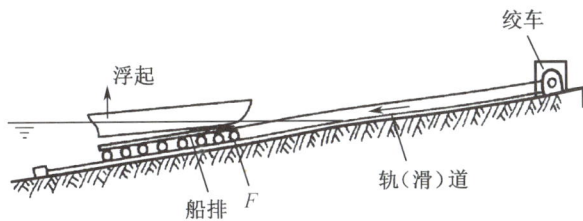

图6-13　纵向船排滑道

楔形下水车
纵向滑道

　　目前,采用浮船坞进行船舶下水也被经常采用。当采用这种方式下水时,大型船舶也可以在水平船台上建造。这将节省建造倾斜船台和造船坞等基础设施的巨大投资。在船舶市场需求变化的情况下,它可能是大型船舶建造和下水的理想方法,这种浮船坞上一侧的坞墙可做成可拆卸的,以及下水船舶能采取横向移动的方式,通过轨

变坡度横移区
纵向滑道

道转移到浮船坞上。

6.2.6　船舶试验

6.2.6.1　系泊试验

在船舶的建造过程中,已按规定对各个工程项目进行严格的检查和验收(如材料质量、焊接质量、设备性能等)。但在船舶主体工程和动力装置、机电设施安装完工后,还要进行一次全面的试验,以最后确定船舶质量是否符合设计要求并满足相关规范的规定。

这个全面的试验通常分为系泊试验和航行试验两个阶段。整个试验工作由船厂、船东和验船机构三方代表参加,共同领导并全面负责。

进行系泊试验时,将船舶系结于船厂码头,基本上处于静止状态,系泊试验的目的是检查船体、动力装置、机械设备和电气装置的质量和安装的可靠性,消除发现的缺陷使船舶具备试航的条件,但由于船舶系泊于码头,不可能对主机、轴系、辅机以及各种设备进行全负荷的运转试验,与实际航行中的工作存在较大差距,所以,系泊试验是有一定局限性的。

系泊试验的内容较多,主要有:

①通过倾斜试验准确核实船舶的实际重心位置,并校核船舶的稳性。

②进行主机负荷试验、倒车试验,检查主机运转的可靠性和操纵的灵活性。对所有为主机服务的辅机进行运转试验,并检查其工作的可靠性。

③检查所有机械装置、电气和通信设备的安装质量及工作可靠性。

④检查各种管系是否畅通,紧固处有无渗漏。调整各种安全阀、减压阀的压力,为船舶试航做准备。

⑤检查驾驶设备操作的可靠性和灵活性。

⑥检查救生设备、起货设备的操作可靠性。

在系泊试验期间,还应对门、窗、舱口盖、卫生设施以及信号设备进行必要的检查和试验。系泊试验中所暴露的缺陷消除后,船舶就具备了出海试航的条件。

6.2.6.2　航行试验

航海试验简称试航,它是对所建船舶在航行状态下所作的一次全面性、综合性试验。试航前应制订试验大纲,准备好必需的测试仪器和设备。

船舶试航分轻载试验和满载试航两种,按实际需要确定。试航的主要任务如下:

①检查主机、辅机及与之有关的动力装置一起工作时的可靠性。

②对船上的通信、导航及机械等设备进行工作检验。

③进行操舵及抛锚试验。

④检查船舶的航行性能,它包括:

ⅰ.速率:测定主机在不同工况时的速率,并确定计程仪的核正值。

ⅱ.惯性实验:包括从全速前进到停止,从全速前进到全速后退,从全速后退到停止,从全速后退到全速前进。试验时记录主机转速及上述各种情况下船舶滞航的时间和距离。

ⅲ.回转:进行船舶在全速时的操舵试验,测定船舶的定常回转直径。

6.2.7　交船与验收

船舶在系泊试验和航行试验合格后,承造厂即可向业主交船。这时,厂方应将全部机电设备的备件、各工作舱室和居住舱室的设备、物件以及日常用品等,按明细清单向业主完整移交。当业主认为所建船舶已符合和满足委托建造时所定的协议、合同和有关技术任务书的要求时,即可签署验收,承造船完成交船任务。

做一做

请参观船舶建造、焊接等相关实训室,或者利用虚拟仿真技术体验船体装配、焊接等工艺过程,形成一份"船是怎样造出来的"认知报告。

议一议

通过船舶建造工艺流程的学习,结合船舶虚拟仿真实训室中的船厂漫游,讨论船厂应如何进行合理布局?

王国涛:
龙江工匠

第7章 船舶名企与名校

船小舶有话说：

　　船舶行业是劳动密集型、技术密集型、技能密集型战略性产业，优秀的企业、杰出的高校、卓越的人才一直是支撑我国船舶产业高质量发展的基石。当前，是我国船舶工业深入推进智能化转型升级、实现"由大到强"跨越的战略关口期，作为船舶工业发展的中坚力量，广大企业、高校应当把握机遇，顺应趋势，主动作为，努力赶超，共同推动我国船舶科技水平迈上新台阶。

船小舶带你学：

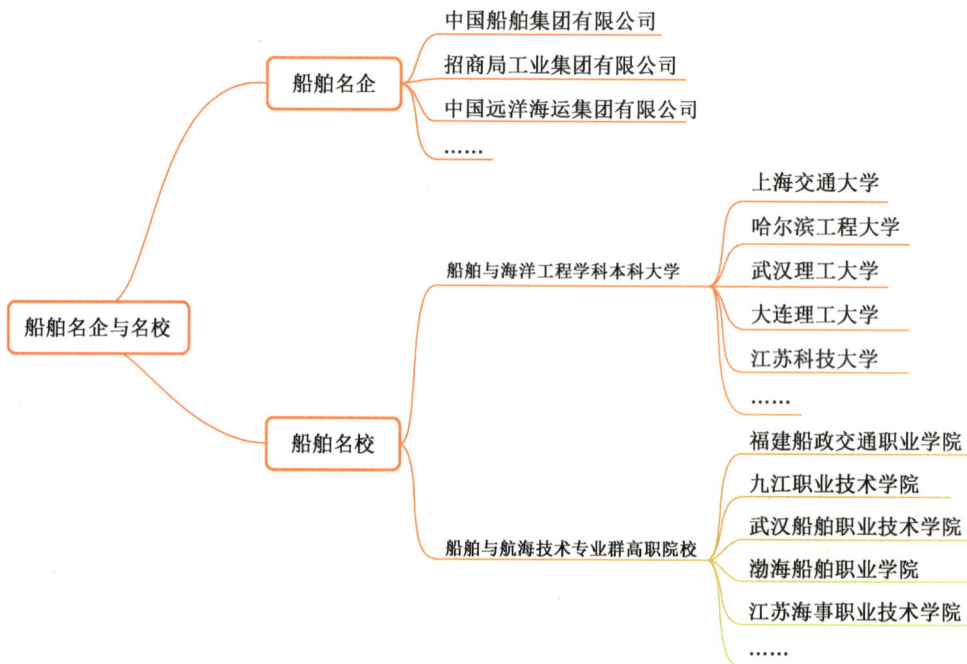

7.1 船 舶 名 企

读一读

江南造船建厂 150 周年金银纪念币

　　2015 年是中国民族工业起步与发展暨中船集团江南造船建厂 150 周年。中国人民银行于 2015 年 6 月 3 日发行江南造船建厂 150 周年金银纪念币一套(图 7-1)，这是中国人民银行第一次为一个企业发行纪念币,凸显江南造船作为中国民族工业起步与发展的重要历史地位。

图 7-1　江南造船建厂 150 周年金银纪念币背面

该套纪念币共 3 枚,其中金币 1 枚,面额 100 元;银币 2 枚,面额 10 元,均为中华人民共和国法定货币。该套金银纪念币正面图案均为中华人民共和国国徽,并刊国名、年号。7.776 g 圆形金质纪念币背面图案为数字"150"构成的船体及鸽子、彩带、气球等造型组合设计,并刊"江南造船建厂 150 周年"字样及面额;31.104 g 圆形银质纪念币背面图案为江南长兴造船基地船坞、龙门吊及所造舰船、卢浦大桥、螺旋桨等造型组合设计,并刊"江南造船建厂 150 周年"字样及面额;31.104 g 圆形银质纪念币背面图案为江南机器制造总局大门及所造第一艘兵轮、第一门钢炮等造型组合设计,并刊"江南造船建厂 150 周年"字样及面额。

想一想

从工业先驱到现代化造船厂,江南造船厂的每一步发展,都见证着国家的兴衰荣辱。改革开放 40 年来,江南造船厂这座拥有 150 多年历史的老船厂华丽转身,开启崭新发展模式,一艘艘具有国际先进水平的巨轮和战舰,从这里拔锚起航。

江南造船建厂 150 周年金银纪念币不仅仅是对江南造船为中国民族工业发展做出巨大贡献的肯定,也是对整个船舶行业的肯定,正是众多同江南造船厂一样敢为人先、勇攀高峰的船舶企业的不懈努力,奠定了现在我国的造船大国地位。想一想我国还有哪些优秀的船舶企业?

学一学

7.1.1　中国船舶集团有限公司

中国船舶集团有限公司是按照党中央决策、经国务院批准,于 2019 年 10 月 14 日由原中国船舶工业集团有限公司与原中国船舶重工集团有限公司联合重组成立的特大型国有重要骨干企业,有科研院所、企业单位和上市公司 147 家,拥有我国最大的造修船基地和最完整的船舶及配套产品研发能力,能够设计建造符合全球船级社规范、满足国际通用技术标准和安全公约要求的船舶与海洋工程装备,是全球最大的造船集团。

中国船舶集团有限公司是海军武器装备科研、设计、生产、试验、保障的主体力量,坚持把军工科研生产任务作为政治责任和首要任务,承担以航母、核潜艇为代表的我国海军全部主战装备科研生产任务,为海军转型发展提供了有力支撑。如图 7-2 所示,我国第一艘国产航母"山东舰"为中国船舶集团有限公司建造并交付海军。

图 7-2　第一艘国产航母"山东舰"交付

中国船舶集团有限公司是我国船舶工业发展的国家队、主力军,坚持走自力更生、自主创新发展道路,培育了超大型智能原油轮、液化天然气运输船、超大型集装箱船等集研发、制造、配套为一体的世界级海洋装备先进产业集群,不断向全球产业链和价值链高端延伸,引领我国由世界第一造船大国走向造船强国,为我国经济社会发展和全球海事业发展做出了重要贡献。

中国船舶集团有限公司是国有企业深化改革创新的参与者,深化供给侧结构性改革,以大型邮轮、船用低速机、智能船舶、智慧海洋等重大创新工程为牵引,发展形成了完整的海军武器装备、科技创新和产业发展体系,具备了强力国际竞争优势。

7.1.1.1　江南造船(集团)有限责任公司

江南造船(集团)有限责任公司(简称江南造船或江南造船厂)前身是 1865 年清朝创办的江南机器制造总局,是中国民族工业的发祥地,是中国打开国门、对外开放的先驱,同时也是国家特大型骨干企业和国家重点军工企业。图 7-3 为江南造船厂鸟瞰图。

江南造船创造了中国的第一炉钢、第一磅无烟火药、第一台万吨水压机、第一批水上飞机、第一条全焊接船、第一艘潜艇、第一艘护卫舰、第一艘自行研制的国产万吨轮、第一代航天测量船等无数个"中国第一",其建造的各类先进海军舰艇和航天测量船,为我国海军走向深蓝和航天测量事业蓬勃发展做出了杰出贡献。

图7-3　江南造船厂鸟瞰图

江南造船开发、设计和建造了多型国防高新产品、液化气船、集装箱船、散货船、汽车滚装船、化学品船、火车渡轮、成品油船、自卸船等12大类40多型船，拥有以江南液化气船、巴拿马型散货船、化学品船等为代表的二十多型自主知识产权的高附加值船型。

钱民军：造船现场工程师

7.1.1.2　大连船舶重工集团有限公司

大连船舶重工集团有限公司(简称"大船集团")前身为"中东铁路公司轮船修理工场"和"中东铁路公司造船工场"，始建于1898年6月10日，是国际知名的船舶制造企业，可为用户提供从产品研发、设计、建造，到维修、改装与绿色拆解全寿命周期服务；也是汇聚了军工、民船、海洋工程装备、修/拆船、重工等五大业务板块的装备制造企业集团。

大船集团先后自主研发了7代8型VLCC、10 000~20 000 TEU大型集装箱船(图7-4)、300~400 ft自升式钻井平台等国际先进水平的各类船舶和海洋工程产品。

姜文吉：大船集团船舶建造的诊脉师

图7-4　110 000 t成品油船

大船集团是中国为海军建造舰船最多的船厂,成功建造交付了我国第一艘航空母舰"辽宁舰",目前承担着多型重大的军工项目建造任务,是目前中国海军最重要的合作方和舰船建造基地。图7-5为大船集团建造的导弹驱逐舰。

图7-5　导弹驱逐舰

7.1.1.3　沪东中华造船(集团)有限公司

沪东中华造船(集团)有限公司,是中国船舶工业集团公司旗下的骨干核心企业,是集合造船、海洋工程、非船三大业务板块为一体的综合性产业集团,具有雄厚的船舶开发、设计、和建造实力,产品以军用舰船、大型LNG船、超大型集装箱船、海洋工程及特种船为主,产品远销亚洲、欧洲、非洲、大洋洲、南美洲等40多个国家和地区。

作为中国海军重要装备承制单位,沪东造船公司建造过新型导弹护卫舰、综合登陆舰等900余艘各类海军水面舰艇和军辅船,被誉为中国"导弹护卫舰的摇篮"和登陆舰的"摇篮",其中导弹护卫舰、近海巡逻舰、综合补给船等先进军品舰船出口阿尔及利亚、巴基斯坦、泰国等世界多个国家。

公司建有国内第一艘LNG船(图7-6),填补了国内空白,提高了我国造船工业的水平和国际地位。公司自主研发设计了20 500TEU超大型集装箱船(图7-7),在集装箱船设计建造领域继续保持领先地位。

图7-6　液化天然气船

图7-7　集装箱船

7.1.1.4　渤海船舶重工有限责任公司

渤海船舶重工有限责任公司(简称渤船重工)的前身为辽宁渤海造船厂,由中国船舶重工集团公司、国家开发银行、中国华融资产管理公司、中国建设银行股份有限公司共同投资组建,是集造船、修船、钢结构加工、冶金设备和大型水电设备制造为一体的大型现代化企业和国家级重大技术装备国产化研制基地。

渤海船舶重工有限责任公司坚持"兴船报国、创新超越"的企业精神,以"创建中国最强最大国际一流船舶集团"为公司发展目标,坚持"打造精品、做强主业"的经营理念,与时俱进,加快实现跨越式发展步伐。公司已设计建造各类船舶200多艘,开发研制了60多种新船型。自1996年获准出口经营权以来,为德国、美国、新加坡、希腊、加拿大、挪威和中国远洋运输(集团)总公司、中国海运(集团)总公司、中国外运集团公司、长航南京长江油运公司、中国石油大连石化公司等建造了60多艘大型出口船舶和大型国轮国造船舶。

7.1.1.5　广船国际有限公司

广船国际有限公司(简称广船国际)是中国船舶集团有限公司属下华南地区最大、最现代化的综合舰船造修企业。从1914年创建广南船坞到1954年建厂,从只能建造百吨级船舶到建造华南首艘万吨巨轮;从2004年龙穴基地开建到2012年整合拢穴资源,从"螺蛳壳里做道场"到实现华南建造30万t轮的突破;从1993年成功上市到2018年挥师南沙,从打破中国豪华客滚船、半潜船建造"零"的纪录,到实现批量建造高技术、高附加值船舶,广船人敢为人先、向海图强,始终牢记"铸梦深蓝、保军先锋、智造典范"的使命担当。图7-8为广船国际建造的2 000 m车道客滚船,图7-9为我国自主设计、建造的首艘大型专业医院船,也是世界上第一艘大型专业医院船"岱山号"。

武船副总工程师船舶设计大师严俊

7.1.1.6　武昌船舶重工集团有限公司

武昌船舶重工集团有限公司(简称武船)始建于1934年,"一五"期间是国家156个重点建设项目。1953年元月,更名为武昌造船厂;2011年和2013年,按照中国船舶

重工集团公司关于改革上市的整体部署,武船产业主体分两期进入中国重工,分别成立武昌船舶重工集团有限公司和武汉武船投资控股有限公司,统称武船。2016 年,按照中国船舶重工集团公司总体战略部署,遵循"优势互补、资源共享、军民融合、深化改革、提质增效"的二十字方针,武船统筹整合北船重工资源和能力,在青岛海西湾打造新的军民融合、动态保军基地。今天的武船是一个军民互融、动态保军的大型现代化综合性企业。

图 7-8　2 000 m 车道客滚船

图 7-9　"岱山号"医院船

　　武船作为我国现代化的水下、水面舰艇制造基地。形成了完整的军工建造规范和自主创新的工艺体系,为我国海军装备换代升级和国防事业做出突出贡献。武船集团建造的军贸产品出口到非洲、南亚、中东、南美等多个国家和地区,图 7-10 为出口至孟加拉国的轻型护卫舰。

　　武船是我国最主要的公务船、工程船建造基地,具备 30 万 t 级船舶设计建造能力。多年来,相继建造了各类公务船、工程船、运输船、海工船、散货船、客滚船、运输船1 600 余艘。图 7-11 为武船为挪威建造的深海渔场。

图 7-10　出口孟加拉国的轻型护卫舰

图 7-11　为挪威建造的深海渔场

7.1.1.6　上海外高桥造船有限公司

上海外高桥造船有限公司(简称外高桥造船)成立于 1999 年,是中国船舶工业集团有限公司旗下的上市公司——中国船舶工业股份有限公司的控股公司。公司全资拥有上海外高桥造船海洋工程有限公司、控股上海外高桥造船海洋工程设计有限公司、参股中船邮轮科技发展有限公司。发展至今,公司已成为业内最具规模化、现代化、专业化和影响力的造船企业之一。图 7-12 为外高桥厂区鸟瞰图。

图 7-12　外高桥厂区

公司累计承建并交付的好望角型散货船占全球好望角散货船船队比重的 16%，是中国船舶出口"第一品牌"；30 万 t 级超大型油轮 VLCC 累计交付量占全球 VLCC 船队的 9%；公司建造并交付了世界上最大的第二代超大型 40 万 t 矿砂船，18 000 TEU、20 000 TEU 超大型集装箱船和 8.3 万、8.5 万 m³ 大型液化气运输船，15.8 万 t 苏伊士型油轮和 10.9 万 t 冰区加强型阿芙拉型油轮等。

在海工装备领域，公司承建并交付的产品有海上浮式生产储油轮（FPSO）、深水半潜式钻井平台、自升式钻井平台（Jack-up）、海工辅助船（PSV）等。截至 2019 年上半年，公司累计交付的各类船舶、海工产品超过 450 艘（座）。根据中船集团的统一部署，公司现已全面投入国内首制大型邮轮的设计和建造。

7.1.1.7 大连船用推进器有限公司

中国船舶大连船用推进器有限公司是中国最大的船用螺旋桨专业化公司，如图 7-13。公司具有五十多年的船用螺旋桨生产经验，具备雄厚的专业技术能力，能够自行设计、制造和维修各种定距式船用螺旋桨、调距桨部件、节能装置消涡鳍以及各种非船类合金铸件，并具备桨轴一体化成套供货能力。产品直接或随船出口到 20 多个国家和地区，多次填补中国造桨史的空白。

图 7-13 大连船用推进器有限公司

中国首制的 15 万 t 散货船、30 万 t 超大型油轮（VLCC）螺旋桨，直径 10.6 m 的 25 万 t、40 万 t 矿砂船（VLOC）螺旋桨，成品质量达 103t 的万箱级集装箱螺旋桨都诞生在这里。

7.1.1.9 中国船舶重工集团动力股份有限公司

中国船舶重工集团动力股份有限公司（简称中国动力，CSICP）前身为风帆股份有限公司（简称风帆股份），是全球技术门类最全、国内最大的动力装备上市公司，涵盖燃气动力、蒸汽动力、化学动力、全电动力、柴油机动力、热气机动力、海洋核动力等动力及相关辅机配套。中国动力作为我国海军装备动力系统科研生产的核心力量，承担着航母、核潜艇、常规潜艇、水面舰艇、水中兵器等海军武器装备动力系统的科研、设计、生产、试验、保障等任务；通过多年的技术积累和自主创新，基本实现了军用动力核心装备的自主可控，建立了国内顶尖的军用动力装备研制生产体系，在国内军用船舶

动力系统研发设计、集成制造、设备配套、保障服务等领域均居龙头地位。

中国动力紧跟国家改革步伐,按照"以军为本、以军促民、海陆并进"的发展战略方向,积极推进内部资源优化整合,加大外部市场拓展力度,通过军用技术民用化等方式,将公司高端技术逐步应用于非船用民品市场;同时,通过民品市场技术不断迭代,实现军与民的可持续发展,达到"军用技术衍生、民用技术反哺"的军民产业共进格局。目前,公司以化学动力、燃气动力、综合电力、海洋核动力四大动力为代表,形成了军民产业发展新的支柱。图7-14为公司高端自主品牌CHD622V20CR高速大功率柴油机。

图7-14　高端自主品牌CHD622V20CR高速大功率柴油机

7.1.1.10　中船九江海洋装备(集团)有限公司

中船九江海洋装备(集团)有限公司地处长江中游、庐山脚下,于2013年5月6日在九江市注册成立。公司由九江精密测试技术研究所、九江中船消防设备有限公司、江西中船航海仪器有限公司、九江海天设备制造有限公司、江西朝阳机械厂和中船贸易九江公司等企事业单位整合而成,构建了符合发展需要的科技创新体系,重点开展"1236"工程建设,即建设一个中船九江科技研发中心,打造中船九江海洋装备配套产品和电子信息装备两个产业区,发展机电、信息控制和生产性现代服务业三大板块业务。以现有的16个主要产品为基础,通过向产业上游延伸和专业整合、自主研发、内联外引,掌握核心技术,着力打造舰船安全防护系统、船舶流体控制一体化、特种设备及系统、模块化舱室系统、导航测试系统、电子信息系统六大核心产业。把自主创新与引进技术相结合,提高自主创新能力和核心竞争力,形成各类产品的研发设计、技术服务、生产建造、售后服务一条龙,为国民经济与社会发展做出贡献。

7.1.2　招商局工业集团有限公司

招商局工业集团有限公司业务源于1874年招商局在上海设立的中国第一家修船厂——同茂铁厂,其总部位于香港,在粤港澳、渤海湾、长三角、长江经济带布局多个生产制造基地。业务主要聚焦海洋装备维修改装、海洋工程装备制造、特种船舶制造、邮轮制造等,分别形成了四大特色业务品牌——友联船厂、招商重工、招商金陵、招商邮轮。

7.1.2.1　海洋装备制造

招商局工业集团有限公司分别在深圳孖洲岛(图 7-15)和江苏南通海门(图 7-16)设有海工建造基地。现已发展成为国内仅有的几家海工装备高端制造商之一,已经成功建造和交付了 CJ46、CJ50、JU2000E 型自升式钻井平台,3 000 t 起重船,38 000 t 半潜驳,40 万 t 超大型矿砂船等,成为全球最大的 CJ 系列自升式钻井平台承建商。还成功建造了多功能平台和海上风电安装平台 30 余座,以及 4 500 m³/h 绞吸式挖泥船,11 000 m³/h 耙吸式挖泥船;以及多艘系列自航半潜船和多功能潜水支持船等。

图 7-15　深圳孖洲岛建造基地

图 7-16　江苏南通海门建造基地

7.1.2.2　海洋装备修理改装

招商局工业集团有限公司分别在香港青衣岛、深圳孖洲岛和浙江舟山群岛设有海洋装备及船舶修理改装基地,具备常规修理、海洋装备改装和修理等技术能力。主营各类远洋船舶、海洋工程装备及钻井平台的修理和改造业务,目标产品包括 VLCC、大型集装箱船、FPSO、FSO、LNG、LPG 船和豪华邮轮等各式高端船舶的修理与改装,还包括海洋石油钻井平台等的修理和改装。

7.1.2.3 邮轮制造及配套

邮轮制造是招商工业着眼于落实国家战略要求和满足市场需求,在招商局工业集团有限公司打造邮轮全产业链的战略指引下,快速发展的新兴业务。新组建的招商局邮轮制造有限公司系世界首个以邮轮制造命名的公司,致力于建设成为世界一流的专业化邮轮制造商和服务商。图7-17为招商邮轮厂区效果图。

图7-17 招商邮轮厂区效果图

7.1.3 中国远洋海运集团有限公司

中国远洋海运集团有限公司(简称中国远洋海运集团)于2016年2月18日在上海正式成立,由中国远洋运输(集团)总公司与中国海运(集团)总公司重组而成,是国务院国有资产监督管理委员会直接管理涉及国计民生和国民经济命脉的特大型中央企业,总部设在上海。注册所在地为上海浦东自贸区陆家嘴金融片区内,注册资本110亿元。拥有总资产8 800亿元人民币,员工11.8万人。图7-18为中国远洋海运集团。

图7-18 中国远洋海运集团

截至 2020 年 3 月 31 日,中国远洋海运集团有限公司经营船队综合运力 10 592 万载重吨/1 310 艘,排名世界第一。其中,集装箱船队规模 304 万 TEU/495 艘,居世界第三;干散货船队运力 4 114 万载重吨/424 艘,油轮船队运力 2 612 万载重吨/204 艘,杂货特种船队 436 万载重吨/152 艘,均居世界第一。

7.1.3.1 航运产业集群

航运产业集群是中国远洋海运集团核心产业集群,包括集装箱运输、干散货运输、油气运输、客轮运输以及码头运营等业务。

集装箱运输业务主要由中远海运控股股份有限公司旗下的中远海运集装箱运输有限公司和东方海外货柜航运公司专业经营,运力规模排名世界第三;干散货运输业务主要由中远海运散货运输有限公司专业经营,运力规模排名世界第一;油气运输业务主要由中远海运能源运输股份有限公司专业经营,业务涵盖石油原油、成品油、LPG以及 LNG 等货物的运输,运力规模排名世界第一;客轮运输业务主要由中远海运(厦门)有限公司、中远海运客运有限公司等公司专业经营,承担我国沿海各港口及中日、中韩、大陆—中国台湾近洋客货运输业务。图 7-19 为集团旗下"中远海运宇宙"轮。

图 7-19 "中远海运宇宙"轮

7.1.3.2 物流产业集群

物流产业集群包括以工程物流、杂货特种船运输、货运代理、仓储网络、多式联运、船舶代理、理货等业务。

7.1.3.3 航运金融产业集群

航运金融产业集群包括船舶租赁、集装箱租赁、码头仓储设施租赁为主的航运租赁业务,以及其他非航租赁业务,供应链金融、航运保险、物流基础设施投资和金融资产等股权投资业务。

7.1.3.4 装备制造产业集群

中远海运重工是中国远洋海运集团有限公司旗下的装备制造产业集群,是以船舶和海洋工程装备建造、修理改装及配套服务为一体的大型重工企业。中远海运重工于2016年12月正式挂牌运营,总部设在上海。

　　中远海运重工是现代商船建造的领跑者,拥有10多家大中型船厂,年可建造各类商船1 100多万载重吨,已交付各类船舶780余艘,其中有10多个船型填补了中国造船业的空白。中远海运重工是海洋工程装备建造的开拓者,年可承建海工产品12个、海工模块20组,已交付50个多个海工项目,覆盖从近海到深海的全部类型,多个项目属世界首制和国际高端产品。中远海运重工是"中国修船航母""FPSO第一改装工厂",年修理和改装船舶可达1 500余艘。图7-20为"阿尔加维号"FPSO改装项目。中远海运重工是船舶和海工的专业化配套服务商,在中国沿海任何港口都能为客户提供优质快捷的专业技术服务。

图7-20　FPSO改装项目"阿尔加维号"

看一看

百年船厂的青春心跳——触摸江南造船厂的梦想脉搏

　　在北京中华世纪坛前青铜甬道上的"中华大事记"中,有这样一段记载:"公元1865年乙丑,清穆宗同治四年,第一个大型近代企业江南机器制造总局在上海建立。"

　　从诞生之时起,江南造船就承载了一个民族的富国强兵之梦,她是近代中国强国之梦、海洋之梦开始的地方。作为中国近代工业的起点,她见证了一个半世纪的沧桑,被称为国运的"晴雨表"、时代的"风向标"。

　　一艘艘具有国际先进水平的巨轮和战舰,从这里拔锚起航,开拓万里波涛,布国威于四方。从江南制造总局到江南船坞,从江南造船厂到江南造船集团,她见证了历史,更引领着未来。

　　入冬的长江口风平浪静、波光粼粼,上海长兴岛的一座码头上却人头攒动、热火朝

脱颖于百年江南的年轻设计大师胡可一

天,一艘 2.3 万 m³ 的液化气船正在进入最后的调试交验,即将交付使用。

这就是有着"中国第一厂"之称的江南造船(集团)有限责任公司,镌刻在巨大龙门吊上的"江南长兴"四个大字,在无声诉说着这座百年老厂的荣耀过去和美好未来(图 7-21 和图 7-22)。

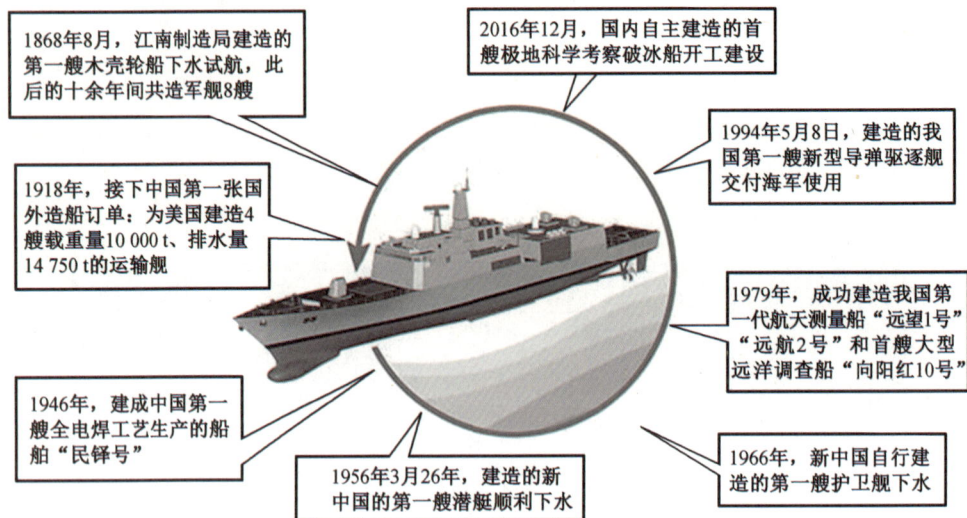

图 7-21　江南造船百年船谱

"江南精神"代代传承——百年第一的血脉在这里赓续

中国第一炉钢、第一门钢炮、第一艘铁甲兵轮、第一台万吨水压机……说起江南的荣耀历史,每个江南人都如数家珍,中华人民共和国成立后,江南人"自强不息,打造一流",攻克了许许多多技术工艺难关,填补了我国工业发展史上一个又一个空白。

江南人不会忘记,建造我国首艘万吨远洋船"东风号"时,厂区内最大的起重设备是 40 t 高架吊车,连最起码的直流电焊机都没有,当时全厂成立了 500 多个科研小组,靠着技术革新和吃苦奉献圆了几代造船人的梦。

江南人不会忘记,凭着"蚂蚁啃骨头"的精神建成我国首个万吨水压机,迅速使中华人民共和国的工业水平迈上了一个更高的台阶。

江南人更不会忘记,他们先后攻克耐压壳体、机电设备、通风排气等一个个难题,顺利完成 11 次出海试航,终于使中华人民共和国第一艘潜艇于 1957 年成功入列服役。

一个半世纪创造百余个全国第一,得益于"江南精神"的代代传承。在总装车间,有一位特殊的技师,正在带领工人攻关一个重要课题,他就是被评为首届"上海工匠"的总装部高级技师陈志农,江南造船第一个以他名字命名的"国家级技能大师工作室"。陈志农从事船舶轮机的安装及设备、系统的调试维修工作长达 38 年,通过大胆创新、不断探索,先后获得 10 项国家发明专利,填补了多项国内空白,生动诠释了工匠精神。正是众多像陈志农这样的江南人,传承弘扬"爱国奉献,求实创新,自强不息,打造一流"的江南精神,攻坚克难、精益求精,在世界造船和航运界里造就了一块金字招牌。

创新步伐不断提速——江南长兴的活力在这里焕发

2016 年 12 月 8 日，一栋伟岸的建筑在长兴岛揭开了它神秘的面纱，它就是江南研究院。这是江南造船以创新引领发展迈出的重要一步。旨在打造若干个具有行业领先的技术制高点，实现从跟跑向领跑的转变。

创新江南，活力迸发。2016 年 8 月，江南造船又一型里程碑式的液化气船——全球最大的半冷半压式 3.75 万 m³ 液化乙烯（LEG）运输船正式交付，是一型全球首制、无母型船参考的液化气船。

深度融合体系完善——走向深蓝的梦想从这里起航

在军品研制中不断借鉴和应用民船设计建造的先进技术、管理模式和成功经验，提升建造效率、水平和质量；将军用舰船设计建造技术、生产工艺应用于民用船舶设计、建造……

在诞生之初，江南造船就是军民融合发展的先锋，肩负起"既要强军更要富国"的使命。江南造船在军民融合深度发展上一直走在大型国企的前列。

20 世纪 80 年代，我国决定自力更生研制第二代导弹驱逐舰，江南造船厂被赋予了这个重任。江南人从一开始就将"建造一流舰船"设定为目标，提出了"不得金质奖，不称江南厂"的口号。

"好舰要用好钢"一位将军斩钉截铁地说。于是，舰船主体选用了一种新型钢，这种钢强度高、韧性好、耐腐蚀性强。由于这种钢碳当量高，焊接后容易产生裂缝，工人们形象地比喻为一匹倔强的烈马，只有挑选最好的骑手才能驯服他。

大事记

年份	事件
1865年	江南造船的前身江南机器制造总局在上海黄浦江畔创立
1905年	造船业务正式从江南机器制造总局划分出来，成立江南船坞
1912年	江南船坞改名为江南造船所
1938年	江南造船所被日军侵占，其后一直未能得到恢复
1949年	陈毅同志签署上海市军管会第一号命令，正式接管江南造船所，从此江南厂回到新中国人民的手中
1953年	老厂正式改名江南造船厂
1956年	毛泽东主席视察江南造船厂在建的中国第一艘潜艇
1996年	江南造船厂更名为江南造船（集团）有限公司

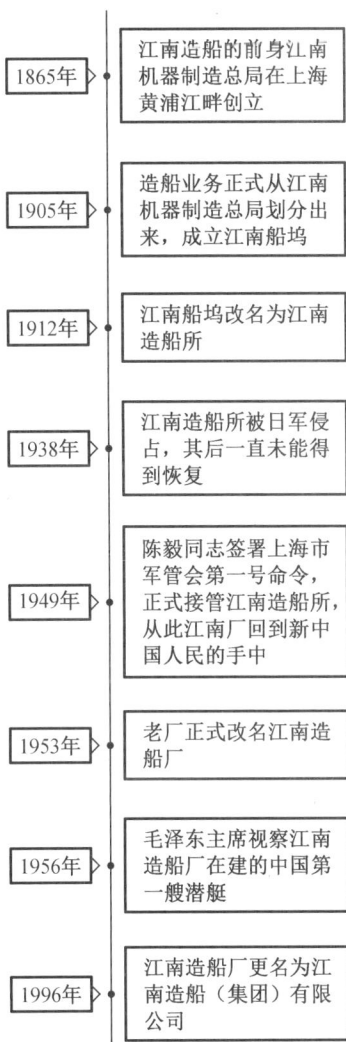

图 7-22 江南造船厂大事记

"一定要啃下这块硬骨头！"军代表和工厂技术人员一起，经过反复试验，终于攻克了特种钢焊接难题。从耐压壳圈制造到艇体合拢焊接，从攻关下水方案到创新航海试验，数年艰辛换来了新舰艇的成功交付。

进入新世纪，一艘艘具有国际先进水平的我军新一代主战舰艇从这里拔锚起航，圆了人民海军从近海走向远洋、从浅蓝走向深蓝的梦想，江南人为建设现代化海军立下了不可磨灭的战功。

在支持海军建设的同时，江南造船积累了大量先进技术成果和软硬件设施，他们不断增强基础设施的军民应用，建设军民一体化修理基地，在研发设计、试验验证、生产建造、服务保障等方面统筹管理相关资源，形成了完善的军民融合深度发展体系。

"日出江花红胜火，春来江水绿如蓝，能不忆江南。"不远处，新的厂区正在如火如茶建设中。从黄浦江畔到美丽的长兴岛,蜿蜒在海岸线上的新江南,大国巨舰的梦想,将从这里扬帆起航。

7.2 船舶名校

高校引领行业创新——中国首套减摇鳍研发

茫茫大海、万顷碧波,再大的舰船也如一叶扁舟,难敌汹涌波涛的颠簸摇晃。这样的摇晃,轻则影响舰船的适航性、船员的舒适度,重则威胁舰船的安全性与战斗力,对军舰威胁尤其显著。为了克服波涛中的颠簸摇晃,减摇鳍应运而生。它是帮助船舶在狂风巨浪中保持平衡的人造"鱼翅"。我国首套减摇鳍是由哈尔滨工程大学李国斌教授团队研发的,图7-23为李国斌教授。

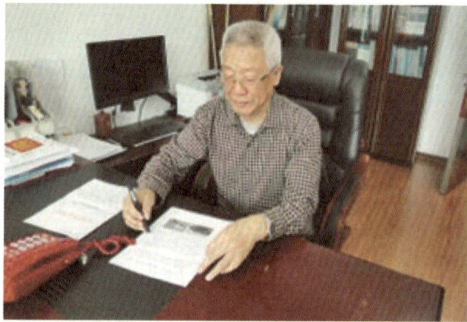

图7-23　首套减摇鳍主要设计者李国斌

1965年末,学院根据海军要求组建任务组,开展减摇鳍研发工作。科研团队统一指挥,群策群力,从设计到台架试验仅仅用了三个多月。1966年3月,完成了国内第一次实验室减摇鳍的台架试验,并取得预期成果。1971年,在工厂完成了改进设计并进行了台架试验,达到装艇要求,开始对"护45"艇第一代样机改装,并完成了各种试验。在海军艇队从海南岛到威海拉练过程中,加装减摇鳍的"护45"艇在大风浪中充分体现出减摇鳍的优越性,舰艇摇摆大幅降低,并在风浪中高速航行,比其他艇先期到达威海。1974年9月,该型减摇鳍完成全部加工装配后进行了台架试验,在汕头进行改装。1975年1月,该型减摇鳍完成了装艇后的系泊试验和海上升摇试验。1975年2月,专家们给予NJ3型减摇鳍充分肯定。其后,该型减摇鳍在国内第一个被海军定型委员会批准设计定型并批量生产装备部队。

李国斌的工作基本都是在外地出差,很少能陪伴家人,但是,他甘愿为祖国贡献自己的力量。他告诉从事科研工作的年轻人,要努力满足国家战略需求,要与国家和民族同呼吸共命运,只有国家发展得好,才会有个人好的前途。同时,李国斌告诉年轻的科研人员,一定要注重创新,在实用的基础上力争美观,发现问题要勇于改进,科研工作的重中之重是要严谨,项目负责人的签字不仅是一种荣誉或者成就感,更是一种责任,因此,一定要一步一个脚印,踏踏实实走好每一步。

党的二十大报告指出"教育、科技、人才是全面建设社会主义现代化国家的基础性、战略性支撑。必须坚持科技是第一生产力、人才是第一资源、创新是第一动力,深入实施科教兴国战略、人才强国战略、创新驱动发展战略,开辟发展新领域新赛道,不断塑造发展新动能新优势。我们要坚持教育优先发展、科技自立自强、人才引领驱动,加快建设教育强国、科技强国、人才强国,坚持为党育人、为国育才,全面提高人才自主培养质量,着力造就拔尖创新人才,聚天下英才而用之。"

像李国斌教授团队的减摇鳍项目这样的由高校引领行业高新技术项目的案例不胜枚举,高校是行业新技术的孵化基地,为行业技术创新埋下"技术种子",培育创新人才。想一想,我国的船舶工程领域有哪些优秀的高校?

7.2.1　船舶与海洋工程学科本科大学

7.2.1.1　上海交通大学——船舶海洋与建筑工程学院

十九世纪末,甲午战败,民族危难。中国近代著名实业家、教育家盛宣怀秉持"自强首在储才,储才必先兴学"的信念,于1896年在上海创办了交通大学的前身——南洋公学。建校伊始,学校即确立"求实学,务实业"的宗旨,以培养"第一等人才"为教育目标,精勤进取,笃行不倦,在二十世纪二三十年代已成为国内著名的高等学府,被誉为"东方麻省理工"。抗战时期,广大师生历尽艰难,移转租界,内迁重庆,坚持办学,不少学生投笔从戎,浴血沙场。新中国成立前,广大师生积极投身民主革命,学校被誉为"民主堡垒"。

中华人民共和国成立初期,为配合国家经济建设的需要,构建中华人民共和国的高等教育体系,学校调整出优势专业、师资设备,支持国内兄弟院校的发展。五十年代中期,学校又响应国家建设大西北的号召,经历西迁与分设,分为交通大学上海部分和西安部分。1959年3月两部分同时被列为全国重点大学,7月经国务院批准分别独立建制,交通大学上海部分启用上海交通大学校名。六七十年代,学校先后归属国防科委和第六机械工业部领导,积极投身国防人才培养和国防科研,为"两弹一星"和国防现代化做出了巨大贡献。图7-24为上海交通大学。

上海交通大学船舶与海洋工程系成立于1943年,拥有悠久辉煌的历史。作为我国船舶与海洋工程高等教育和科研的策源地,上海交通大学培养了第一艘万吨轮总师、第一艘核潜艇总师、第一艘航空母舰总师、第一艘7 000 m载人潜水器总师、第一艘3 500 m无人遥控潜水器总师等一大批技术专家、管理骨干和领导干部,为行业提供了人才、科研、试验技术等全方位的支撑。

中国科学院
院士许学彦

图 7-24　上海交通大学

7.2.1.2　哈尔滨工程大学——船舶工程学院

哈尔滨工程大学前身是创建于 1953 年的中国人民解放军军事工程学院（即哈军工），1970 年，学校以海军工程系全建制及其他系（部）部分干部教师为基础，在哈军工原址组建哈尔滨船舶工程学院。1994 年，更名为哈尔滨工程大学。学校先后隶属于第六机械工业部、中国船舶工业总公司、国防科工委，现隶属于工业和信息化部。

学校以船舶与海洋装备、海洋信息、船舶动力、先进核能与核安全 4 个学科群为牵引，构建了特色学科优势突出、通用和基础学科支撑配套、文管学科独具特色、专业结构布局合理的"三海一核"（船舶工业、海军装备、海洋开发、核能应用）特色学科专业体系。学校一直将科研工作作为学校发展的先行力量，不仅以国内第一艘实验潜艇、第一艘水翼艇、第一台舰载计算机、第一套条带测深仪等数十项填补国内空白的重大科研成果著称，而且还以双工型潜器、气垫船、梯度声速仪等科研成果摘取过世界第一的桂冠。学校在船海核领域的技术储备保持领先优势，水下机器人、减振降噪、船舶减摇、船舶动力、组合导航、水声定位、水下探测、核动力仿真、大型船舶仿真验证评估、高性能舰船设计等技术居国内领先或国际先进地位，现已成为我国舰船科学技术基础和应用研究的主力军之一、海军先进技术装备研制的重点单位、我国发展海洋高技术的重要依托力量。图 7-25 为哈尔滨工程大学。

7.2.1.3　武汉理工大学——交通学院

武汉理工大学交通学院历史源于 1946 年成立的国立海事职业学校的造船科。1949 年武汉解放，在海事职业学校的基础上，创办中南交通学院，设置造船专业。1952 年全国高等院校院系调整，造船专业调至上海交通大学。1958 年随着国民经济发展的需要，恢复并重建船舶工程专业。1963 年交通部部属院校进行专业调整时，将大连海运学院的船舶工程系整体调整到武汉，与学校的船舶工程专业合并，成立船舶工程系。1978 年以后，为了适应船舶工业发展的需要，先后开办了船舶设计与制造、船舶工艺与设备、船舶结构力学、船舶流体力学、船舶贸易、船舶检验等本科专业。图 7-26 为武汉理工大学。

图 7-25　哈尔滨工程大学

图 7-26　武汉理工大学

7.2.1.4　大连理工大学——船舶工程学院

大连理工大学 1949 年 4 月建校，时为大连大学工学院；1950 年 7 月大连大学建制撤销，大连大学工学院独立为大连工学院；1960 年 10 月被确定为教育部直属全国重点大学；1986 年 4 月设立研究生院；1988 年 3 月更名为大连理工大学；1996 年启动实施"211 工程"建设，教育部、辽宁省、大连市共建大连理工大学；2001 年启动实施"985工程"建设，教育部、辽宁省、大连市重点共建大连理工大学；2003 年被中央确定为中管干部学校；2012 年 12 月教育部正式批准大连理工大学依照"统筹规划、错位发展、坚持标准、创新模式"的指导思想建设盘锦校区，与主校区同标准、同档次、同水平办学；2017 年 9 月，经国务院批准，入选世界一流大学 A 类建设高校名单。

大连理工大学船舶工程学院的前身是造船工程系（机造系），始建于 1949 年，是学校最早设立的院系之一。经过六十余年的发展，学院已经成为我国船舶与海洋工程领域进行高层次人才培养、实施高水平科学研究和开展高层次产学研合作的重要基地。图 7-27 为大连理工大学。

船舶设计大师
马延德

图 7-27　大连理工大学

7.2.1.5　江苏科技大学——船舶与海洋工程学院

江苏科技大学源自 1933 年上海大公职业学校,1953 年组建上海船舶工业学校——新中国第一所造船中等专业学校,1970 年迁至镇江,1971 年更名为镇江船舶工业学校,1978 年升格为本科并更名为镇江船舶学院,1993 年更名为华东船舶工业学院。1999 年学校从原中国船舶工业总公司划转江苏省管理。1999 年江苏省江海贸易学校并入,2000 年中国农科院蚕业研究所与学校合并。2004 年学校更名为江苏科技大学。学校是江苏省人民政府与国家国防科技工业局与中国船舶集团有限公司共建的高校,作为江苏省唯一一所以船舶与海洋工程装备产业为主要服务面向的行业特色大学,是全国相关高校中船舶工业相关学科专业设置最全、具有船舶特色整体性和应用性优势的高校之一。

船舶与海洋工程学院是江苏科技大学的传统和特色学院,经过 70 余年的建设与发展,已形成了"以船为主,水陆结合;以民为主,军民结合;面向企业,学研并重;立足江苏,辐射全国"的办学特色,在江苏以及全国造船界均享有盛誉。

图 7-28　江苏科技大学

7.2.2　船舶与航海技术专业群高职院校

7.2.2.1　福建船政交通职业学院

福建船政交通职业学院溯源于 1866 年创办的中国近代官办第一所高等实业学堂——船政学堂。学堂曾培养出严复、邓世昌、詹天佑、陈季同、萨镇冰等一大批仁人志士,是中国近现代职业教育的发轫地。1999 年,经教育部批准,福建交通学校、福建船政学校、福建交通干部学校、福建公路技工学校合并升格为福建交通职业技术学院;2011 年,更名为福建船政交通职业学院。

学校全面贯彻党的教育方针,坚持立德树人,坚持"立足交通、服务社会、产教融合、开放包容"的办学思路,秉承船政"爱国强技、产学一体、精益求精、趋变求新"的办学传统,组建了以船舶航海技术和安全技术与管理两个中国特色高水平专业群,建设了特色更加鲜明的海、陆、空、轨全方位现代综合立体交通专业集群,招生专业 41 个,全日制在校学生 1.9 万余人。

图 7-29　福建船政交通职业学院

学校 2006 年被教育部、财政部确定为全国首批 28 所"国家示范性高等职业院校"之一,2018 年获第三届"中国质量奖"提名奖,2019 年被教育部认定为"国家优质专科高等职业院校",并入选"中国特色高水平高职学校"建设单位。获得全国职业院校"育人成效 50 强""教学资源 50 强""学生管理 50 强""就业质量 50 强"。

7.2.2.2　九江职业技术学院

九江职业技术学院创办于 1960 年,前身为九江船舶工业学校,先后隶属于第一、第三、第六机械工业部,中国船舶工业总公司。1994 年,成为全国首批举办高等职业教育的 10 所试点学校之一。1999 年,学校由国防科工委划转至江西省人民政府管理,并升格更名为九江职业技术学院,是江西省人民政府直属高职院校。

建校以来,学校始终坚持船舶军工办学优良传统;秉承"德行大道、技承天工"校训,坚持"质量立校、特色兴校"的办学理念;弘扬"船舶军工特色"的校园文化,明确

中国重工首席技能专家黄立波

"立足江西、植根船舶、面向世界"的办学定位;形成以船舶工程、物联网应用、智能制造为主要特色,建筑工程、商贸物流、财税金融等多门类协调发展的十大专业群,招生专业 66 个,全日制在校生 2.2 万余人。

学校先后成为江西省唯一一所国家示范性高等职业院校、江西省首批联合培养应用技术型本科人才试点院校、江西省"高水平高等职业院校和优势特色专业"立项建设单位。2019 年,学校被教育部确定为"国家优质专科高等职业院校",并入选"中国特色高水平高职学校"建设单位。学校拥有国家级教学团队 2 个、国家级职业教育教师教学创新团队 2 个、国家级教学成果奖 4 项,获得全国职业院校"教学资源 50 强""教学管理 50 强""实习管理 50 强""育人成效 50 强",获评"国防教育特色学校""全国毕业生就业典型经验高校""全国职业教育先进单位""教育部第一批教育信息化试点优秀单位""全国职业院校数字校园建设实验校"等。

全国技术能手
贾占杰

图 7-30　九江职业技术学院

7.2.2.3　武汉船舶职业技术学院

武汉船舶职业技术学院溯源于 1950 年中南兵工局创办的"中南兵工学校",是新中国创办的首批军工学校。学院历经中南兵工学校、湖北工学院等 7 个时期,先后隶属于中南兵工局、六机部、中国船舶工业总公司等,1998 年成为教育部首批设置的全日制高等职业学校,1999 年转由湖北省人民政府管理。

辽宁舰电气
设计师
王长海

图 7-31　武汉船舶职业技术学院

学院秉承"为国家工业化和国防现代化而奋斗"的初心使命,坚持"兴船报国育英才"的特色发展之路,坚持"军民融合、培养军地两用人才"的办学方针,创新践行新发展理念,形成了服务"海防安全、海河运输、海洋开发、新型工业化"国家战略的"三海一工"的特色专业群体系,现有船舶与海洋工程学院等8个专业学院、现代学徒制学院等4个功能性学院,招生专业50个,全日制在校生15 000余人。

学院先后成为全国职业教育先进单位,国家优质专科高职院校,国防科技工业职业教育实训基地、士官生培养基地,并入选"中国特色高水平高职学校"建设单位。学校获评"全国职业院校教学管理50强",获得职业教育国家教学成果二等奖5项、省级教学成果一等奖3项。拥有全国党建工作样板教工党支部2个,国家级教学团队3个,国家级职业教育教师教学创新团队2个。

7.2.2.4 渤海船舶职业学院

渤海船舶职业学院创办于1956年,前身是431厂(渤海造船厂)工人技术学校,1959年更名为渤海船舶工业学校(国家级重点中专),徐向前元帅、杨成武将军曾先后为学院题写校名,先后隶属于国家第六机械工业部、中国船舶工业总公司和国防科工委。2001年经辽宁省人民政府批准、教育部备案,与葫芦岛师范学校、葫芦岛广播电视大学合并组建,目前是我国北方唯一一所以培养船舶工业高素质技术技能人才为主、国有公办、省市共建、面向全国招生的全日制国家骨干高职院校。

图7-32 渤海船舶职业学院

学院坚持以立德树人为根本,以服务发展为宗旨,以促进就业为导向,以培养高素质技能型专门人才为目标,始终坚持"人才强校、质量立校、特色兴校、依法治校"的发展战略,坚持"立足船舶、面向军工、服务社会"的办学定位和"突出特色、提高质量、改革创新、内涵发展"的办学方针,面向船舶工业、军工行业、机械行业、信息产业、现代服务业以及师范教育等方向开设了51个专业及专业方向,全日制在校生8 200余人。

2004年,被教育部评为全国高职高专人才培养工作办学水平"优秀等级"院校。2014年,被教育部、财政部确定为"国家示范性骨干高职院校"。2017年,被中央军委、教育部批准为海军士官定向培养院校。2017年,被辽宁省教育厅、财政厅确定为

"辽宁省职业教育高水平现代化高职院校"立项建设学校。2019年,被教育部、财政部确定为"中国特色高水平高职学校和专业建设计划"立项建设单位。

7.2.2.5　江苏海事职业技术学院

江苏海事职业技术学院是中华人民共和国成立后第一所培养远洋船员的专门学校。初创于1951年,前身分别是1951年中央人民政府交通部和全国海员总工会创办的海员训练班和1956年长江航运管理局创办的南京河运工人技术学校。2003年7月,经江苏省人民政府批准南京海运学校和南京航运学校合,并组建成江苏海事职业技术学院。

学院坚持"立足江苏、面向全国、依托行业、走向世界"的办学宗旨,坚持"以就业为导向,以服务为宗旨,以质量为生命,以特色求发展"的办学理念,围绕现代海洋运输业链和区域支柱产业,构建了航海技术、港口与智能工程、船舶与海洋工程、航运经济与管理、信息技术与人工智能、文旅与设计等六大专业群,形成以航海技术专业群为龙头,以船舶与海洋工程、港口与智能工程、航运经济与管理等3个专业群为骨干,以信息技术与人工智能、文旅与设计等2个专业群为支撑的"海陆并举、一体两翼、多维拓展"的专业集群,共有招生专业43个,全日制在校生12 000余人。

学校是全国首批定向培养船舶工程技术士官的试点院校、江苏省职业教育先进学校、全国黄炎培职业教育优秀学校,获评全国职业院校"国际影响力50强""服务贡献50强""育人成效50强"。

图7-33　江苏海事职业技术学院

7.2.2.6　其他涉船高职院校

高职院校作为培养船舶工业生产、管理、服务一线的高素质技术技能人才的主要阵地。伴随着我国水上交通运输业的发展,围绕船舶制造、检验、驾驶、海务、轮机管理等船舶全生命周期相关岗位(群),越来越多的优秀高职院校陆续开设船舶、轮机、航运、乘务等船舶相关专业,强有力支撑了我国海洋强国与制造强国战略实施,如武汉交通职业学院、江苏航运职业技术学院、大连职业技术学院、威海职业技术学院、厦门海洋职业技术学院、江苏省无锡交通高等职业技术学校等。

讲一讲

　　高校是人才的摇篮,为船舶工业培育了大批的优秀人才,扎根于船舶工业的各个岗位,无私地奉献自己。他们中有国之利器的制造者,有高精尖技术的创新者,也有工作在平凡岗位中的铸就非凡的普通人。他们的共同的特点是用他们的汗水创造中国船舶工业的今日成就。请同学们收集一下船舶高校的优秀毕业生典型案例,讲一讲他们的光辉故事,学习如何在平凡中成就伟大。

参 考 文 献

[1] 金仲达.船舶概论[M].哈尔滨:哈尔滨工程大学出版社,2014.

[2] 盛振邦,刘应中.船舶原理[M].上海:上海交通大学出版社,2003.

[3] 方学智.船舶与海洋工程概论[M].北京:清华大学出版社,2019.

[4] 席龙飞.中国古代造船史[M].武汉:武汉大学出版社,2015.

[5] 李春田.现代标准化前沿——"模块化"研究报告(10) 第十章 模块化:建设创新型国家的标准化利器——模块化的技术经济意义[J].世界标准化与质量管理,2007(11):7-11.

[6] 黄锡璆.小汤山医院二部工程概述[J].工程建设与设计,2003(06):3-6.

[7] 王金鑫.船舶防腐与涂装[M].2版.哈尔滨:哈尔滨工程大学出版社,2019.

[8] 魏莉洁.船舶建造工艺[M].哈尔滨:哈尔滨工程大学出版社,2006.

[9] 中国造船工程学会.船舶与海洋工程装备——两院院士、船舶设计大师风采录[M].哈尔滨:哈尔滨工程大学出版社,2016.

[10] 魏莉洁.船体结构[M].哈尔滨:哈尔滨工程大学出版社,2005.

[11] 阿禾.法国戴高乐机场候机厅屋顶坍塌事故分析[J].建筑工人,2005(03):56.

[12] 杨照广,杨玉良.加强消防监督避免重蹈覆辙——从长江明珠轮火灾事故的沉痛教训,看加强对旅游船舶建造的消防审核和监督工作的重要性[J].消防技术与产品信息,1996(12):21-24.

[13] 李辰昱.造船企业智能制造技术应用规划研究[D].镇江:江苏科技大学,2016.